Carolin Müller

Herzliche Grüße

Originelle Karten-Ideen

CREATIV COMPACT

CHRISTOPHORUS

Inhalt

Besondere Grußkarten

Geht es Ihnen auch manchmal so, dass Sie eine ganz besondere Grußkarte suchen, im Handel aber nichts finden können, das Ihren Vorstellungen entspricht? Mit diesem Buch möchte ich Ihnen zahlreiche neue Anregungen zur Herstellung und Gestaltung individueller Grußkarten geben. Die gezeigten Motive eignen sich für viele Anlässe, egal, ob Sie zu einem Geburtstag gratulieren, Danke sagen oder „einfach nur so" ein paar liebe Worte verschicken möchten. Grüße, die mit solch liebevoll hergestellten Karten versendet werden, bereiten den Empfängern sicherlich eine besondere Freude!

Viel Spaß beim Basteln und Gestalten wünscht Ihnen

Ihre

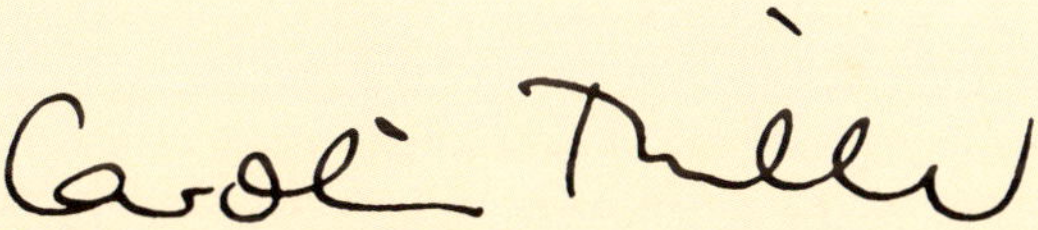

Material & Technik

Material

Alle Materialien sind im gut sortierten Hobby-Fachhandel oder im Schreibwarengeschäft erhältlich. Grundmaterial für die Karten sind einfarbiger oder bedruckter Fotokarton, Tonzeichen- und Elefantenpapier sowie Tonpapier der Firma Canson, das lichtecht ist und eine Art Leinenprägung aufweist. Alternativ hierzu können Sie auch fertige Faltkarten kaufen.

Für die Karten-Gestaltung können Sie z. B. dünne Strohseide und Bananenpapier, Papier mit eingeschöpften Blüten, dickes Kokosfaser- und Maulbeerbaumpapier oder bedrucktes Transparentpapier verwenden. Neben Motiven aus Fotokarton, Filz, Moosgummi und Hologrammfolie kommen die unterschiedlichsten Materialien zum Einsatz: Bast, Sisal, Perlen, Draht, Deko-Band, Sand, Muscheln, Federn oder Holzstreuteile. Zur Verzierung der Motive setzen Window-Color-, Dekor- und Plusterfarben sowie Lackstift interessante Akzente. Das Schreiben auf dunklen Briefpapieren geht am besten mit Metallic-Gelstiften, z. B. in Weiß.

Hilfsmittel

Folgende Hilfsmittel werden immer gebraucht und deshalb bei den einzelnen Anleitungen nicht mehr extra aufgeführt: Bleistift, Lineal, Cutter, Schneideunterlage, Schere, UHU Alleskleber, Tesafilm und Klebestift, ein kleiner Seitenschneider für Draht sowie Transparentpapier zum Abpausen der Vorlagen. Strohseide reißt dort mühelos, wo mit einem dünnen Pinsel Wasserlinien gezogen werden.

Anfertigen der Faltkarten & Schreibeinlagen

Alle gezeigten Karten sind im Postkartenformat A6 (10,5 x 14,8 cm) gehalten und passen somit in handelsübliche C6-Kuverts. Die oben genannten Papiersorten sind in der Größe 50 x 70 cm und auch im A4-Format erhältlich. Dieses Blatt braucht lediglich mit dem Cutter exakt in der Mitte geteilt und die entstandenen Hälften einmal gefaltet zu werden, damit zwei Faltkarten oder Schreibeinlagen entstehen. Haben Sie nur großformatiges Bastelpapier zur Verfügung, vereinfacht eine Papp-Schablone in der Größe 15 x 21 cm das Herstellen der Grundkarte. Fotokarton zum Falten vorfalzen: Die Mitte markieren und ein Lineal anlegen, dann das Papier mit dem Cutter fast ohne Druck leicht anritzen. Tonpapier kann ohne Vorbehandlung geknickt werden. Die Schreibeinlagen um wenige Millimeter kleiner zuschneiden als die Karte. Das Festkleben an der linken Karten-Innenseite empfiehlt sich, um Befestigungen von Dekomaterialien zu kaschieren oder Vorderseiten zu verstärken.

Übertragen der Vorlagen

Vorlage auf Transparentpapier abpausen oder fotokopieren und mit Kohlepapier auf den gewünschten Untergrund übertragen. Bei Filz und Moosgummi die abgepauste Form ausschneiden, mit Karton verstärken und als Schablone benutzen. Umrisse mit Filzstift oder Kuli zeichnen. Schablone seitenverkehrt nehmen, damit die Kulistriche später nicht zu sehen sind. Eine Auswahl verschiedener Schriftzüge finden Sie auf dem Vorlagebogen. Schriftzüge entweder fotokopieren oder selbst am PC entwerfen und ausdrucken.

Anbringen von Deko-Material

Für Motive aus Kartenpapier, dickes Naturpapier, Moosgummi und Filz UHU Alleskleber aus der Tube verwenden und dünn, aber gleichmäßig, auftragen. Für dünne Naturpapiere wie Strohseide besser einen Klebestift benutzen. Dekoteile mit wenig Klebefläche, wie z. B. Muscheln, halten am besten mit Holzleim oder Window Color Kristallklar. Diese beiden Sorten sind zunächst milchig weiß, trocknen jedoch transparent auf. Verzierungen wie Drähte oder Bänder, die über die ganze Karte laufen, am besten auf der Karten-Innenseite befestigen: Band über die Vorderseite legen, die Enden über die Ober- und Unterkante nach innen umklappen und mit Tesafilm oder Tesakrepp fixieren. Diese Befestigungen mit farblich passendem Papier oder der Schreibeinlage abkleben.

Tipp

Karten, die mit Window Color oder Konturenfarbe verziert sind, mit Folie abdecken, damit sie nicht im Briefumschlag festkleben.

Blumenwiese

Material

Für beide Motive

- Motivkarton „Blumenwiese“
- Fotokarton in Gelb
- Tonpapier in Weiß
- 2 Büroklammern in Gelb oder Grün
- 2 Steckdrähte in Grün, je 7 cm
- Moosgummi in Gelb
- Tesakrepp

Blume

- Fotokarton in Schwarz
- Lackstift in Weiß

Biene

- Fotokarton in Weiß
- Filz in Braun
- Seidenbast in Weiß, 50 cm
- Silberdraht, 0,6 mm Ø, 15 cm
- 2 Perlen in Schwarz, 4-5 mm Ø
- 2 Wackelaugen, 5 mm Ø

Vorlagen

A1 – A5

Blume

Aus Motivkarton eine Faltkarte anfertigen (Anleitung Seite 4/5). Zwei Moosgummi-Streifen, je 1,7 x 10,5 cm, oben und unten an den Rand der Karte kleben. In der Mitte des oberen Streifens eine Büroklammer so anbringen, dass die längere Seite nach vorn zeigt. Nach der Vorlage A1 die Blüte anfertigen, den Blütenkern mit Lackstift gestalten. Steckdraht u-förmig zur Schlaufe biegen. Den Draht mit Tesakrepp hinter ein Blütenblatt kleben, sodass die Schlaufe einen Zentimeter herausschaut. Mit schwarzem Fotokarton hinterkleben. Schlaufe in die Büroklammer einhaken. Moosgummi mit gelben Kartonstreifen (Vorlage A2) überkleben. Schriftzug (Vorlage A3) anbringen.

Biene

Nach der Anleitung auf Seite 4/5 eine Faltkarte anfertigen. Moosgummi, 1,7 x 10,5 cm, an den oberen Kartenrand kleben und Büroklammer anbringen. Bienenkörper und Flügel zuschneiden (Vorlage A4). Filzstreifen auf dem Bienenbauch fixieren. Baststreifen, 8 cm lang, über die Flügel spannen, nach hinten umschlagen und dort mit Tesakrepp befestigen. Silberdraht für die Fühler biegen, Perlen aufstecken. Jedes Drahtende einmal um die Perle schlingen, dahinter abschneiden. Fühler und Flügel von hinten am Bienenkörper mit Tesakrepp ankleben. Für die Draht-Aufhängung so verfahren wie oben beschrieben. Die ganze Bienenform von hinten mit weißem Papier hinterkleben. Augen aufkleben, Mund aufmalen. Biene in die Büroklammer einhaken. Streifen aus Motivkarton, 2 x 10,5 cm, über das Moosgummi kleben und Schriftzug (Vorlage A5) anbringen.

Herzliche Grüße
Liebe
Grüße

Tulpen & Kaktus

Material

- Fotokarton in Weiß, Orange, Rot, Hellgrün, Dunkelgrün, Schwarz
- Tonpapier in Weiß
- Moosgummi-Rest in beliebiger Farbe
- Lackstift in Weiß

Vorlagen

B1, B2

Tulpen

Aus dunkelgrünem Fotokarton eine Faltkarte anfertigen, aus weißem Tonpapier eine Schreibeinlage (Anleitung Seite 4/5). Aus Fotokarton die Einzelteile nach Vorlage B1 ausschneiden. Rote Tulpenblätter auf die Kelche in Orange und weiße Streifen auf die schwarze Vase kleben. Blattgrün, Vase und Blüten auf der Karte anordnen und fixieren. Schriftzug (Vorlage B1) anbringen.

Kaktus

Nach der Anleitung auf Seite 4/5 aus hellgrünem Fotokarton eine Faltkarte anfertigen, aus weißem Tonpapier eine Schreibeinlage. Einzelteile nach Vorlage B2 zuschneiden. Orange Blüte auf roten Karton kleben und noch einmal ausschneiden, dabei einen etwa 2 mm breiten, roten Rand lassen. Alle Einzelteile anordnen und aufkleben, dabei die Blüte und die Vase mit Moosgummi als Abstandhalter hinterkleben. Mit Lackstift Stacheln und Blütenpunkte aufmalen.

Tipp

Der Kaktus kann auch aus Filz hergestellt werden. Als Stacheln hellgrüne Stäbchenperlen aufnähen oder aufkleben.

Alles Gute

Glückskäfer

Material

Blätter & Käfer

- Tonpapier in Blattgrün (Canson), Hellgrün
- Blütenpapier
- 2 dünne Ästchen, 11 und 13 cm
- Filz in Grün
- 3 Holzstreuteile „Marienkäfer"
- Holzleim

Großer Käfer

- Fotokarton in Dunkelgrün
- Tonpapier in Weiß, Gelb, Rot, Schwarz
- Seidenbast in Grün, 50 cm
- Deko-Band in Grün, 10 mm breit, 20 cm lang
- Messing-Effektdraht, 50 cm
- 30 Rocailles in Gelb
- 2 Wackelaugen, oval, 8 mm Ø
- Lederband in Schwarz, 7 cm
- Chenilledrahtrest in Schwarz
- Filzstift in Schwarz
- Gelstift in Weiß

Vorlagen

C1 – C4

Blätter & Käfer

Aus blattgrünem Tonpapier eine Karte anfertigen, aus Blütenpapier eine Schreibeinlage (Anleitung Seite 4/5). Blütenpapier, 9,5 x 13,5 cm, auf die Karte kleben. Aus Filz Blätter ausschneiden, aus Papier Blattadern (Vorlage C1). Blätter und zwei kleine Ästchen auf der Karte arrangieren und festkleben, dabei für die Ästchen Holzleim benutzen. Die Holzkäfer nach Wunsch platzieren.

Großer Käfer

1 Aus dunkelgrünem Fotokarton eine Karte anfertigen, aus gelbem Tonpapier eine Schreibeinlage (Anleitung Seite 4/5). Körper und Kopf des Käfers (Vorlage C2) mittig auf hellgrünen Fotokarton, 9,5 x 13 cm, kleben. Seidenbast als Gras um das Rechteck wickeln, auf der Rückseite fixieren und auf der Karte anbringen. Käferpunkte (Vorlage C3) aufkleben.

2 Perlen auf Effektdraht fädeln und zweimal über das „Gras" um die Karte wickeln. Auf diese Weise auch das Deko-Band befestigen. Blume (Vorlage C4) unten links fixieren. Für die Fühler das in der Mitte geteilte Lederband und zwei kurze Chenilledrahtstückchen ankleben, ebenso die Augen. Mit Gelstift den Mund zeichnen.

Flauschige Grüße

Material

Für beide Karten

- Tonpapier in Blau, Grün
- Filz in Orange, Grün, Blau, Dunkelblau

Blume

- Silberdraht, 0,6 mm Ø, 2 x 20 cm
- Rocailles in Perlmuttweiß, ca. 5 g
- Window Color Kristallklar
- Sekundenkleber

Herz

- Fotokarton in Orange
- Sicherheitsnadel in Schwarz, 3,5 cm

Zusätzlich

- Zackenschere

Vorlagen

D1, D2

Blume

Aus grünem Tonpapier eine Karte anfertigen (Anleitung Seite 4/5). Mit der Zackenschere zwei Rechtecke ausschneiden: 9,5 x 14 cm aus grünem Filz, 8 x 10 cm aus Filz in Orange. Nach der Vorlage D1 die Einzelteile zuschneiden. Blatt und Stiel vollständig, die blauen Teile nur in der Mitte der Blüte aufkleben. Den Draht nach Vorlage biegen. Für das Blatt 61, für die Blüte 52 Perlen auffädeln, dabei die jeweils erste und letzte Perle mit Sekundenkleber befestigen. Alle überstehenden Drahtenden abschneiden. Perlendrähte mit Kristallklar auf den Filz kleben.

Herz

Nach der Anleitung auf Seite 4/5 aus blauem Tonpapier eine Karte herstellen. Mit der Zackenschere zwei Rechtecke schneiden: 9,5 x 14 cm aus blauem, 7 x 9 cm aus grünem Filz. Herz aus Fotokarton (Vorlage D2) unter Filz in Orange kleben und nochmals ausschneiden. Mit Sicherheitsnadel auf grünem Filzrechteck befestigen. Blaues und grünes Rechteck nacheinander etwas schräg auf der Karte fixieren.

Tipp

Beim Kauf darauf achten, dass die Blau- und Grüntöne von Papier und Filz zueinander passen.

Topfblumen

Material

Für beide Karten

- Strohseide in Hellgrün
- Kokosfaserpapier in Terracotta
- Holzleim

Weiße Blumen

- Fotokarton in Weiß, Rosa
- Tonpapier in Hellgrün
- Strohseide in Weiß
- 30 Wachsperlen in Apricot, 3 mm Ø
- Plusterfarbe in Weiß

Rosa Blumen

- Fotokarton in Hellgrün
- Tonpapier in Rosa
- Blütenpapier mit grünen Blättern
- Geschenkfolie, transparent, 6 x 20 cm
- Moosgummi in Rosa
- 25 Wachsperlen in Zartgelb, 3 mm Ø
- 4 Eßl. Blumensamen
- Seidenbast in Weiß, 20 cm

Vorlage E

Weiße Blumen

Aus Fotokarton in Rosa eine Karte anfertigen (Anleitung Seite 4/5). Gerissene weiße Strohseide, 9 x 14 cm, aufkleben. Grüne Strohseide als Blätter reißen. Topf (Vorlage E) und Blattgrün aufkleben. Die Blüten aus weißem Fotokarton (Vorlage E) vorübergehend auf einem Stück Pappe mit einem Tropfen UHU befestigen. Plusterfarbe auftragen und verstreichen. Etwa eine Stunde trocknen lassen. Dann föhnen, bis sich die Farbe aufplustert. Blüten auf die Karte kleben. Perlen anbringen. Holzleim auf der Topfoberfläche verstreichen. Über Nacht trocknen lassen.

Rosa Blumen

Nach der Anleitung auf Seite 4/5 aus Fotokarton eine Karte anfertigen. Strohseide, 5,5 x 17 cm, reißen und über das rechte Kartendrittel kleben. Die Überstände nach innen umschlagen, fixieren. Blütenpapier, 9 x 13 cm, wellig zuschneiden und so auf die Karte kleben, dass ein eingeschöpftes Blatt sichtbar ist. Moosgummi-Blüten und Topf anfertigen (Vorlage E) und um das eingeschöpfte Blatt herum aufkleben. Geschenkfolie der Länge nach einrollen und mit Tesafilm versiegeln. Das leere Folienröhrchen über die rechte Kartenhälfte legen, unten umschlagen und fixieren. Den sichtbaren Folienteil mit Samen füllen. Oberes Ende nach innen klappen und ebenso befestigen. Seidenbast um die Folie binden. Perlen in der Mitte der Blüten befestigen. Topf mit Holzleim versiegeln.

Grüße vom Strand

Material

Für beide Karten

- Ca. 70 Schneckenhäuschen, 2 davon mit Loch
- Holzleim

Herz

- Maulbeerbaumpapier in Naturweiß
- Tonpapier in Creme oder Hellbraun (Canson)
- Fotokarton in Weiß
- Papierrest in Beige
- Dünner Naturbastfaden, 1 m
- Sisal in Naturbraun

Seestern

- Tonpapier in Creme (Canson)
- Fotokarton in Rot
- Bananenpapier in Naturbeige
- Moosgummi in Rot
- 3 Eßl. Deko-Sand in Terracotta
- 3 Fäden Juteband oder -stoff, ungefärbt, je 20 cm
- Lackstift in Weiß

Vorlagen

F1 – F3

Herz

Eine Karte aus Maulbeerbaumpapier anfertigen (Anleitung Seite 4/5). Eine Schreibeinlage zur Verstärkung in die Karte kleben. Fotokarton, 5 x 15 cm, mit Maulbeerbaumpapier beziehen, etwas Sisal darüber legen, mit Naturbast umwickeln und mittig auf die Karte kleben. Großes Herz aus Fotokarton (Vorlage F1) auf eine Plastiktüte legen und üppig mit Holzleim einstreichen. Darauf die Schneckenhäuschen platzieren. Über Nacht trocknen lassen. Zwei kleine Herzen aus beigem Papierrest (Vorlage F2) beschriften, mit je einer Schnecke auf einen Bastfaden fädeln und festknoten. Bastfäden an das große Herz knoten. Großes Herz mit Holzleim auf der Karte fixieren, mit einem Buch beschweren und nochmals trocknen lassen.

Seestern

Bananenpapier, 9,5 x 14 cm, leicht schräg auf eine Tonpapierkarte (Anleitung Seite 4/5) kleben. Seestern (Vorlage F3) aus Moosgummi zuschneiden und auf die Karte legen. Mit Bleistift die Flächen für den Sand markieren und mit Holzleim ausfüllen. Mit Deko-Sand bestreuen, bis der Kleber bedeckt ist. Mit Holzleim Linien auf den Seestern malen. Alles über Nacht trocknen lassen. Überschüssigen Sand von der Karte abschütteln. Seestern aufkleben. Mit Lackstift Linien nachziehen und Punkte aufmalen. Jutefäden über das Bild legen und innen fixieren. Schneckenhäuschen ergänzen.

Herzliche
Grüße

Am See

Material

Für beide Karten

- Tonpapier in Türkis (Canson), Weiß
- Hologrammfolie in Silber, selbstklebend
- Messing- oder Silberdraht, 3 mm Ø, 40 und 20 cm

Libelle

- Chenilledraht in Blau, 20 cm
- 2 Seidenbast-Streifen in Weiß, je 15 cm
- Rocailles in Regenbogenfarben, ca. 5 g
- 2 Regenbogenperlen, 8 mm Ø

Ente

- Tonpapier in Weiß, Gelb
- Weiße Feder
- Rocailles in transparentem Türkis, ca. 5 g

Vorlagen

G1, G2

Libelle

Aus Tonpapier in Türkis eine Karte anfertigen (Anleitung Seite 4/5). Kreise aus Hologrammfolie (Vorlage G1) aufkleben. Für die Libelle den Chenilledraht in der Mitte knicken und umeinander verdrehen. Auf die beiden Endstücke die großen Perlen als Augen stecken und mit etwas Klebstoff fixieren. Draht, 40 cm lang, 3- bis 4-mal um das Körperende wickeln, dann Rocailles auffädeln, bis etwa 25 cm Länge. Drahtende mit einem Streifen Tesafilm sichern. Den Perlendraht um den Chenilledraht schlingen. Etwa 1,5 cm vor den Augen die beiden Seidenbast-Streifen als Flügel durch kreuzförmiges Wickeln befestigen. Zwischen den Flügeln und den Augen etwas dichter wickeln. Das Drahtende ohne Perlen noch einige Male fest um den Kopf winden. Den Bast glatt streichen. Die Enden schräg schneiden. Libelle auf die Karte kleben.

Ente

Nach der Anleitung auf Seite 4/5 eine Karte aus Tonpapier anfertigen. Größeren Hologrammkreis (Vorlage G2) darauf befestigen. Die weißen Teile der Ente zusammenkleben und den Körper in den Schlitz des kleineren Kreises einfügen. Von der Rückseite mit Tesafilm fixieren (Folie nicht abziehen). Ente auf der Karte fixieren. Schnabel aufkleben. Gesichtskonturen aufmalen. Draht, 20 cm lang, an einem Ende mit Tesafilm sichern. Rocailles auffädeln, etwa 16 cm lang. Zweites Ende ebenfalls mit Tesafilm sichern. Den Perlendraht leicht gewellt über die Karte legen, die Drahtenden nach innen umbiegen und befestigen. Die Perlenwelle an ein oder zwei Punkten fixieren. Die Feder auf dem Flügel anbringen.

Erdbeere & Karotten

Material

Karotten

- Elefantenhaut in Orange
- Fotokarton in Dunkelgrün
- Filz in Gelb, Orange, Dunkelgrün
- Konturenfarbe in Gold
- 2 Drahtstücke, 0,3 mm Ø (oder starken Zwirn), je 6 cm

Erdbeere

- Elefantenhaut in Rot
- Fotokarton in Dunkelgrün
- Strohseide in Rot
- Filz in Rot, Dunkelgrün
- Konturenfarbe in Gold
- Window Color Kristallklar
- 3 Eßl. Schmelzgranulat, farblos

Vorlagen

H1 – H3

Karotten

Aus Elefantenhaut eine Karte, aus Fotokarton eine Schreibeinlage anfertigen (Anleitung Seite 4/5). Einzelteile nach Vorlage H1 aus Filz ausschneiden. Filzblätter zu einem Büschel rollen, unten mit Draht umwickeln. Filz-Karotten auf Tonpapier kleben und noch einmal ausschneiden. Wellenformen (Vorlage H2) aufkleben. Karotten auf der Karte anordnen. Den Draht der Blätter hinter den Karotten fixieren. Beides festkleben. Mit Konturenfarbe ein paar unregelmäßige Streifen und Punkte auftragen und trocknen lassen.

Erdbeere

Nach der Anleitung auf Seite 4/5 eine Karte und eine Schreibeinlage herstellen. Strohseide, 6 x 12 cm, reißen und auf der Karte anbringen. Aus Filz Erdbeere und Blatt anfertigen (Vorlage H3) und aufkleben. Um den „Zucker" zu befestigen, Kristallklar um die Erdbeerspitze herum auftragen. Die Klebefläche mit Schmelzgranulat bestreuen, bis sie vollständig bedeckt ist. Mit den Fingern leicht andrücken. Zusätzlich einige Körnchen festkleben. Über Nacht trocknen lassen. Überschüssiges Granulat abschütteln. Mit Konturenfarbe kleine Punkte auf die Erdbeere malen und trocknen lassen. Für den „Zucker" können auch Rocaillesperlen, weißer Deko-Sand oder spezieller Bastelzucker aus Glaskörnchen verwendet werden.

Tipp

Die Vorderseiten der Karten mit Folie abdecken, damit die Konturenfarbe nicht am Briefumschlag festklebt.

Zitrusfrüchte

Material

Für beide Karten

- Karokarton in Gelb, Orange
- Tonpapier in Gelb, Orange
- Fotokarton in Gelb, Orange
- Moosgummi in Gelb oder Orange
- Lackstift in Weiß
- Tesakrepp

Zitronen

- Obstnetz in Gelb
- Dünne Kordel in Gelb, 50 cm

Orangen

- Transparentband in Orange, 4 – 5 cm breit, 20 cm lang
- Bastfaden in Orange, 70 cm

Vorlage J

Zitronen

Aus Karokarton eine Karte, aus Tonpapier eine Schreibeinlage anfertigen (Anleitung Seite 4/5). Aus gelbem Fotokarton die Zitronenscheiben anfertigen (Vorlage J) und mit Lackstift bemalen. Hinter drei Scheiben Moosgummi kleben. Netz über die Karte spannen, die Enden nach innen einschlagen und mit Tesakrepp über die ganze Breite fixieren. Kordel um Karte und Schreibeinlage schlingen und unten verknoten. Zitronenscheiben ausrichten und aufkleben.

Orangen

Die Karte wie oben beschrieben anfertigen. Statt eines Obstnetzes ein Transparentband auf der Karte fixieren. Den Bastfaden seitlich zu einem Schleifchen binden.

Tipp

Wenn Sie mit diesen Karten originelle Genesungswünsche versenden wollen, einfach die Scheiben etwas zusammenrücken und zusätzlich den Schriftzug „Gute Besserung" (siehe Vorlagebogen) anbringen.

Anglerglück

Material

Fisch mit Herz

- Fotokarton in Weiß, Türkis, Dunkelblau
- Tonpapier in Rot
- Moosgummi in Rot
- Silberdraht, 0,8 mm Ø, 7 cm
- 1 Wachsperle in Grau, 3 mm Ø
- 1 Wackelauge, 8 mm Ø
- Bastfaden in Rot, ca. 20 cm
- Konturenfarbe in Silber
- Sekundenkleber

Fliegende Fische

- Fotokarton in Weiß, Mintgrün, Hell- und Dunkelblau
- Tonpapier in Weiß
- Strohseide in Weiß
- Maulbeerbaumpapier in Türkisgrün
- 30 Glasperlen, klar, 4 mm Ø
- Gelstift in Weiß

Vorlagen

K1 – K4

Fisch mit Herz

Karte im Maß 10 x 14 cm zuschneiden, die Schreibeinlage in der Größe 10,5 x 15 cm anfertigen, sodass das Motiv einen roten Rahmen bekommt. Für den Haken ein Drahtende um einen Schaschlikspieß wickeln, das andere u-förmig biegen. Moosgummi-Herz (Vorlage K1) darauf spießen. Die Perle auf den Haken stecken und mit Sekundenkleber befestigen. Überstehenden Draht abschneiden. Dicht an der Kartenfalzung ein Loch durchstechen und den Haken mit dem Bast festknoten. Faden nicht zu fest zuziehen, die Karte sollte sich noch gut öffnen lassen. Schleifchen binden. Den Fisch (Vorlage K2) mit Konturenfarbe verzieren und trocknen lassen, dann zusammen mit Wellen und Auge aufkleben. Dort, wo der Bastfaden entlang läuft, eine kleine Aussparung in die Falzung der Schreibeinlage schneiden.

Fliegende Fische

Aus mintgrünem Fotokarton eine Karte anfertigen (Anleitung Seite 4/5). Die Kartenvorderseite mit Strohseide beziehen, dabei den Klebestift bis zu den Kanten auftragen. Wellen (Vorlage K3) auf der unteren Hälfte anbringen. Sonne und Fische (Vorlage K4) aufkleben. Augen mit Gelstift aufmalen. Glasperlen auf dem Maulbeerbaumpapier anbringen.

Schöne Blüten

Material

Für beide Karten

- Elefantenhaut in Creme
- Servietten „Passionsblume", „Clematis" (ti-flair)
- Fotokarton in Weiß oder Creme
- Effektdraht in Silber, 2 x 20 cm, 1 x 5 cm
- Seidenmattlack

Blüte in Orange

- Fotokarton in Hellgrün
- Transparentpapier „Primavera"
- Blumendraht in Grün, 2 mm Ø, 50 cm

Blüte in Pink

- Tonpapier in Olivgrün (Canson)
- Kokosfaserpapier in Olivgrün
- Wachsperlen, 3 mm Ø:
  - 13 x in Hellrosa
  - 9 x in Hellgrün

Vorlagen

L1, L2

Serviettenmotive anfertigen

Motiv grob ausschneiden, außerdem ein etwas größeres Stück Fotokarton. Karton mit Lack bestreichen. Die obere Lage des Motivs in den noch feuchten Lack legen und vorsichtig mit einem Pinsel glatt streichen. Trocknen lassen. Blüte in Orange an den Blättern entlang ausschneiden.

Blüte in Orange

Eine Faltkarte aus Fotokarton, eine Schreibeinlage aus Elefantenhaut anfertigen (Anleitung Seite 4/5). Schriftzug (Vorlage L1) auf Elefantenhaut kopieren und auf der Karte fixieren. Transparentpapier, 15 x 32 cm, wie einen Buchumschlag um die Karte falten. Innen mit Tesafilm festkleben, dabei darauf achten, dass der Umschlag genügend Spiel hat. Blumendraht an beiden Enden 2- bis 3-mal um einen Bleistift wickeln. In die Kartenvorderseite mit einer Pinnwand-Nadel zwei kleine Löcher stechen, Blumendraht dort mit Silberdraht befestigen. Blüte aufkleben.

Blüte in Pink

Eine Faltkarte aus Tonpapier anfertigen. Elefantenpapier, 5,5 mal 15 cm, aufkleben. Einen Rahmen (Vorlage L2) aus Kokosfaserpapier schneiden, auf das getrocknete Motiv legen und den Bildausschnitt bestimmen. Blütenmotiv und Rahmen auf die Karte kleben. Perlen auf den Effektdraht fädeln, dabei etwa jede dritte Perle durch eine Drahtschlinge fixieren. Draht über die Karte spannen und innen ankleben.

Herzlichst

Bunte Bären

Material

Für beide Karten

- Tonpapier in Gelb
- Moosgummi in Gelb
- Window Color in Gelb, Hellgrün
- Folienstift in Schwarz, fein

Glücksbärchen

- Fotokarton in Dunkelgrün
- Strohseide in Hellgrün
- Geschenkfolie, transparent
- Bastfaden in Rot, 40 cm
- 2 Holzstreuteile „Fliegenpilz"

Drei Bärchen

- Fotokarton in Rot
- Strohseide in Gelb
- Moosgummi in Rot, Hellgrün
- Window Color in Hellrot

Vorlagen

M1 – M4

Glücksbärchen

Aus Fotokarton eine Faltkarte anfertigen, aus Tonpapier eine Schreibeinlage (Anleitung Seite 4/5). Kreis aus Strohseide reißen und auf die Karte kleben. Kleeblatt (Vorlage M1) mit hellgrüner Farbe bemalen. Moosgummi-Bär (Vorlage M2) mit Window Color in Gelb bemalen. Über Nacht trocknen lassen. Mit Folienstift Gesicht aufmalen. Bär mit aufgeklebtem Kleeblatt in Geschenkfolie, 15 x 20 cm, einwickeln. Mit dem Bast wie ein Bonbon einschnüren und diagonal auf die Strohseide kleben. Pilze ergänzen.

Drei Bärchen

Aus Fotokarton eine Faltkarte herstellen. Strohseide, 10 mal 14,5 cm, auf die Karte kleben. Moosgummi-Bären (Vorlagen M2, M3) mit der jeweiligen Window-Color-Farbe üppig bemalen. Über Nacht trocknen lassen. Mit Folienstift Gesichter aufmalen und aufkleben. Schriftzug (Vorlage M4) ergänzen.

Tipp

Die Karte mit den drei Bärchen mit Folie abdecken, damit sie nicht am Briefumschlag festklebt.

Bärige Grüße!

Romantische Herzen

Material

Für beide Karten

- Tonpapier in Weiß
- Effektdraht in Silber, je 25 cm
- Lackstift in Weiß

Blaues Herz

- Fotokarton in Königsblau
- Naturpapier in Hellblau
- Strohseide in Weiß, Dunkelblau
- Moosgummi in Weiß
- 20 Stäbchenperlen in Dunkelblau
- 2 weiße Federn

Lila Herz

- Fotokarton in Weiß, Lila
- Strohseide in Lila
- Tortenspitze
- Deko-Band in Dunkellila, 2,5 cm breit, 20 cm lang
- 18 Wachsperlen in Dunkellila, 3 mm Ø
- Satinband in Weiß, 7 mm breit, 70 cm lang

Vorlagen

N1 – N3

Blaues Herz

Aus Fotokarton eine Faltkarte anfertigen, aus weißem Tonpapier eine Schreibeinlage (Anleitung Seite 4/5). Naturpapier, 9 x 14,5 cm, mit Klebestift auf der Karte fixieren. Aus Strohseide Streifen reißen und über die Kartenmitte spannen, Enden nach innen schlagen und fixieren. Stäbchenperlen auf Draht fädeln, Draht ebenfalls innen befestigen. Weißes Moosgummi-Herz und blaues Fotokarton-Herz (Vorlage N1) zusammen mit Schriftzug (Vorlage N2) und Federn fixieren. Weiße Spiralen aufmalen.

Lila Herz

Faltkarte im Maß 10 x 14 cm anfertigen, die Schreibeinlage in der Größe 10,5 x 15 cm, sodass die Karte einen weißen Rahmen bekommt. Gerissene Strohseide, 9 x 13 cm, aufkleben. Tortenspitze, 3,5 x 16 cm, nah am rechten Rand platzieren. Das Geschenkband etwas nach links versetzt anbringen, darüber den Draht mit den Perlen (siehe dazu Anleitung „Blüte in Pink“, Seite 26). Spitze, Band und Draht innen befestigen. In der Mitte des Satinbandes ein Schleifchen binden und links oben auf der Karte anbringen. Die herunterhängenden Bänder jeweils zwischen ein weißes und ein lila Herz (Vorlage N3) kleben. Spiralen aufmalen.

Alles Liebe

Impressum

© 2003
Christophorus Verlag GmbH
Freiburg im Breisgau

ISBN 3-419-56510-0

Lektorat:
Gisa Windhüfel, Freiburg

Styling und Fotos:
Andreas Gerhardt, Freiburg

Layoutentwurf:
Network!, München

Gesamtproduktion:
Carsten Schorn, Merzhausen

Druck:
Freiburger Graphische Betriebe

Wir sind für Sie da, wenn Sie Fragen haben.
Und wir interessieren uns für Ihre eigenen Ideen und Anregungen.
Schreiben Sie uns, wir hören gern von Ihnen!
Ihr Christophorus-Team

Christophorus-Verlag GmbH
Hermann-Herder-Str. 4
79104 Freiburg
Tel.: 0761/2717-0
Fax: 0761/2717-352
e-mail:
info@christophorus-verlag.de
www.christophorus-verlag.de

Weitere Titel aus dieser Reihe

3-419-56379-5

3-419-56382-5

3-419-56259-4

3-419-56252-7

3-419-56258-6

3-419-56448-1

»Ich habe mich schon mal mit Danny McBain von *Jack Olwen Cadillac* über die Sonderanfertigung unterhalten, die Grimaldi bestellt hatte. Er hat gesagt –«

»Sonderanfertigung welcher Art?«

»Jack hat das nicht gewußt - ein Veredler in L.A. hat sie umgebaut, ich werde mal bei denen anklopfen.«

»Wie hat er denn Grimaldi beschrieben?«

»Wie die aus der Bank auch. Groß, schlank, gefühlvolle Augen . . .«

»Der Mann meiner Träume.« Er fügte ein wenig beunruhigt hinzu: »Was ist die dritte Sache, von der dir Harry erzählt hat?«

Giselle fing an, ihm davon zu erzählen, zügelte sich dann aber. Nee-nee. Sie hatte immer gedacht, die Konkurrenz unter den Ermittlern, wer den monatlichen Rekord aufstellte, sei kindischer Machismo, doch jetzt verstand sie die Rivalität. Wenn man draußen auf der Straße war, wollte man der *Beste* sein. Und wer konnte außerdem wissen, was Larry womöglich seinem Zigeunerflittchen steckte . . .

Nein, der Eldorado - wenn auch nur eine schwache Spur - blieb *ihre* Spur; sie würde jetzt nicht . . .

Was machte sie sich eigentlich vor? Sie würde Ballard aus einem einzigen Grund nichts von dem pinkfarbenen 58er Cabriolet, das in Palm Springs womöglich von Zigeunern geklaut worden war, erzählen: Weil Ballard ihr nichts über seine Hellseherin verriet. So einfach war das.

Sie sagte: »Jane Goldson hat mir eine Nachricht für dich gegeben. Von einer Frau. Ihren Namen hat sie nicht sagen wollen.«

Ballard gestikulierte ungeduldig *Mach-schon-mach-schon*. Als sie weiter schwieg, brach er hervor: »Jesses, Giselle, was ist denn mit dir heute abend los? Jedesmal, wenn ich –«

»›Rainbird Lounge. Heute abend.‹ Das war's schon.«

Obwohl die Nachricht reichlich knapp zu sein schien, fing Ballard von einem Ohr zum andern an zu grinsen; es war dasselbe dämliche Tom-Sawyer-grinst-über-Becky-Thatcher-Grinsen, das er schon vorhin einmal aufgelegt hatte.

»Verdammich«, sagte er leise, »sie hat es geschafft.« Auf Giselles spöttisch gehobene Augenbrauen hin, fügte er unvermittelt hinzu: »Ja: sie. Yana. Madame Miseria. Meine Hellseherin von vor drei Jahren. Meine Zigeunerinformantin. Diejenige, der ich heute nachmittag hundert Scheine gezahlt habe. Bitte. Bist du jetzt zufrieden?«

»Du hast ihr hundert Dollar im voraus gegeben?« Die Büroleiterin in Giselle war ernsthaft entsetzt über die Vorstellung, *irgend jemandem*, geschweige denn irgendeiner Zigeunerprinzessin, $ 100 zu geben – für Informationen, die nicht nur nicht auf ihre Richtigkeit überprüft, sondern noch nicht einmal übermittelt worden waren. »Ich schätze, du glaubst, vor dem Rainbird wird einer der Caddys stehen – der Schlüssel in der Zündung und der Motor noch warm.«

»So was in der Art, genau.«

»Das Rainbird ist eine Indianer-Bar. Amerikanische Indianer. Indianer und Zigeuner lieben sich nicht gerade.«

»O du ohne Vertrauen«, intonierte er in frömmlerischem Tonfall, den er sich bei O'B abgelauscht hatte. Er machte den Eindruck, als tummelte er sich gerade auf dem Höhepunkt seines Lebens – was an den Nerven kratzte.

Jäh stieß sie hervor: »Da komm ich mit.«

»Gewiß.«

»Ich will den Ausdruck auf deinem Gesicht sehen, wenn da kein einziger Zigeunercadillac steht.«

Ballard schwieg für einen Augenblick. Dann lächelte er ein leises überlegenes Lächeln. »Ich sag dir was. Du zahlst die Drinks hier und gibst hinterher ein Abendessen aus, und du bist dabei.«

»Die hundert Dollar haben dich pleite gemacht, was?«

»Ich habe noch drei Scheine.«

»So ist mein Larry. Fällt auf jede Frau rein, die mehr Titten hat als Hirn.«

Und das war ja wohl ein wunderbarer Satz gewesen für Giselle Marc mit ihrem Magister in Geschichte, dachte sie, als sie aufstanden. Das reichte für einen Abend, junge Dame, recht schönen Dank auch.

Als sie auf dem Tisch etwas Papiergeld für die Drinks und das Trinkgeld verstreute, sagte Ballard unvermittelt: »Das wird mir wirklich Spaß machen. Acht lausige Monate Ermittlungsarbeit gegen meine acht Jahre, und du glaubst, du weißt über alles Bescheid. Nun, heute abend, Giselle, wird dir der alte Maestro einmal zeigen, wie der Hase läuft.«

21

Die Rainbird Lounge - eine Kneipe-um-die-Ecke in der Ebene unter dem Potrero Hill - war zusammen mit ganz San Francisco nach dem großen Schlag im Jahre 1906 wieder aufgebaut worden. Damals bekannt als »Unikulti« für die Iren, die südlich der Market Street ansässig waren und es regelmäßig besuchten, wurde es in der Zeit der Prohibition ein Treff für die Italiener. Während des Zweiten Weltkriegs war es eine Beize - eine in der man etwas trank, nicht jene für's Holz - in der billiger Fusel an die GIs ausgeschenkt wurde, die sich aufmachten zum großen Schauspiel im Pazifik.

Nachdem in den 50er Jahren beim Bau des James Lick Freeways die Straße, an der sie lag, zu einer Sackgasse gemacht wurde, hätte sie eigentlich eingehen müssen. Allerdings malte dann ein alkoholabhängiger *Muralista*, der sich vom Namen »Rainbird Lounge« hatte inspirieren lassen und auf lebenslanges Freibier hoffte - so wie Benny Bufano kostenloses Essen für sein Fresko in der Cafeteria in der Powell Street bekam - ein blutrünstiges Bild mit dem Titel *Custers Letztes Gefecht* auf seine Vorderseite. Eine Menge skalpierte Kavaleristen, die die Landschaft von Dakota übersäten.

Sein Zirrhosentraum starb mit dem Verkauf an einen neuen Besitzer; aber der Name und das Wandgemälde wurden irgendwie zu einem Anziehungspunkt für die amerikanischen Eingeborenen, die es in die große Stadt verschlagen hatte. Stammesartefakte waren noch hinzuerworben und in Mengen über die Bar gehängt worden, um weitere Indianer anzulocken: Perlenketten, Tongefäße, *Kachina*puppen, Mokassins aus Rehleder, Webdekken, sogar eine antike Brosche aus Türkis und gehämmertem Silber baumelten von einer Lampe herab.

Für die Stammgäste war das Rainbird ein gemütlicher Ort, während Außenstehenden, die keine Eingeborenen waren, die kalte Schulter gezeigt wurde. Auf dem Boden lag Sägemehl, und es gab ein halbes Dutzend abgewrackter Tische mit Stühlen, die nicht zueinander paßten. Über der Bar an der rechten Wand befand sich ein 30-cm-Fernseher, der auf einen der Sportkanäle eingestellt war - der Ton war ausgestellt, und so konnten aus der altmodischen Jukebox Countrysongs tönen. Im Rainbird war ein Bier mit Schuß ein Longdrink, und eine Tüte blauer Kornchips war *Haute Cuisine*. Die Gäste tranken viel und stritten oft - was das jähe Auftauchen der Jungs in Blau vom Revier Third/20th mitunter unvermeidlich machte.

Über die Mattscheibe flimmerte tonlos das Spiel der *Oakland A's*, deren Saison vor kurzem begonnen hatte, und die Jukebox war gerade zwischen zwei Liedern, und so konnte Ballard hören, wie sein Eintreten das Gequassel der Stimmen ersterben ließ, gerade so wie Ammoniak, der auf einer Fensterscheibe quietschte. In der Stille und im Gestank von schalem Bier und durch die Rauchwolke hindurch drehte sich jedes braune Gesicht in dem Laden zu seinem weißen hin.

Und in der Beize hier gab es nur braune Gesichter.

Ballard lehnte sich über den Tresen und räusperte sich. »Ehm ... verkaufen Sie hier Zigaretten?« Nach einem Drink hatte er nicht fragen wollen - aus Angst, statt dessen skalpiert zu werden.

Der Barkeeper, dessen Gesicht geradewegs von dem alten Indianerkopf-Nickel zu stammen schien, trug einen Cowboyhut mit einem Bündel Federn obenauf. Er zeigte mit einem braunen Daumen auf die Toiletten.

»Im Automaten. Dahinten.«

Ballard watete durch vollkommene Stille zur Pendeltür, hinter der sich Toiletten, Fernsprecher und Zigarettenautomat befanden. Als sich die Tür hinter ihm schloß, ging das Gequassel wieder los.

Drei Minuten später, als er hinter das Steuer des Firmenwagens glitt, den er in der gelben Zone hatte stehen lassen, ließ er eine knitterfreie rot-weiße Schachtel auf Giselles Schoß plumpsen.

»Ich hoffe, du magst Marlboro.«

Süßlich sagte sie: »Wolltest du denn gar keinen Drink zu dir nehmen?« Er schien zu sehr damit beschäftigt, wieder in Richtung Vermont zu wenden, um ihr eine Antwort zu geben, also stichelte sie noch mal. »Keine Zigeuner, die mit wehenden Seidentüchern und hochhackigen Schuhen auf der Bar Flamenco getanzt haben?«

»Einen Regentanz«, sagte Ballard kurz und sauer.

»Ich hab dir doch gesagt, daß es ein Indianertreff ist. Gib's zu, Larry! Deine hochverehrte Yana hat dich für hundert Scheine angeschissen.«

»Hundert Scheine von der DKA. Wir gehen jetzt essen und kommen später zurück.«

»Er kann einfach nicht zugeben, daß er sich geirrt hat«, seufzte Giselle wie vor Kummer.

Tatsächlich war sie natürlich entzückt, daß da kein Cadillac gestanden und kein Zigeuner in wehender Seide und mit riesigen Ohrringen in einer der Nischen das Tamburin geschlagen hatte.

Knappe sechzig Sekunden, nachdem die beiden abgedampft waren, parkte Sonia Lovari ihren glänzenden neuen Allante in der gelben Zone des Rainbird. Sie fühlte keine drohende Gefahr: Hier war das Auto sicher, ganz wie sie selbst auch. Sie hatte den Indianern sogar in allen Details erzählt, wie sie den Wagen im Rahmen der Regulierung eines erfundenen Unfalls von einer Versicherung gekauft hatte, und so gab es keinerlei offenen Neid wegen ihres schicken Schlittens.

Als sie anfänglich hierher gekommen war, hatten die eingeschlagenen Birnen, die blutigen Nasen und blauen Augen, die an den Tagen fällig waren, an denen die Schecks von der Fürsorge eintrafen, Sonia – die hier Maria-Kleiner Vogel hieß – noch gehörig entsetzt. Doch jetzt, wo sie Stammgast war, fühlte sie sich hier sicher und willkommen, auch wenn sie sich hin und wieder wegen Gläsern und Flaschen, die wer durch den Raum warf, ducken mußte oder selbst Glas und Flasche vom Tisch schnappen mußte, wenn irgendein großer menschlicher Körper über diesen flog.

Man entschuldigte sich dafür stets bei ihr; da sie klein und offensichtlich keine Raufboldin war, wurde sie auch nie bei einer der Polizeirazzien festgenommen; und außerdem war sie so vorsichtig, im Rainbird niemals die Schwindeleien, Tricks und krummen Dinger auszuprobieren, die sie in anderen Bars der Gegend so unbeliebt gemacht hatten.

»Hast du inner Zeitung gelesen, daß sie den Namen vom Redskins Footballteam ännern wolln?« fragte Hockende Krähe, die schwergewichtige alte Frau auf dem nächsten Barhocker. Sie ging ganz schön in die Breite, war ziemlich braun und hatte das lustig gefurchte Gesicht eines einsamen Berghangs.

»Die K.C. Chiefs auch«, sagte Der-in-der-Nacht-kommt, der auf Sonias anderer Seite saß. Er war ein kräftiger Oglala Sioux, der zwei Jahre lang versucht hatte, Arbeit zu finden, und fast ebenso lang, bei Kleiner Vogel zu landen. Die Arbeit war ihm entwischt, und Sonia war im tiefsten Innern traditionelle Zigeunerin: kein Sex mit den *Gadje*, zu denen, wie sie vermutete, Der-in-der-Nacht-kommt, da er kein *Roma* war, zählen mußte.

»Atlanta Braves«, nickte Büschel-von-Federn, der betagte Mann von Hockende-Krähe, der nicht zurückstehen wollte.

»Roter Stolz«, sagte Hockende-Krähe weise.

»Das glaube ich auch«, sagte Sonia. Des Lesens nicht mächtig und an allem, was irgendwie *sportif* war - vom Wetten einmal abgesehen - nicht interessiert, hatte sie nicht die geringste Vorstellung, worüber sie gerade redeten; mit dieser Bemerkung stand sie jedoch auf der sicheren Seite. Sie orderte noch einen Krug, um ihn mit ihren Freuden zu teilen. »Wir Rothäute halten zusammen, stimmt's?«

»Stimmt«, echoten die anderen, als sie ihre Gläser füllten.

»Heiße Scheiße!« rief Ballard. Er lenkte den Ford der Firma an den Randstein und hielt an. »Hab ich's dir nicht gesagt?«

Giselle sah zu dem funkelnagelneuen Cadillac Allante, der in der gelben Zone vor dem Rainbird geparkt war. Wenn jetzt der Motor warm war und die Schlüssel steckten, dann würde sie schreien. Ballard hatte den Aktendeckel mit den Zigeunerautos schon auf seinen Kien aufgeschlagen und blätterte die Listen im Licht des Armaturenbretts auf der Suche nach Allantes unbeholfen durch.

Sie wagte sich vor: »Wir *wissen* schließlich nicht, ob das eins von unsern Zigeunerautos ist.«

»Drei Allantes, ein rotes Cabriolet mit Hardtop.« Er zeigte mit dem Finger aufreizend auf die Windschutzscheibe. »Wie der da. Da drüben. Rotes Cabrio mit Hardtop.«

»Halt's Maul«, pflichtete Giselle ihm bei.

Ballard riß den Schlüssel für den Allante, den er gemäß der vom Händler mitgeteilten Nummer nachgemacht und an den Auftrag geheftet hatte, ab. Er hatte die Tür geöffnet und schon einen Fuß auf dem Gehweg. »Du bleibst hier, und –«

»Nein, verdammt. Ich werde nicht im Auto sitzen bleiben, während du rausgehst und den Macho markierst.«

Ballard seufzte und zog sein Bein in den Wagen zurück. Kapierte sie denn nicht, daß der Zigeuner, der angekommen war, als sie Essen waren, daß der Typ wieder rauskommen und abdampfen könnte, wähernd sie sich hier kabbelten?

»Einer von beiden sollte hier im Wagen bleiben, Giselle. Wenn –«

»Dann bleibst du eben hier.«

»Der Caddy steht vor einer Bar. Solche Geschichten können ziemlich übel werden.«

»Übel? Nachdem dein Zigeunerschatzi alles so schön arrangiert hat? Gott behüte!«

Ballard sah aus, als explodierte er gleich, biß jedoch die Zähne zusammen und sagte milde: »Okay. Gehen wir beide. Aber wenn es irgendwelchen Ärger gibt, dann machst du dich da nichts wie weg, Auto hin, Auto her. In Ordnung?«

Nach einem langen Moment nickte Giselle. »In Ordnung.«

Die Haube des Allantes *war* noch warm. Keine Schlüssel im Zündschloß, aber die Türen waren unverschlossen, die Fenster heruntergekurbelt. Würde ein Zigeuner seinen Wagen *so* stehen lassen? Vielleicht sollten sie mal die Fahrgestellnummer kontrollieren ...

Der scheiß Schlüssel paßte nicht.

»Ich glaub's nicht. Scheiße«, murmelte er zu Giselle.

Als Ballard wieder aus dem Wagen stieg, setzte sie sich herein, um es nochmal mit dem Schlüssel zu probieren - sie stocherte mit ihm im Schloß herum, stets mit einem leichten Druck zur Seite hin, damit auch der Motor anspränge, sollte sie die Sperre noch überwinden. Er beugte sich vor, um durch das offene Fenster zu sprechen.

»Ich hol mein Werkzeug, um das Schloß auszuwechseln.«

Giselle nickte und fuhrwerkte weiter mit dem Schlüssel.

Verdammt, dachte er, er sollte *wirklich* die Fahrgestellnummer kontrollieren, da sein Schlüssel nicht paßte; doch inzwischen war er entschlossen, den Wagen zu kriegen, ob er nun einer von den gesuchten war oder auch nicht. Wenn sie sich getäuscht hätten, könnten sie ihn später immer noch irgendwo in der Pampa stehen lassen.

Er holte den Plastikkasten, der seine Ausrüstung enthielt, aus dem Firmenwagen und ging zurück zu dem Allante.

Just in diesem Moment kamen der alte Mann und die alte Frau - zerklüftet die Gesichter, dunkel die Haut - aus dem Rainbird heraus. Ndjaner! Er erstarrte. Und hoffte, daß sie Giselle nicht sehen würden, die sich in dem Cadillac duckte; die Lichter der Bar schienen jedoch direkt auf den Fahrersitz.

»He, was zum Teufel machst du denn da im Auto von Kleiner-Vogel?«

Büschel-von-Federn und Hockende-Krähe hasteten los. Ballard grölte und rannte auf sie zu; den schweren Kasten schwang er wie eine Waffe mit dem Arm. Eilig traten sie zurück in die Bar - aber er wußte, sie würden wiederkommen.

»Komm da raus!« schrie er zu Giselle. »Sofort!«

Da flog jedoch die Tür zum Rainbird auf und spie ein Dutzend Indianer auf dem Kriegspfad aus, das von einem kleinen gedrungenen Mädchen angeführt wurde, welches um die 19 und die typische Squaw zu sein schien.

»Die klaut mein Auto!«

»Sie ist keine Indianerin! Sie ist Zigeunerin!« schrie Ballard, der sich von Sonias Maskerade nicht täuschen ließ.

Genau in diesem Augenblick ließ sich der Schlüssel in Giselles Hand drehen, und der Allante röhrte los. Sie kannte die Regeln - schnapp dir den Wagen, kümmer dich später um deinen Partner - also drückte sie auf die Tube und war auch schon fort, während Larry noch die Stellung hielt, indem er den Kasten vor sich her schleuderte, um die Indianer während Giselles Flucht in Schach zu halten.

Der riesige, kantige Der-in-der-Nacht-kommt stieß eine Kombination gen Ballards Kopf. Dieser tauchte darunter weg und rammte dem großen Mann einen Karateschlag zwischen die Beine, auch als Rückhand bekannt. Der-in-der-Nacht-kommt sprach: »UFF!« ging in die Knie und hielt sich eine gewisse Stelle.

Ballard heulte seine momentan etwas außer Fassung gebrachten Gegner, so gut er konnte, mit einem: *»Ji ji ji ji ji!«* an. Es war ein Bravourstück.

Giselle brachte den Allante mit quietschenden Reifen am Ende der Sackgasse zum Stehen, haute den Rückwärtsgang rein und legte los, den Kopf und einen Arm zum Fenster herausgestreckt. Okay, sie hatte den Wagen, wie es ihr Auftrag war, in Sicherheit gebracht, jetzt würde sie diese gottverdammten Rothäute über den Haufen fahren, sollte es denn nötig sein, um Ballard zu retten.

Dieser war soeben von einem Backstein an der Schulter getroffen worden, was ihn die Balance verlieren ließ. Er trudelte, der wirbelnde Kasten schlug jemandem eine Gesichtshälfte ein, sein Fuß trat zur Seite und versank in biergetränkten Eingeweiden. Gebrauchtes Bier spritzte ihm ins Gesicht.

Ein großes rotes Monster, das von einem doppelten Fächer hellsten Lichts verfolgt zu sein schien, röhrte aus der Dunkelheit auf sie alle zu - mit wiehernder Hupe und heulendem Motor. Giselle stieg in die Eisen und schleuderte halb herum, Indianer spritzen in alle Richtungen.

»Das Fenster!« gellte sie zu Ballard.

Noch immer auf einem Bein rotierend, warf er den Kasten

durch das offene Fenster auf die Fahrerseite und sprang ihm hinterher. Als der Allante jedoch zurück in Richtung Vermont Street röhrte, grabschte einer nach Ballards Beinen. Er hörte ein Reißen und spürte die kalte Luft, hörte ein Ächzen hinter sich - und ein zersplitterndes Gefäß krachte mit verblüffender Kraft auf seinen blanken Arsch.

»AUUU!«

Der-in-der-Nacht-kommt hatte sich gerächt, indem er seinen Hintern skalpiert hatte. Überall um sie herum donnerten Autos in das Leben hinaus. Als sie in der Vermont anlangten - noch immer im Rückwärtsgang - latschte Giselle auf die Bremse, riß das Lenkrad herum und gab auch schon wieder Gas.

»Jesus!« Ballard mißbrauchte den Namen des Erlösers, als das Drehmoment ihn beinahe aus dem Fenster warf.

Vor dem leeren Rainbird war es Kleiner-Vogel, die traurig den entschwindenden Fahrzeugen hinterherstarrte - sogar der Barkeeper hatte sich mit auf die Verfolgung gemacht. Sonia Lovari war es dann, die seufzte und sich zu Fuß auf den Weg machte: Sie hatte sich wirklich schon als Indianerin gefühlt, aber womöglich kriegten die echten Indianer heraus, daß sie Zigeunerin war, und verstießen sie.

Und sie wußte, wer die Schuld trug. Nur Yana war in der Lage, den *Gadje* zu verraten, wo sie zu finden war.

Giselle biß sich hart genug auf die Lippe, um Blut aus ihr zu saugen, als eines der Autos, die sie verfolgten, ihre hintere Stoßstange rammte.

»Halt dich fest!« schrie sie zu Ballard und trat das Gaspedal volle Kanne durch.

»Was glaubst du eigentlich, was ich hier -«

Ein Backstein schwirrte an seinem Kopf vorbei und zerkratzte den Lack des Caddys. Auf beiden Seiten holten die Autos sie ein, das zur Rechten mit zwei Rädern auf dem Gehsteig, mit zweien in der Gosse. Es krachte gegen einen Pfosten und war aus dem Rennen, aber das nächste konnte ihm noch ausweichen und blieb ihnen auf den Fersen.

Giselle schwenkte in die 16th Street, so als wüßte sie, wohin sie fuhr. Ballard hoffte arg, daß sie es wußte; er hatte keine Ahnung. Er versuchte, sich reinzuziehen, doch da zog einer der Verfolger rüber, um ihn zwischen den Autos zu zerquetschen. Er versteifte seine Glieder und hielt sich an der Flanke des Caddys so hoch wie möglich, als unter ihm Metall an Metall rieb.

Giselle jagte mit dem Allante in die breite Third Street und überfuhr mit plärrender Hupe an der nächsten Kreuzung eine rote Ampel. Sie waren dabei, ihre Verfolger abzuhängen: Der große V-8 des Caddy erzeugte ganz schön Leistung. Doch da schoß unmittelbar vor ihr ein Wagen quer über die Third, sie stieg auf die Bremse, schlitterte fast seitlich die Straße runter und war mit einem Mal so betäubt, daß sie nur noch eine schwache, distanzierte Neugier darüber verspürte, ob sie an dem Wagen vorbeikäme oder nicht.

Sie kam vorbei, aber das Schleudern hatte die Indianer wieder aufholen lassen. Sie setzten sich vor sie, zwangen sie an den Randstein mit röhrendem Schlachtgesang.

Aber sie war da! Mit plärrender Hupe pflügte sie über den Randstein. Ballard, der noch immer halb aus dem Auto hing, klammerte sich an sein liebes Leben, als der Allante drei Betonstufen in steilem 45-Grad-Winkel emporhechtete, um mit seiner vorderen Stoßstange die zweiflügelige Tür vor ihren Köpfen zu zersplittern. Ein Reifen machte PENG! Die altmodische Glokkenlampe über der Polizeistation PLATZTE! und streute Glasscherben auf ihre Häupter.

Uniformierte Beamte mit verblüfften, halb-verängstigten Gesichtern strömten aus dem ganzen Gebäude mit gezogenen Pistolen an dem Allante vorbei. Das vertrieb die Kette der Indianerautos - mit quietschenden Reifen rasten sie in alle Richtungen davon.

Inzwischen hatte es Ballard bewerkstelligt, seine Füße auf eine der Stufen zu stellen; noch war er zu benommen, um zu bemerken, daß seine zerrissenen Hosen um seine Knöchel gewickelt waren, so daß er von der Hüfte abwärts splitterfasernackt war. Er winkte mit den Armen und schnaufte, als hätte er gerade einen Wettlauf hinter sich gebracht.

»Friedliche Autorückführung, friedliche Autorückführung«, japste er den Dutzenden Augen der Pistolen entgegen, die ihn ohne jedes Zwinkern anstarrten.

»Red kein Scheiß«, texanerte der diensthabende irische Sergeant.

»Von ... der Rainbird ... Lounge ...«

»Ah«, sagte der Sergeant mit mildem Verständnis und steckte seine Pistole ins Holster zurück. Die Cops kannten das Rainbird. Nach einem Moment taten es ihm die anderen nach, auch sie steckten ihre Waffen weg.

Giselle taumelte von der Fahrerseite um den Wagen herum, Blut rann ihr von der aufgerissenen Lippe das Kinn hinab.

»Ich hab ... die Fahrgestellnummer ... kontrolliert ... wir ham ... den ... richtigen Wagen ...« Dann sah sie Ballard und lachte schwach. »So ... läuft also der Hase ... Maestro?«

»Lief er«, sagte Ballard mit großer Würde.

Der Sergeant schaute von Giselle zu Ballard und sagte mit irischer Rechtschaffenheit: »Hey, Sam Spade, ziehen Sie sich mal lieber ihre Hosen an.«

Ballard, der mit einem Mal seinen Zustand bemerkte, riß mit der Geste eines Wilden seine Hose hoch.

Und schrie vor Schmerz, als der rauhe Stoff über unzählige Splitter streifte und sie noch tiefer in den zerkratzten und zerfleischten Hintern trieb.

22

Weil Giselle draußen war, Zigeuner jagen, hing Dan Kearny mit dem ganzen routinemäßigen Papierkram, den sie normalerweise gemeinsam erledigten, im Büro fest. Und das vermittelte ihm das Gefühl, alt zu werden.

Es hatte Zeiten gegeben, da hatten ihn seine Ermittler gebraucht, um ihr Schlamassel in Ordnung zu bringen; jetzt waren sie von ihm ausgebildet und die Besten in ihrem Job.

Es hatte Zeiten gegeben, damals bei Walter's Auto Detectives – bevor er mit Giselle und O'B und Kathy Onada (Gott hab sie selig) die DKA gegründet hatte – da war *er* der beste Ermittler in diesem Job gewesen.

Jetzt . . . war er alt. Mächtig alt.

Sein Telefon klingelte. Jane Goldsons Stimme tönte in seinem Ohr. »Ein Mann namens Ephrem Poteet ist an der Strippe –«

Kearny – mit einem Mal zwanzig Jahre jünger – tippte auf das rote Blinklicht. »Was gibt's?«

Ein wohlbekanntes Kichern und tiefe Töne drangen über den Draht zu ihm. »Immer gleich zur Sache, was, Kearny?«

»*Gadje*-Sitten.«

»Okay. Los Angeles. Silverlake District. Wasso Tomeshti. Fensehapparate. Und ich bekomme meine hundert Scheine sofort, im voraus.«

»Nicht dafür. Ich brauch mehr. Was ist das für ein Schwindel?«

»Direkt vom Hersteller zum Verbraucher. Mehr sag ich nicht.«

Kearny bemerkte die Endgültigkeit, hatte aber darüber hinaus einen Gedankenblitz.

»Deine hundert Mäuse kommen mit der Post.«

Er legte auf, saß da – hinter seinem Schreibtisch. Zündete sich eine Marlboro an und vergaß das Zündholz auszuschütteln, bis die Flamme schließlich seine Fingerspitzen versengte. In all den Jahren hatte er über verschiedene Postfächer mit Poteet zusammengearbeitet, nie hatten sie sich gesehen. Er nahm einen Zug.

»Nein«, sagte er laut. »Nicht genug. Überhaupt nicht genug.«

Diesmal nicht. Diesmal brauchte er ein Druckmittel, sonst würde Poteet seine Informationen über Wochen verteilen, um jedesmal die $ 100 im voraus zu kassieren – während sich die Zigeuner in alle Winde zerstreuten.

Jetzt war es so, daß Poteet die Melodie spielte, und Kearny mochte es gar nicht, wenn ihm irgendwer den Ton angab.

Und er mochte es auch gar nicht, sich alt zu fühlen.

Er schüttelte seinen schweren angegrauten Kopf, lachte leise, riß eine Schublade auf und holte eine der kompletten Zigeunerakten heraus, in denen alles stand, was sie über die einzelnen Cadillacs wußten. Er hatte keine Schlüssel, die für die Autos nachgemacht worden waren, aber was sollte das schon? Hungrig mußte man bleiben.

Als er an Janes Schreibtisch vorbeiging, flötete sie vergnügt: »Wohin des Wegs, Mr. K? Ihr Meeting mit Stan bei der Bank findet nicht vor –«

»Sag's ab.«

»Aber –«

»Und stell mein Telefon um.«

»Aber –«

»Morgen auch noch.«

»Aber –«

»Und vielleicht auch noch übermorgen.«

Aus ihrem Papierkorb fischte er einen weggeworfenen Fensterumschlag LETZTE MAHNUNG mit einer abgestempelten Briefmarke darauf - es war ein Umschlag in grellem Rot, damit er den Zahlungssäumigen ins Auge fallen möge - und griff sich ein Bogen Geschäftspapier von ihrem Schreibtisch. Dann war er auch schon fort.

Nur wenige würden Wasso Tomeshti im eleganten Mr. Adam Wells erkennen.

Wasso Tomeshti war ein *Roma* mit Schmalzlöckchen, großem gezwirbeltem Schnauzer und Dreitagesbart, er trug bunte Hemden, ein ziegelrotes Halstuch um die dicke Kehle und schwarze Jeans, die in schwarzen Lederstiefeln steckten. Mr. Adam Wells, seine vornehmste Schöpfung, war peinlich glatt rasiert, hatte zuviel billiges Kölnischwasser aufgetragen, trug einen brandigen Dreiteiler in elektrisierendem Grün, ein purpur- und goldkariertes Hemd, eine Krawatte mit Paisleymuster, das hauptsächlich in Orange gehalten war, und schwarze Halbschuhe.

»Ein bißchen frische Luft gefällig?« fragte Mr. Adam Wells redselig.

»Nein danke, ich find's gut so.«

Wenn Sam Hood Adam Wells auch schmierig fand - was in Sams Augen ein Kompliment war - so wußte er doch auch, daß Adam Wells genügend von diesen fetten Möpsen machte, nach denen sich alle so sehr sehnten, um den Ventura Boulevard in einem viertürigen weißen Seville STS mit Steilheck entlangzukutschieren, einem für $ 40 000 nackt. Und dieser Ofen war geradezu *überhäuft* mit Extras. Superweiche Ledersitze, eigens von Hand genäht; Klimaanlage, Stereoradio von Delco mit CD-Player, maßgefertigtes Phaetondach, Leistung ohne Ende ... und er hatte noch provisorische Nummernschilder und verströmte den Geruch eines Neuwagens.

Wie auf einer Wolke.

»Jedes Jahr 'n Neuer«, prahlte Wells. »Einen von denen hier, dann ein Lincoln Town Car, dann ein Chrysler Imperial.« Ein Kichern. »Ich muß halt dafür sorgen, daß es den Großen Drei gut geht, wissenSe.« Sam Hood wußte Bescheid. Auch wußte er, daß er ein paar von Wells' Möpsen haben wollte. Wells fügte hinzu: »Ja, immer für Amerika, so bin ich.«

»Außer bei Fernsehapparaten?« Sam bediente sich eines gewitzten Fragezeichens am Ende des Satzes.

»Die Fernsehapparate sind mein *Geschäft*.« Wells schlug mit beringten Fingern gegen das Lenkrad. »Das hier, das ist privat. Das ist die Liebe zum Land.« Er zeigte mit seinem billigen Stumpen nach vorn. »Da ist es, direkt geradeaus.«

»Es« war ein beinahe fertiggestelltes Motel auf der südlichen Seite des Boulevards, ganz in der Nähe von Tujunga, so verdammt nahe, daß Sam die Augen aus dem Kopf quollen. Hinter ihm stiegen grünbelaubte Hügel an mit Häusern für Millionen von Dollars. An der Ventura wurde obszön viel gebaut, aber keines der Vorhaben war opulenter als dieser klotzige, U-förmige Motelkomplex.

Wells zog den Seville näher an den Randstein, um ein wenig herumzudeuten.

»In der Mitte wird es einen Springbrunnen geben. Palmen und eine Menge Sträucher. Wir bekommen ein *Spago's*, verschiedene Läden, Boutiquen, Schwimmbäder drinnen und draußen, eine Sauna, eine Sporthalle ...«

Sam, der ein wenig Probleme mit seiner Stimme hatte, fragte: »Wie viele Fernsehapparate, haben Sie gesagt, brauchen Sie von mir?«

»Hab ich nicht, aber für den Anfang vielleicht dreihundert. Ich weiß, daß das Läppereien sind, aber nächstes Jahr verdoppeln wir, und dann brauch ich noch mal fünfhundert. Selbst dann - nicht gerade viel, ich weiß, aber -«

»Nein, nein - kein Geschäft ist zu klein«, sagte Sam rasch.

Darauf kannst du deinen Arsch wetten, dachte Wasso. Dreihundert würden das Lager von diesem *Gadjo* leerfegen - das hatte er gecheckt. Deshalb hatte Wasso ihn ausgesucht, auch wenn er vielleicht gewisse Beziehungen hatte. Ein gefährlicher Mann, womöglich, aber gierig genug, um dumm zu sein.

Als Wells von »ein paar« Farbfernsehern für »sein« Motel mit Rabatt vom bereits niedrigen Großhandelspreis - darin bestand Sams Masche - gesprochen hatte, hatte sich Hood ein paar Dutzend abgefuckter Zimmer vorgestellt, die um einen briefmarkengroßen Pool gruppiert waren, in dem tote Wanzen schwammen. Aber das *hier* ...

Das *hier* war so gut wie Geld auf der Bank. Sein ganzes Lager - umgesetzt in einer einzigen Transaktion! Und da seine Fernseher außerdem stets vom Laster fielen - der Fahrer erhielt für seine Kooperation eine Kostenerstattung - würde er eine schwindelerregende Summe an diesem Prahlhans verdienen.

Freilich, wenn Sam Hood, so taff er auch war und mit all seinen Verbindungen zur Unterwelt, gewußt hätte, daß sein Prahlhans ein Zigeuner war, dann wäre er aus dem Caddy gesprungen und hätte sich seine Taschen zunähen lassen. Aber er wußte es ja nicht.

»Ich würde Ihnen das alles ja gern mal zeigen«, sagte Wells voll Bedauern, »aber ich bin mit japanischen Investoren zwischen zwei Fliegern im LAX zum Mittagessen verabredet. Also veschieben wir -«

»Da steckt Geld von den Japsen drin?« fragte Hood ehrfurchtsvoll.

»Nee, die spielen nicht mit so 'ner Taschengeldscheiße wie der da rum. Wir haben einen Deal mit sieben Golfplätzen laufen, die ...« Er brach ab, um zu lachen. »Na, lassen wir ma. Genug davon.« Er öffnete seine Tür. »Ich geh kurz mal zu dem Vorarbeiter - können Sie einen kleinen Moment warten?«

Tomeshti war schon aus dem Auto und lief auf einen Mann zu, der verschiedene Dinge auf einem Klemmbrett abhakte. Er deutete zum Dach.

»Wie hoch ist das denn?«

Der Arbeiter zog die Stirn in Falten. »Wer sind denn Sie zum Teufel?«

»Wer zum Teufel ich bin?« Tomeshti ging noch einen Schritt auf ihn zu und hämmerte mit einer Faust in die andere Hand. »Ein Steuerzahler, das bin ich.« Er machte sich auf in Richtung Seville, drehte sich dann noch einmal um, deutete auf den verblüfften Arbeiter und rief: *»Und vergiß das nicht, Bursche!«*

Er stieg wieder ein und pumpte Blut in sein Gesicht, damit es errötete.

»Ärger?« Hood konnte sich die Frage nicht verkneifen, als sie mit grell quietschenden Reifen vom Randstein fuhren.

»Nee, nee - man sagt denen nur, daß morgen dreihundert Fernsehgeräte kommen und die Zimmer fertig sein müssen, und was sagen die einem? Daß sie fertig sind? Scheiße nein. Der Kerl sagt ...« Er schüttelte den Kopf, strahlte dann wieder. »Ach, zum Teufel. Lassen Sie uns jetzt zu Ihrem Büro fahren und den Vertrag für die Fernseher unterschreiben. Wir bleiben bei Lieferung morgen, ganz egal was dieser scheiß Vorarbeiter sagt. Und dann kriegen Sie auch gleich Ihr Geld für alle dreihundert Geräte.«

Er blickte zu Sam Hood rüber, während sich der große Caddy durch den Verkehr auf dem Ventura Boulevard pfeilte. »Ein Scheck auf das Firmenkonto ist doch in Ordnung, oder?«

»Klar«, sagte ein geblendeter Sam Hood. »Wie Geld auf der Bank.«

Dan Kearnys gemieteter Cutlass nahm die Silver Lake Ausfahrt vom Hollywood Freeway, hinein in eine dreckige breite Straße mit dreckigen schmalen Läden und dreckigen breiten Schildern darüber. Möbelgeschäfte. Karatestudios. Bäckereien. Friseursalons. Kleiderläden mit überquellenden Ständern quer über dem Gehsteig, die mit dieser Sorte von geblümten Sporthemden vollhingen, die einem allem Anschein nach das Verlangen einflößten, eine Schachtel Zigaretten unter den hochgekrempelten Ärmel zu klemmen. Fast nur braune Gesichter und eine Menge *Habla Espanol* Schilder.

Nachdem er eine Stunde herumgefahren war, entdeckte er die Reklametafel:

VOM HERSTELLER DIREKT ZUM VERBRAUCHER

Darunter stand:

MITSUBISHI - SONY - HITACHI - TV
EINMALIGE, NOCH NIE DAGEWESENE PREISE

Kearny hatte das Gefühl, einen Blick auf jene Schwindelei erhascht zu haben, und fing zu kichern an. Er fand eine freie Parkuhr, stellte den Wagen ab, verschloß ihn und marschierte zurück. Strahlendes Sonnenlicht, gewürzt mit beißendem Smog, wie Nase und Hals verrieten, fiel heiß auf die Schultern seines in San Francisco ausgesuchten Wollanzugs. Er blickte durch kürzlich geputzte Fenster in einen leeren Verkaufsraum. Der Boden war frisch gefegt, die Regale warteten darauf, die zu verkaufenden Fernseher in Empfang zu nehmen. Eine Verkaufstheke befand sich im hinteren Teil des Raums, dahinter ein eingeglastes Büro. Das Schild eines Maklers klebte noch im Fenster. Telefonnummer und eine Adresse im nächsten Block.

Kein Cadillac auf dem schmalen, unbefestigten Parkplatz hinter dem Haus (nicht daß Kearny einen erwartet hatte, nachdem er den leeren Ausstellungsraum gesehen hatte). Er schlängelte sich durch die vielsprachige Menge zum Büro des Maklers; er mußte wissen, wer Tomeshti war und wann er aufkreuzen würde.

Staubige Bilder von irgendwelchen Angeboten, die keinen interessierten, hingen zuhauf in den Fenstern. Drinnen gab es einen schmalen Raum, der auf die Straße ging und in dem vier lädierte Schreibtische aus Hartholz entlang einer Wand standen, hinten gab es das Büro des Chefs. Südländerinnen saßen an zweien der Schreibtische, die anderen waren unbesetzt.

Eine Blondine mit metallischem Haar, das einem den Fingernagel hätte entzwei brechen können, trat aus dem Büro. Sie roch nach Moschus und Gier. Zu viele Zähne, ein Lifting, das nichts dazu beigetragen hatte, ihre eispickelharten Augen zu erweichen.

»E. Dana Straub. Skann ich für Sie tun?«

»Der leere Laden im nächsten Block –«

»Haben Sie denn nicht die Reklametafel gesehen?«

»Fernseher direkt vom Hersteller?« Er zuckte mit den Schultern. »Der Laden steht hier und heute leer, und hier und heute kann ich genau so was für mein Elektrogeschäft gebrauchen.«

E. Dana Straub nahm einen Blick an, der sich gleichermaßen aus Bedauern und Gier zusammensetzte. »Mr. Wells hat schon einen Vertrag unterzeichnet.«

»*Danny* Wells?« fragte Kearny erfreut. »Ich kann –«

»Adam Wells.«

»Ach. Aber egal – dann werd ich halt mit ihm einen Unterpachtvertrag schließen.«

»Die Bedingungen in seinem Pachtvertrag gestatten keine Weiterverpachtung.«

Kearny holte sein kleines Protzröllchen hervor – ein Hunderter, der um ein paar Dutzend Einer gewickelt war – und lehnte sich mit schmutzigem Blick in den Augen suggestiv über die Theke.

»Pachtverträge gehen schon mal verloren ...«

Sie seufzte voll Bedauern. »Wir haben extra renoviert, um seinen Bedürfnissen entgegenzukommen, und morgen wird Mr. Wells sein Lager einräumen. Gegen Ende der Woche will er mir einen Scheck für die Pacht des ganzen Jahres geben ...«

Nennt sich Wells ... wird morgen kommen ...

Kearny steckte sein Röllchen wieder ein und schüttelte ihr herzlich die Hand – ein guter Verlierer. E. Dana Straub hatte eine warme schweißige Hand. Draußen im smoggebräunten Sonnenlicht dachte er, daß der Zigeuner ziemlich gut sein mußte, wenn er es geschafft hatte, dieser Lady aus rostfreiem Edelstahl nicht einmal eine Anzahlung hinlegen zu müssen, alles am Ende der Woche zahlen zu dürfen – wenn er und seine ergaunerten Fernseher längst über alle Berge wären, und sie auf ihrem renovierten Laden säße.

Für Ephrem Poteet war es auf der Bustour durch die Universal Studios ein lausiger Tag gewesen. Jede Frau, die er gemustert hatte, hatte den Reißverschluß ihrer Handtasche zugezogen, jeder Mann trug seine Brieftasche in der vorderen Hosentasche statt auf dem Hintern, und keins der Kinder war ungezogen genug gewesen, um für die natürliche Ablenkung zu sorgen, die er für seine Taschendiebstähle so dringend benötigte.

Ein lausiger Tag. Weniger als hundert Piepen in sieben Stunden.

Die Schwierigkeiten hatten angefangen, nachdem er sich die Wartungsuniform übergezogen und diese ganzen Brieftaschen an einem einzigen Nachmittag hatte mitgehen lassen. Als Folge davon gab es derartig viele zusätzliche Sicherheitskräfte, daß er dazu gezwungen war, nur noch an zwei Tagen die Woche zur Arbeit zu gehen; und auch dann war es manchmal noch verdammt knapp geworden, und nur seine Verkleidungen hatten ihn gerettet. Den großen Kuchen hatte er mit seinen Pferdchen durchgebracht, und jetzt verdiente er kaum mehr genug für die Miete. Und da schauten mit einem Mal Kearnys $ 100 pro Auto verdammt gut aus.

Als Poteet dieser Gedanke durch den Kopf ging, ging Kearny vom Studio aus über die Lankershim in die Post von Universal City, um das halbdurchsichtige Postfach Poteets zu inspizieren. Nicht einmal Werbesendungen. Ob er sie schon abgeholt hatte? Es war noch immer einen Versuch wert; schließlich war das hier der einzige Ort, an dem er seinen Mann kennenlernen konnte.

Hinter dem Schalter saß ein auffallend gutaussehender schwarzer Mann in der Postuniform, sehr wahrscheinlich ein Schauspieler, der darauf wartete, entdeckt zu werden. Kearny gab ihm den gebrauchten roten Fensterumschlag mit der abgestempelten Briefmarke. Drinnen steckte sein blanko Geschäftsbogen, in den fünf 20-Dollarnoten gefaltet waren, und Poteets handgeschriebene Postfachadresse lugte durch das Fenster.

»Der hier lag unter den Fächern. Der Kerl muß ihn fallengelassen haben, als er seine Post abgeholt hat.«

»Klar. Danke. Ich steck ihn gleich zurück.«

Kearny ging zurück nach draußen und observierte, vor der Sonne durch einen Baum mit überhängenden Ästen geschützt, in seinem Cutlass sitzend, die Postfächer durch die Fensterscheibe. Wenn Poteet tatsächlich käme, um seines zu leeren, dann würde er - schließlich war er Zigeuner - gewißlich jeden begutachten, der im Vorraum der Post herumlungerte.

Als er die Show mit den Special-effects, wieder ohne einen Treffer gelandet zu haben, verließ, spürte er plötzlich, wie die Wut in ihm aufstieg. Tomeshti fuhr mit einem neuen Caddy rum, und er saß in dem stinkenden Bus. Nuja, er hatte neben dem Seville noch eine Spur, die zu drei weiteren Autos führte, und während der nächsten Wochen würde er sie allesamt der DKA stecken - hundert Mäuse je Tip - und es Yana heimzahlen, daß all das hier nötig geworden war ...

Er verließ das Universal Gelände durch das Haupttor - nur für den Fall, daß jemand auf ihn beim Eingang zu den Rundfahrten lauerte. Vielleicht würde er sich heute abend betrinken und in einen Streit verwickelt werden. Wirf den Bastard zu Boden, bohr ihm das Knie in seinen Bauch - so kannst du einem Kerl die Rippen brechen, töten kannst du ihn sogar. Yeah! Grrr! Jedermann meinte, die Zigeuner wären Schwindler und nicht gewalttätig - aber er hatte im Knast einen harten Kurs belegt, bei dem er ein zwei Sachen gelernt hatte. Er würde es denen noch zeigen.

Der scheiß Bus fuhr gerade ab, als er auf die Straße trat. Und noch eine halbe Stunde warten.

Da konnte er genausogut noch mal in seinem Postfach nachsehen, auch wenn er es erst heute morgen geleert hatte - Kearny hatte ihm vielleicht die $ 100 gleich zugeschickt oder so.

Um die Zeit totzuschlagen, spielte Kearny ein kleines Ratespiel mit denen, die die Post betraten. Drei hübsche Frauen zwischen Zwanzig und Dreißig - leicht, Schauspielerinnen von Universal.

Ein ältere Frau mit weißem Haar und dem Gehabe einer Königin - Regisseurin vielleicht? Ein weißhaariger Südstaaten-Colonel, der mit seinem goldbeknauften Stock aus Ebenholz entlanghumpelte - Schauspieler mit der Rolle des Betagten in einem Fernsehmelodram. Eine Gruppe mit Anzügen - mußten Manager aus dem Black Tower sein.

Aber kein Ephrem Poteet, Zigeuner. Er kam nicht. Kearny hing noch eine Stunde rum, nur um ...

Da blitzte was Rotes! Der Briefumschlag, na bitte. Nie hätte er den alten Colonel aus Kentucky für Poteet gehalten, er mußte irgendeinen Schwindel laufen haben. Er sah rasch durch den Vorraum - Kearny war froh, draußen im Wagen zu sein - und riß dann den roten Umschlag auf. Er nahm den Briefbogen heraus und betrachtete sich die $ 100 darin ... Steckte sie ein und machte sich rasch auf den Weg aus dem Gebäude.

Kearny war schon in seinem Sitz runtergeruscht, so daß man ihn über das Armaturenbrett hinweg nicht sehen konnte. Der Bursche war richtig aufgeregt. Er sah in den verstellten Rückspiegel, bis der abmarschierende Rücken des Zigeuners ins Bild kam. Er drehte sich um und blieb tief geduckt im Sitz, bis der Bus kam und Poteet in ihn einstieg.

Einen Bus zu verfolgen ist nicht so einfach, wie es aussehen mag, nicht während der Rush-hour. Man konnte von anderen Wagen blockiert werden oder seinen Mann verlieren, wenn dieser aussteigt. Aber Kearny war ein alter Hase, und so hielt er rechtzeitig an, als Poteet in ein heruntergekommenes Hotel auf der North Main ging, nicht weit vom alten Union-Bahnhof - und er hatte auf der anderen Seite geparkt, als Poteet eine halbe Stunde später und ohne seine Verkleidung wieder herauskam.

Er nuckelte an einem Strohhalm drei Hocker weiter von Poteet, als dieser wegen eines manipulierten Würfels in eine Auseinandersetzung geriet und aus der ersten Bar von mehreren, die er an diesem Abend besuchte, hochkant rausgeworfen wurde. Nach der dritten stieg Kearny aus, um eine billige Kamera und Filme zu kaufen und um ein Motel für die Nacht zu finden. Er bezog im Sherman Oaks Inn an der Ventura Quartier. Er hatte noch immer keine Ahnung, worin Poteets Schwindel bestand, hatte noch kein Druckmittel gegen ihn in der Hand. Was bedeutete, daß morgen ein anstrengender Tag anstünde.

Er kümmerte sich nicht darum, das Büro anzurufen. Es gab nichts zu berichten.

Noch nicht.

23

Da Kearny irgendwohin entschwunden war, saß Giselle den ganzen Tag am Schreibtisch fest. Jetzt, um 19 Uhr, hatten die Mädchen, die nach der Schule kamen, die elektrischen Schreibmaschinen verlassen, die Mannschaft für die Nacht war gerade gekommen, und Giselle war noch immer hier. Und griesgrämig.

Der Karossenveredler in L. A. hatte nicht zurückgerufen. Dan Kearny hatte sich nicht gemeldet - keine Ahnung, wo der Mistkerl steckte. Ballard füßelte wahrscheinlich mit seiner scharfen Zigeunermama und bekam alle möglichen heißen Tips, während sie noch nicht einmal Zeit gehabt hatte, auch nur irgendein Hotel anzurufen, um festzustellen, ob ein gewisser Angelo Grimaldi eingetragen war, oder um herauszufinden, wer jener Theodore Winston White war.

Und die Krönung von allem war, daß sie noch immer keinen neuen Reinigungsservice gefunden hatte, in dessen Arbeit sie Vertrauen hätte haben können, und der Papiermüll stapelte und stapelte sich und ... ach, zum Kuckuck damit, genug für heute. Sie griff nach ihrer Handtasche. Ermittler kamen und gingen die ganze Nacht, aber wenn sie im Büro arbeitete, dann wollte sie vor sieben weg. Als sie aufstand, klingelte das Telefon, das nicht über die Zentrale ging. Kearny. Endlich. Sie hob ab.

»Verdammt, Dan, wo bist -«

»Ja, wo zur Hölle steckt er?« Stan Groner. Angeschissen.

»Stan!« Sie legte Entzücken und Überraschung in ihre Stimme. »Du arbeitest aber noch spät. Du möchtest mit Dan reden? Er ist nur -«

»Versuch nicht, mich zu verarschen, Giselle. Er hat heute morgen um zehn ein Treffen verpaßt, und Jane hat gesagt, er ist nicht in der Stadt. Also, wo ist –«

»Auf einer heißen Spur den Zigeunern hinterher«, sagte sie prompt.

»Einer heißen Spur?« fragte er mit geringfügig besänftigter Stimme und wurde dann wieder hart. So hart, wie Stan nur werden konnte. »Ich hoffe, sie ist heiß, denn ich bekomm selbst eine ganze Menge Hitze ab – vom Präsidenten der Bank nämlich.«

»Hey, drei haben wir doch schon wieder, Stan. Was –«

»Drei von einunddreißig.« Er hatte wieder zu seiner nörglerischen Art gefunden. »Wie habt ihr eigentlich den von Ballard gekriegt, Giselle?«

Da Ballard den Hinweis auf Sonia Lovari ausgegraben hatte, war ihm der Allante gutgeschrieben worden.

»Wir ... er hat ihn sich vor einer Indianerbar geschnappt, Stan«, sagte sie über das Geklapper der Schreibmaschinen hinweg, das in dem großen Raum von einer Wand zur anderen reflektiert wurde.

»*Indianer*bar? Der Zigeuner hat ihn an einen Indianer verkauft?«

»Nein, nein – die hat so eine Masche, bei der sie als Indianerin auf der Straße herumläuft. Sammelt Geld für eine Wohlfahrtsorganisation, die angeblich die Indianer unterstützt und die es in Wirklichkeit überhaupt nicht gibt – das Geld behält sie dann.«

»Jesus!« Giselle konnte beinahe sehen, wie er den Kopf schüttelte. »Wenn die soviel Kraft in die Arbeit stecken würden, dann wären die –«

»Genau. Reich. Aber hätten sie dann auch soviel Spaß?«

»Auf welcher Seite steht ihr eigentlich?«

»Auf der Seite mit den großen Scheinen.«

»Korrekte Antwort«, kicherte er. »Hör mal her, ich will Kearny morgen früh um 10 Uhr hier sehen. Ich mein's ernst, meine Liebe.«

Giselle zog eine Fratze. Sie hatte ihre Handtasche abgestellt und sich eine Zigarette angezündet, während sie telefonierte.

»Ich bin mir nicht sicher, ob das klappt, Stan. Um die Wahrheit zu sagen, wir stehen zur Zeit nicht mit ihm in Verbindung. Nimmst du auch mit mir vorlieb?«

»Wenn ich kein verheirateter Mann wäre, dann würde ich das als Antrag auffassen.«

»Klar würdest du das«, sagte sie und lachte.

Giselle mochte Stan, ziemlich sogar, und sie wußte, er würde sie, so gut es ging, gegenüber den anderen Vertretern der Bank decken. Inmitten der herzlichen Gedanken, die sie über ihn hegte, verdarb er ihr den ganzen Abend.

»Erinnerst du dich noch an das alte schwarze Mädel, Maybelle Pernod?«

»Klar, ich hab ihren Wagen sichergestellt, und sie hat ihn wieder eingelöst, und –«

»Hol ihn dir wieder.«

»Was?« Giselle war schockiert. Irgendwo tief drunten, wohin ihr Bewußtsein nicht gelangte, hatte sie mit Maybelle sympathisiert. »So wie ich mich an die Sache erinnere, Stan, ist die nächste Zahlung nicht fällig vor dem –«

»Die Bank erklärt den Vertrag für null und nichtig. Wir möchten ihn gegen Gebühr wiederhaben. Sofortverfügung.« Er fügte hinzu, beinahe so als wolle er sich verteidigen: »Dan hat mir erzählt, sie schläft mehr oder minder in dem verdammten Ding, Giselle - mit andern, sie geht nachts auf den Strich, um Himmels willen!«

»Ich weiß, ich weiß, aber ich mag die alte Frau wirklich.«

»Du weißt es also? Warum hab ich es nicht gewußt? SOFORTVERFÜGUNG.«

Giselle stieß einen traurigen Seufzer aus, als sie Maybelles Akte hervorsuchte und eine neue Sofortverfügung für ihn tippte. Wenn Raten (oder Detekteigebühren) ausstanden, konnte man laut Gesetz einen Vetrag für null und nichtig erklären lassen und das dazugehörige Auto, beispielsweise, einkassieren lassen. Sie heftete Kopien aller bisherigen Berichte an den neuen Auftrag, verfaßte dann eine gelbe Post-it Notiz, die besagte, daß Maybelle zuletzt gesehen ward, als sie zwischen Divisadero und Turk auf den Strich ging, und klebte sie dazu.

Giselle seufzte: »Ach ... *verdammt* noch mal!« und legte den Auftrag in das Fach des tödlichen Ken Warren.

Die fette schwarze Maybelle Pernod parkte im Schatten in der Nähe ihres gewohnten Hydranten auf der Turk Street und gestattete sich ein wohltuendes verzweifeltes Heulen, wie sie es immer vor der Arbeit tat. Dann trocknete sie ihre Tränen und hievte ihren schweren Körper, der in das rote pailettenbesetzte Kleid gezwängt war, aus dem Wagen.

Wenn sie heute abend auf dem Vordersitz des Lincolns nur drei Nummern schieben konnte, dann hätte sie mit ihrem Akkordlohn in der Wäscherei und allem sonst genug für die Rate am 30. April und müßte bis Mitte Mai nicht mehr anschaffen gehen.

Sie haßte es, aber welche Wahl hatte sie schon? Die Zeiten waren hart, sie hatte keine besonderen Fähigkeiten, sie war 61 Jahre alt, sie konnte ihr Auto nicht entbehren, hätte sonst keinen Platz zum Schlafen und kein Geld für ein neues ...

Sie fing an, vor dem Red Hot Rips auf und ab zu gehen. Das Mädel, das dort Nachtschicht hatte, unternahm nie etwas gegen sie, um sie etwa wegen Aufforderung zur Unzucht einsperren zu lassen. Auf und ab durch die Lache trüblichgelben Lichts, durch den verführerischen Duft von brutzelndem Fleisch und Barbecue Sauce, der von drinnen nach draußen drang, durch Licht, Stimmen, Lachen und Leute, die ein und aus gingen. Schwarze Leute, ihre Leute, sie machte nicht viel Umsatz mit ihnen - schau dir die an, schau lieber nicht hin. Weiße Jungs zumeist. Auf der Suche nach Mama.

Ein paar Stunden nachdem das Büro schon geschlossen war, kam Ken Warren an, um noch einmal sein Fach nach neuen Aufträgen, Stornierungen, Memos und Ermittlungsberichten über laufende Fälle durchzusehen. Er überflog sie allesamt rasch, hielt ein bei der SOFORTVERFÜGUNG betreffend MAYBELLE PERNOD, Wohnsitz unbekannt.

»Ach, bvertammt gnochmahl!« rief er laut aus, als er ihren Namen auf dem Blatt entdeckte.

Mein Gott, mein Gott, nix scheint jemals so zu klappen, wie man sich's vorstellt. Maybelle sang mit weicher voller Altstimme:

»Keiner kennt das Leid, das ich gesehn,
Keiner außer Jesus . . .«

Null Action, auf der Straße war heut nacht nichts los. Der Imbißladen hatte schon vor Stunden dichtgemacht, die einzige Seele war sie hier draußen, ihre Krampfadern taten weh, und nicht ein Freier war aufgekreuzt in all den Stunden, kein einziger, nicht mal fürs Spritgeld. Und jetzt würde auch keiner mehr kommen. Es war kaum mehr Verkehr auf den Straßen, von Fußgängern ganz zu schweigen.

Es war Zeit, wieder runter zu fahren und an ihrem gewohnten Flecken unter der Autobahnausfahrt Alameda zu parken, wo eine ganze Menge Obdachlose sich versammelten, denn zu mehreren war man wenigstens einigermaßen sicher. Morgen früh würde sie in der Wäscherei duschen . . .

Ein Pick-up mit langer Ladefläche fuhr über den Randstein und hielt an. Ein Zelt war hinten drauf und drei weiße Jungs innen drin. Das Fenster war heruntergeleiert.

»Hey, schau dir die Niggerfotze an«, rief eine krächzende Stimme direkt aus dem Süden von Georgia.

Sie drehte ihren Kopf nicht um, beschleunigte nur ihre Schritte zur Abzweigung in die Turk. Diese Männer waren keine Freier, Geld bekäme sie von denen nicht, nur Ärger. Nur noch ein paar Schritte . . . Aber der Wagen fuhr rückwärts, um auf gleicher Höhe mit ihr zu bleiben, rollte langsam, der Motor schnurrte vor sich hin, Abgase stiegen in weißen Wölkchen in die frische Nachtluft auf.

»Hey, Mama, wie wär's, wenn du es uns gleich hier auf der Straße machen würdest?«

Sie bog um die Ecke. Jetzt waren sie hinter ihr. Aber der Pick-up bog rückwärts in die Turk ein und blieb ihr auf den Fersen. Das erste Mal, seitdem sie angefangen hatte, auf den Strich zu gehen, wünschte sie, ein Bulle käme vorbei. Sie wollte laufen, aber sie war zu alt, zu fett, zu verängstigt. Außerdem, immer, wenn das Wild lief, dann jagten es die geifernden Hunde und rissen es auch – jedes Mädchen vom Lande wußte das.

Quietschende Bremsen. Knarrende Türen. Eilig stampfende Füße auf dem Gehsteig. Sie ging schneller. Zu ihrem Connie mußte sie kommen, plötzlich reinspringen, das würden sie nicht erwarten, die Tür zuschlagen, das automatische Schloß verriegeln ... in Sicherheit. Nur noch ein paar Schritte ...

Die drei Männer hatten zu ihr aufgeschlossen, umstellten sie. Große Männer, zwei gedrungen und schwer, der dritte schlank und athletisch. Vielleicht konnte sie die Sache noch zum Guten wenden. Vielleicht waren sie mit ein bißchen Blasen zufrieden, extra – ohne Berechnung. Sie griff zu einem jämmerlichen Säuseln.

»Äh ... ihr Jungs wollt ein bisserl Spaß?«

»Wenn ich dich so anschau, Mama, würd ich sagen *'ne Menge* Spaß!«

Er hatte einen schmutzigen weißen Cowboyhut und einen schmutzigen Ausdruck im grobschlächtigen roten Gesicht, in dem auf Nase und Wangen allerlei Äderchen geplatzt waren. Wog wahrscheinlich so 250 Pfund. Mit einer Hand griff er eine ihrer wuchtigen Ammenbrüste. Auf der Rückseite seiner Finger waren schwarze Haare.

»Die Titte des Monats!« rief er aus.

Er riß ihr das Kleid von der Schulter, entblößte zur Hälfte eine Brust.

»Der Geschmack des Monats: Schokolade!« rief der Athlet, schmatzende Geräusche kamen aus seinem Mund. Er hatte gestyltes blondes Haar, ein auffallendes Profil und ein hohes dünnes Lachen. Weißes Hemd unter einem weiß-blauen Sweatshirt, die Kragenspitzen draußen im Joe-College-Stil.

»In den Truck«, sagte der Cowboyhut.

»Hintendrauf – ins *Zelt*« – ergänzte der dritte.

Er war ziemlich breit gebaut, Schulter und Hüften wie ein Gewichtheber, einen Tag lang nicht rasiert, rußig grüne Schirmmütze mit dunkelstgrünem Kleeblatt drauf, schwarzes Trainingssweatshirt mit Kapuze. Fleischige Nase, dicke Lippen, fiese zornige Schlitzaugen.

Maybelle fühlte, wie sie kleiner wurde, hörte ihre eigene

Stimme - klein, wie damals, als die weißen Jungs ihr, die sie Zöpfe trug, die auf beiden Seiten von ihrem Kopf abstanden - in den Schober hinterher rannten ...

Die Kleinmädchenstimme sagte: »Bitte ... tut mir ... nicht weh ...«

Doch inzwischen lachten sie schon schallend, kniffen, grapschten, schubsten. Der Cowboyhut packte ihre Hand und versuchte, sie sich vorne in die Hose zu schieben. Der Athlet stellte sich hinter sie und steckte seine Hand unter ihren geschlitzten engen roten Rock.

»Rein ins Zelt - fuck«, befahl er.

Da wollte Maybelle schreien, denn sie wußte, daß sie ihr, wenn sie sie in das Zelt brachten, wirklich böse weh tun würden, bevor sie sie wieder herausließen. Wie zur Bestätigung hatte die Grüne Mütze plötzlich ein Bowiemesser in der Hand.

»Ins Zelt, Fotze, oder ich ...«

Und genauso plötzlich war er verschwunden. Flog davon - das mußte ein traumhaftes Gefühl sein. Aber da kam ein Laternenpfahl auf ihn zu, kam hart auf ihn zu, KRACH! - mit dem Gesicht zuerst in den gewölbten Metallzylinder, dann sackte er auf dem Bürgersteig zu einem Haufen zusammen, lag inmitten seiner zerbrochenen Zähne.

Der Athlet wirbelte herum, geschickt und schnell, und langte ins Fahrerhaus nach seinem Baseballschläger - aber der große bös dreinschauende Kerl mit dem kurz gestutzen braunen Haar knallte die Tür gegen sein Handgelenk. Er fing zu schreien an, hoch und dünn wie ein Schulmädchen, das eine Schlange in ihrem Bett endeckt.

Der Angreifer hob das Bowiemesser auf. Der Cowboyhut rannte los - so schnell, daß sein 40-Liter-Stetson davonflog und in die Gosse fiel. Unter ihm war er glatzköpfig - irgendwie schien er verletzlich ohne ihn.

Der große bös dreinschauende Kerl trat auf den Hut, schlitzte ihn mit dem Messer entzwei, aber ließ den Mann laufen. Maybelle war froh. Sie hätte es nicht ertragen können, wenn noch mehr Menschen verletzt worden wären, auch wenn es sich um schlechte Menschen handelte.

Die gefallenen Kämpen völlig ignorierend, schlug der Mann die Fenster des Pick-ups mit dem Baseballschläger ein und zerschlitzte die vier Reifen mit dem Bowiemesser - in dieser Gegend der Stadt mußte man nicht damit rechnen, daß Fenster geöffnet würden und eine Polizeistreife vorbeikäme.

Schließlich beugte er sich in den Wagen und zog die Schlüssel ab, um sie mitsamt dem Messer im nächsten Gully zu versenken. Dann kam er zu Maybelle zurück, musterte sie von oben bis unten, gründlich und ohne jede Eile, gewahrte das enge rote Paillettenkleid, den zu dick aufgetragenen Lippenstift und die halb enthüllte Brust.

Erst dann schrie er sie an.

»Tdu bsolltest tich bwas schschämen.«

Ken Warren zog seine hellbraune Kordjacke aus und legte sie ihr um die Schultern. Maybelle konnte gar nicht mehr aufhören zu heulen. Sie *schämte* sich ja, und sie war noch immer verängstigt, und sie wußte, daß Gott ihn sie in diesem Zustand hatte sehen lassen als Strafe für das, was sie tat, um ihren großen, schicken, stolzen Continental zu behalten.

Warren fuhr mit dem Firmenwagen auf die Post in Richtung Tenderloin, Maybelle schluchzte neben ihm auf dem Beifahrersitz als zerbräche ihr das Herz. Gramerfüllt blickte er zu ihr.

»Thör dapmit hauf!« befahl er schließlich.

Maybelle schien keinerlei Schwierigkeiten zu haben, ihn zu verstehen. Sie reduzierte ihr Heulen zu einem Schniefen und hörte dann ganz auf.

»Wohin bringst du mich?« fragte sie mit kleinlauter Stimme.

Zu seiner Wohnung, dahin, sagte er ihr. Er sei gerade letzte Woche eingezogen und habe diesen tollen neuen Job hier, so daß er ständig draußen war, Leute suchen, Autos suchen, was sie denn dächte, wie er sie gefunden habe? Sie könnte bei ihm übernachten, bis sie etwas Besseres gefunden habe.

»Mein Gott, mein Gott, gutes Kind, wie soll ich denn etwas Besseres finden?« fragte sie ihn, die Tränen waren wieder im Anmarsch. »Ich kann doch . . .«

Sie verfiel in Schweigen. Sie hatte ihren Sohn Jedediah ohne

Mann großgezogen, hatte ihn, wie er stets mit lachenden Augen gesagt hatte, mit der Bibel in der einen und der Haarbürste in der anderen Hand großgezogen. Dann hatte Gott sie verlassen und tötete ihn. Tötete ihren Sohn. Ihr Jeddie war tot und sie noch immer hier. Mein Gott, mein Gott, es war nicht gerecht.

»Andern Leuten die Autos abnehmen«, sagte sie schließlich. »Was is das denn fürn Job?«

»Tder päste, tden chich je ghatte«, sagte Warren.

In seiner Wohnung über einem Schnapsladen bereitete er ihr eine Suppe, machte sich die Couch zurecht, während sie sie aß, und brachte sie in sein Bett, als sie mit dem Löffel in der Hand eingenickt war.

Maybelles letzter Gedanke, bevor sie zwischen diesen kühlen und sauberen Laken in den Tiefen des Schlafs versank, war, daß sie wußte, tief in ihrem Herzen wußte, daß Gott Kenny gesandt hatte, weil Jesus ihr noch eine Chance geben wollte, Reue zu empfinden.

Dann schnarchte sie auch schon, bewußtlos, nicht mal irgendein REM fand hinter ihren Augenlidern statt. Ken Warren zog leise die Schlafzimmertür zu, zehenspitzte aus der Wohnung und fuhr nach Fillmore zurück, um ihren Lincoln Continental für die Bank einzukassieren.

Für Jedediahs Mutter war Schluß mit Anschaffen, auch wenn Kens Kumpel schon seit achtzehn, nein, neunzehn Jahren tot war - gefallen im Dschungel von Vietnam.

24

Der alternde Rockmusiker trug die stilisierten Stigmata seines Stammes: Eine Gibson baumelte an einem abgenutzten Ledergurt auf seinem Rücken; eine bunte Filzkappe im Baseball-Stil, die mit glitzernden Perlen besetzt war, saß mit dem Schild nach hinten auf seinem schulterlangen Haar; eine Lederweste mit noch mehr Perlen, eine große Gürtelschnalle aus Messing mit miniaturisierten und gekreuzten Radschloßpistolen, verblichene Jeans mit durchgescheuerten Knien, abgewetzte schwarze Springerstiefel. Die obligatorische Sonnenbrille.

»Siehst du den großen Affen da?« wollte er von einem kleinen Mädchen in der King-Kong-Ausstellung wissen. »Mein Papi hat ihn für mich gefangen.«

Die Augen des kleinen Mädchens wurden ganz groß. Sie hatte blonde Haare und eine Lücke, wo zwei Schneidezähne hätten sein sollen. Sie lispelte voller Staunen: »Für *Dich?*«

Er zog die Gitarre nach vorn und klimperte eine einfache Akkordsequenz und sang mit tiefer Bob-Dylan-Stimme:

»Großer oller Aff, äffst auf einem Bein,
Mein Pa hat Dich gefangen, jetzt bist Du mein,
Schwingst in Deiner Dschungelhall von Ast zu Ast,
Was geb ich Dir zu futtern -
ALLES, WAS DIR PASST!«

Die Mutter, die dachte, er gehöre zur Show, lachte über seine letzte, laut herausgebrüllte Zeile, als er das Gleichgewicht verlor und sich bei ihr abstützen mußte und ihre Brieftasche stibitzte. Die lange Dürre war vorüber. Der Rockmusiker, eine der wirkungsvollsten Figuren von Poteet, sahnte ab wie die Golden State Warriors.

Als er jedoch gerade ansetzte, ihr die Brieftasche zurück in die Handtasche zu stecken, wollte irgendein alter grauhaariger Kerl mit großer Kinnlade ein Foto von ihnen vor dem Affen machen.

»Na klar, klasse, Mann«, nuschelte er und dachte: Geh mir aus den Augen, Kerl, oder ich bohr dir mein Knie in deinen Wanst, worauf du einen lassen kannst.

Doch wachsam wie stets, nutzte er die Gelegenheit, um die Brieftasche zurückzustecken - in der sich jetzt selbstverständlich ein paar Zwanziger weniger befanden. Schließlich saß der grauhaarige Typ neben ihm im Bus, ziemlich gesprächig und mit seiner Kamera - *klick, klick, klick,* die ganze verdammte Zeit - ziemlich lästig.

»Nächste Woche kommen meine Enkel aus dem Osten zu

uns.« Das Lächeln des alten Kerls erhellte ein eher hartes und grobschlächtiges Gesicht. »Da steht allerlei an, wenn sie hier sind – also hat mich meine Frau zur Rekognoszierung vorausgeschickt, damit wir nichts verpassen.«

»Rekognoszierung ... ist das so was ähnliches wie Pfadfinden, Papa?«

»Etwas sehr Ähnliches«, stimmte der grauhaarige Mann feierlich zu.

Er machte so viele Fotos von allem und jedem, daß Poteet sehr bald beinahe vergaß, daß er überhaupt da war.

Klick, klick, klick!

Oben in der Küstengegend montierte Eli Nicholas die Rückbank aus dem brandneuen Fleetwood. Im Unterschied zu Poteet hätte Nicholas definitiv gewußt, was eine Rekognoszierung war, und er spielte tatsächlich professionell Gitarre; wochenends schrammelte er wilde Zigeunermelodien für eine Gruppe von *Gadje,* die in einer Kneipe an der El Cerrito's San Pablo Avenue amateurhaft Flamenco tanzten. Er war ein leicht dunkelhäutiger Mann mit frohem, faltigem Gesicht und starken, schwieligen Fingern, was von drei Jahrzehnten Saitenarbeit kam.

Während seiner Zeit in Vietnam hatten seine Hände noch ein anderes Handwerk gelernt, eines, das ihn jetzt dazu veranlaßte, die beiden hinteren Türen des Fleetwoods zu öffnen und die Rückbank aufs Pflaster zu holen. An einem Arbeitstag mitten in der Woche – da waren die meisten Parkplätze zum Fuße seines Wohnhauses in Richmond unbesetzt. Das verlassene Areal, das von einem hohen Holzzaun umschlossen war, lag gut verborgen von der Straße. Es war sommerlich an diesem Nachmittag, und so kamen die beiden Männer beim Ausbauen der Rückbank ein wenig ins Schwitzen.

»Warum unter die Rückbank?« fragte Rudolph Marino.

»Es kommt unter den Platz, auf dem *er* sitzen würde«, sagte Nicholas geduldig.

Tatsache war, daß Marino aufgekratzt und nervös war, was sein Geist so wenig kannte, daß es ihm nun wie Fieber im Hirn vorkam, welches eben jenes nicht mehr richtig ticken ließ. Sein größter Coup, sicher – aber er wollte nur ein paar Leute reinlegen, er wollte sie nicht in die Luft jagen.

Aus einem Karton, auf dem das Logo einer Baufirma prangte, nahm Nicholas eine etwa neunhundert Quadratzentimeter große und einen halben Zentimeter dicke Scheibe einer weißlichen, lehmartigen Substanz heraus, die mit Klebestreifen überzogen war.

Marino fragte mit einer Stimme, die sich beinahe überschlug: »Was ist das?«

»Eine Scheibe C-4.« Nicholas sagte das ganz lässig, während er die Schutzschicht von der Klebefläche pellte.

»C-4? Plastiksprengstoff?«

»Genau. Plastiksprengstoff. Neunzig Prozent RDX, der stärkste chemisch-zusammengesetzte Sprengstoff, den es gibt, und zehn Prozent inaktiver Binder, so daß man ihn in solche Scheiben pressen kann.«

Er stieg mit der Scheibe gestohlenen Sprengstoffs in den Rückraum der Limousine und fing an, das Rechteck mit der flachen Hand lässig auf den metallenen Boden zu kneten, dort, wo der Sitz wieder hinkommen würde.

»Sei vorsichtig!« jaulte Marino.

Um fertig zu werden, gab Nicholas nicht auf ihn acht, stieg dann wieder aus und linste ihn durch den notorischen Zigarettenqualm hindurch an.

»Bevor wir den Sitz wieder einbauen, drücke ich einen elektronischen Zünder in das C-4. Um zu sprengen, werden wir einen Fernauslöser benutzen. Wenn du willst, daß es los geht, verbindest du den Zünder mit einem Empfangsgerät, das auf einen bestimmten Kanal eingestellt ist. Du hast dann den kleinen Sender bei dir, also brauchst du nur noch –«

»Was, wenn jemand anders einen Sender hat, der auf den Kanal eingestellt ist?«

»Das wird nicht vorkommen, aber du wirst den Empfänger eh erst in der letzten Sekunde an den Zünder anschließen – in der Tiefgarage. Dann stellst du dich hinter eine Säule und schaltest den Sender ein, und ...« Er warf plötzlich beide Arme mit einem frohen Lachen weit zur Seite. »PUFF!«

PLOP!

Das aufgeschlagene Ei brauchte nur den Bruchteil einer Sekunde, um an der gebogenen Seite der Rührschüssel hinunterzugleiten, bevor etwas Kleines und Dunkles und Glänzendes und Klumpiges ihm nachtropfte.

»Nein«, sagte Ramon Ristik, »zu langsam. Ein Tick zu langsam.«

Yana fischte den kleinen, dunklen, glänzenden, schrotähnlichen Gegenstand heraus und versteckte ihn im Ärmel. Als sie das nächste Ei zerschlug, fiel der schwarze Gegenstand so weich, daß er in der Schüssel landete und so unheildrohend durch das Eigelb glitzerte, als sei er demselben vorangegangen.

»Perfekt«, erklärte Ramon.

Yana brach ein weiteres Ei auf. »Es muß *jedesmal* perfekt sein.«

Ristik, der ihrer Übung in bedrücktem Schweigen zusah, sagte plötzlich: »Was mit Sonias Allante geschehen ist, hat mir nicht gefallen.«

»Das war Rudolphs Fehler. Ich habe Sonia an den *Gadjo* verraten müssen, weil Rudolph uns bedroht hat . . .«

PLOP! Und wieder perfekt.

»Er wird genau wissen, daß du es gewesen bist, die dem *Gadjo* gesagt hat, wo er nachsehen muß.«

»Vielleicht wird er auch wieder Ephrem dafür verantwortlich machen«, sagte sie gleichgültig.

Nach zwei weiteren machten sie aus ihren Übungs- Rühreier, aßen sie auf und diskutierten dabei, wann und mit welchem okkulten Drum und Dran - und für wieviel Kohle wohl - sie die Nummer mit dem vergifteten Ei abzögen - für Theodore Winston White. Den Dritten.

Selbst von außen wirkte das Haus von Theodore Winston White III für Giselle wie aus Hammets *The Gutting of Couffignal.* Teils aus Stein, teils aus Holz, wahrscheinlich fünfundzwanzig bis dreißig Zimmer, drei Stockwerke auf einem Grund, der die reinste Wildnis aus einheimischen kalifornischen Bäumen und Büschen war, die trotz der neuerlichen Dürre prächtig gediehen.

Giselle war auf einer Serpentinenstraße bis auf die Spitze des Tiburon Hill gefahren und erklomm nun die breiten steinernen Stufen zu der Tür aus Hartholz. Sie hämmerte mit dem eisernen Klopfer, der mit dem Gesicht eines Wasserspeiers versehen war, gegen die Tür, drehte sich um und sah auf die Stadt hinab, die sich am fernen Ende der glitzernden Küste wie ein deplaziertes Camelot erhob: Die Ferne verlieh ihr einen falschen Charme, der, wenn man sie aus der Nähe betrachtete, verschwunden war.

Als die Tür von einem schlanken blonden Typen, der gute dreißig Jahre alt war, geöffnet wurde, schoß ein großer getigerter Kater zwischen seinen Beinen heraus und sprang die Treppe hinab.

»Das ist okay«, sagte er rasch, »das macht er ständig.« Es gab einen Moment des Schweigens.

Als sich die Lage im Büro wieder etwas entspannt hatte, hatte Giselle sich beeilt, dem Hinweis ihres anonymen Anrufers zu folgen. Und so hatte sie Whites Adresse vom Büro des Steuerprüfers im Marin Civic Center bekommen und war direkt hierhergefahren, ohne auch nur vorher anzurufen. Sie hatte sich nicht einmal einen Plan für ihren Vorstoß oder eine Cover-story ausgedacht.

Also räusperte sie sich und sagte: »Ehm ... ich suche Theodore Winston White den Dritten.«

»Das bin ich. Teddy White.«

»Das mag jetzt vielleicht etwas merkwürdig klingen - aber kennen Sie zufälligerweise irgendwelche Zigeuner?«

Seine etwas zu eng zusammenliegenden Augen leuchteten auf. »Madame Miseria ist unglaublich, wissen Sie. Sie ist dabei, mein Leben zu verändern.«

Es paßte alles zusammen. Madame Miseria. Ballards Yana, die wahrsagende Zigeunerin. Giselles anonymer Anrufer war offensichtlich irgendein Zigeuner, der etwas gegen Yana hatte. Giselle lächelte. Strahlend. Diese Art Lächeln, das Männer bis zu ihren Zehenspitzen spürten.

»Mr. White, ich würde Sie wahnsinnig gerne mit in die Stadt nehmen, um Ihnen einen Espresso auszugeben«, sagte sie.

Trüben türkischen Kaffee in seinem Büro schlürfend, hatte Wasso Tomeshti Blick auf seine Schwester, seine Mutter und zwei Cousins, die die aufgeregte Käuferschaft abfütterten, die seine stibitzten Fernseher umringte. Er hatte die Geräte mit Preisen für schnelle Barverkäufe ausgezeichnet, kassierte aber auch die 7,25 % Umsatzsteuer und steckte sie in die eigene Tasche, um die Sonderangebotspreise wieder etwas auszugleichen.

Wasso schätzte, daß er heute und morgen hätte, bevor irgendein übereifriger Bürokrat vorbeikäme, um seinen Gewerbeschein zu sehen; also würde er E. Dana Straub morgen ihren Scheck in die Hand drücken, die restlichen Geräte einpacken und abdampfen - um fort zu sein, wenn er platzte. Und wegen des Schecks, der bei Sam Hood platzte, mußte er eh nicht schwitzen - Hood wußte nicht, wo er ihn finden würde. Gut war das Leben.

»Mr. Adam Wells?«

Tomeshti sah von seinem Papierkram auf - gefälschte Servicegarantien, die man wahlweise gegen bar hinzuerwerben konnte - sah in kalte graue Augen über einer Kinnlade aus Granit. Ein Bullengesicht. Aber auf seinen Schwindel konnten sie unmöglich bereits gekommen sein, also ...

Also sagte er: »Das bin ich, König des Barverkaufs-«

Der Kerl schüttelte seinen Kopf. »Nein, sind Sie nicht. Sie sind ein Zigeuner namens Wasso Tomeshti.« Er zeigte ihm irgendeine Erkennungsmarke. »Privatdetektiv.« Er streckte seine Hand aus. »Die Schlüssel für den Seville, Zigeuner.«

Da fiel der Groschen. Yanas Anruf, der ihn gewarnt hatte, daß irgendein Detektiv eine Spur zu ihren Caddies hätte. Aber er war unbesorgt. Er war ein großer Mann mit breiter Taille und zehn Zentimeter größer als die eins-achtzig des Grauhaarigen. Er wurde nie wirklich gewalttätig, aber das konnte dieser *Gadjo* ja nicht wissen. Er kam um die Verkaufstheke herum.

»Du haust hier besser auf der Stelle ab, Freundchen, bevor ich ...«

Der Hartgesichtige nahm bloß den Telefonhörer ab und wählte mit derartigem Selbstvertrauen eine Nummer, daß Tomeshti einfach etwas zu lange zögerte.

»Ja, gehmse mir Sergeant Block vom Betrugsdezernat.« Er lauschte der blechernen Stimme, die sagte: *»Beim nächsten Ton ist es nach Pazifischer Sommerzeit ...«* Dann sagte er: »Larry? Hier ist Dan Kearny. Ich bin bei ...«

Tomeshtis dicke Finger drückten auf die Gabel des Telefons. Wieder legte Kearny jenen eisigen, grauen Blick auf ihn.

»Und mein nächster Anruf, Tomeshti, gilt dem Burschen, dem Sie die dreihundert Fernseher abgeluchst haben.«

Kearny wußte nicht, ob Tomeshti die Fernseher jemandem abgeluchst hatte oder nicht, aber man konnte gefahrlos drauf wetten - und Betrüger ließen sich leicht betrügen. Tomeshti schob die Schlüssel des Seville über die Theke.

Und sagte: »Du Scheißkerl.« Mit einer Stimme, die aus tiefstem Herzen kam.

Schweigend folgte er Kearny durch das Chaos, das im Laden herrschte, vorsichtig darauf bedacht, keine heißblütige Anti-*Roma*-Stimmung gegen ihn aufkommen zu lassen: Was, wenn der Kerl nicht bluffte? Sam Hood war so ein Kerl, der seinem Namen alle Ehre machen würde, wenn er herausfände, daß er hereingelegt worden war.

Wasso hatte den Seville vor dem Laden stehen lassen - als eine Art Reklame. Kearny öffnete den Kofferraum und die Türen, die zum Bürgersteig hinaufgingen.

»Bitte holen Sie Ihr persönliches Hab und Gut aus dem Wagen.«

»Hey, so hören Sie doch, können wir nicht -«

»Nein.« Mit tiefer Stimme. Kein Nachgeben. Kein Spielraum. »Fangen Sie schon an.«

Kearny sah zu, wie Tomeshti seinen Kram zu einem ziemlich unordentlichen Haufen auf dem Gehweg auftürmte. Potentielle Kunden fingen an, sich um ihn zu versammeln und ebenfalls zuzuschauen - hochgradig amüsiert. In dieser Gegend war die Wiederinbesitznahme von Autos keine Neuheit.

Wassos wunderschöner Seville zog von dannen, das Radio spielte *Golden Oldies.* Traurig wandte er sich dem Laden zu - und blieb abrupt stehen. Ihm ins Gesicht sah mit messingfarbenem Haar E. Dana Straub.

Sie bleckte all ihre Zähne in einem mutmaßlichen Lächeln. »Ich benötige die Jahrespacht schon jetzt, und zwar in bar, Mr. Wells, und keinen Scheck erst morgen«, sagte sie mit unverhohlener Grimmigkeit.

O, *Schiet.*

Giselle Marc, die erst seit zwanzig Minuten aus Marin zurück war, ließ den Hörer auf die Gabel fallen, lehnte sich in ihrem knarrenden Drehstuhl zurück und haute sich vor Entzücken mit der Faust auf die Schenkel.

»Ja!« rief sie laut.

Zwar noch immer kein Rückruf von den Auto-Typen in L. A., aber *wau!* das St. Mark, das erste Hotel, das sie angerufen hatte (irgendwo mußte sie ja anfangen), hatte tatsächlich einen Angelo Grimaldi für eine ihrer Penthouse-Suiten eingetragen.

Ein, zwei Tage - schauen was er treibt - dann ihn sich vornehmen. Aber zuerst würde sie sich mit der Fülle von Informationen, die ihr Teddy White - süßer, schlichter, verstörter, kleiner, reicher Junge - ohne es zu wissen, soeben hatte zukommen lassen, die unglaubliche Madame Miseria vornehmen.

Jawoll, sie würde es Yana, von der sie Larry nicht fortbringen konnte, zeigen ...

Nein, einen Moment, das war Unsinn. Es ging hier nur ums Geschäft. Es ging hier nur um stibitzte Cadillacs, nicht um Menschen.

Verdammt, natürlich ging's um sie.

Als die Würfel an Ephrem Poteet gereicht wurden, spürte er einen Ruck, so als flösse Strom seinen Arm hinauf. Er hatte sich das in diesem Schuppen angewöhnt und begonnen, daran Spaß zu finden. Und er wußte einfach: Heute, das war sein Abend.

»Ich setze Zwanzig«, sagte er. »Paßt auf, macht mir Platz.«

Sieben. Er raffte die verkrumpelten Scheine zusammen.

»Seht sie euch an, und dann laßt schon mal die Tränen kullern, Jungs.«

Die »Jungs« waren ein weiterer Zigeuner und fünf *Gadje* - drei Schwarze, ein Mexikaner, ein Chinese - versammelt in einem ehemaligen Billardsalon unten an der Temple in der Nähe der Beaudry Ave. Wieder ließ Poteet die Würfel über einen der grünen Filztische rollen.

»Erzählt mir, was es Neues gibt. Ihr müßt mir nichts verheimlichen!«

Die Würfel prallten von Robert Byrnes Klassiker, dem *Standard Book of Pool and Billiards* ab, das gewissermaßen als Kugelfang am anderen Ende des Tisches stand, purzelten auf den Filz zurück und zeigten zwei Zweier.

»Mein Zwanziger meint, ich sollte es tun!«

Die Wette wurde gehalten. Und er würfelte eine Neun.

»Die Vier ist zu schlagen«, grölte er. Und würfelte wieder. »Na los, ihr kleinen Burschen. Ha! Habt ihr das gesehen? Ich setze das ganze Bündel.«

Die zusätzlichen Wetten wurden langsam ernst. Er würfelte. Fünf.

»Fünfe sind zu schlagen - Fieber im Süden. Ich bin dran.«

Und er war dran. War mit einer Sieben dran.

Der nächste Streich - eine Acht von Decatur.

Schlangenaugen. Verschissen.

Und wieder verschissen ... und wieder ... und ...

»Verdammich!« brummelte Ephrem Poteet in sich hinein.

Am Hollywood Boulevard versuchte er, in einem kleinen weißgekachelten Hot-Dog-Laden aus Chrom & Glas wieder nüchtern zu werden (schwarzer Kaffee, Würstchen mit Chilisauce). Am Nachbartisch saß ein kräftiger Mann mit Bart und einer Strickmütze, die er über beide Ohren gezogen hatte; er trug schwere Skihandschuhe und las durch eine Sonnenbrille hindurch die *L. A. Times.* Hinter der Theke stand ein Irani mit weichen Augen, der aussah, als wäre er ungefähr zwölf Jahre alt, wenn man von seinem grimmigen schwarzen Schnurrbart und der Narbe absah, die ihm auf einer Seite seines Gesichts von unterhalb des Auges bis zum Kragen seines Hemds herunterlief. Es roch nach gebratenen Zwiebeln, kalten Hot-Dogs, abgestandenem Kaffee und saurer Milch.

Die Chiliwürstchen und der Kaffee halfen nicht. Oder sie halfen nur zu gut. Poteet kam zu sich, dabei wollte er das gar nicht mehr. In diesem scheiß Spiel hatte er seinen Vorschuß, die Tageseinnahmen von Universal und die 100 Dollar von der DKA, die er tags zuvor bekommen hatte, verloren.

Gottverfluchte Scheiße.

Ein Haufen Fotos wurde auf den Tisch geknallt, verstreut kamen sie auf der leuchtend roten Plastikoberfläche zum Liegen. Fotos, die an diesem Morgen auf dem Gelände von Universal aufgenommen worden waren. Er war auf allen drauf, und jedesmal hatte er seine Hand in jemandes Tasche oder Brieftasche. Die Stimme ließ ihn auf den Mann blicken, der sich gerade ihm gegenüber setzte.

»Die laß ich den Bullen zukommen, Poteet, und dann wäre es Zeit für einen neuen Urlaub, und zwar nicht mit TUI. Das wird eine böse Zeit für dich da oben in Q, Freundchen.«

Der grauhaarige alte Kamerafreak von Universal! Poteet erhob sich halb aus seinem Stuhl. Er würde das Schwein zusammenschlagen, ihm das Knie reinrammen, um ihm seine scheiß Rippen zu brechen, die Fotos schnappen ...

»Das würde ich nicht tun«, sagte der Mann mit gelangweilter Stimme.

Poteet wußte bereits, daß er es nicht tun würde. Er tat es nie. Frauen, ja. Die konnte er schlagen. Die konnte er richtig durchprügeln. Aber andere Männer ... Er dachte stets, er würde es tun, aber wenn es dann in irgendeiner Gasse soweit war ... oder in irgendeinem Hot-Dog-Laden in Hollywood ...

Schwerfällig setzte er sich wieder. Nie hatte er Glück. »O Jesus!« stöhnte er voll Ekel, beinahe vor sich selbst.

»Nein, ich bin Dan Kearny.«

Dan Kearny! In den ganzen letzten Jahren hatte er immer mal wieder via Telefon Informationen an Kearny verkauft und verschiedene Geschichten über ihn gehört – der Mann hatte in seinem Kopf beinahe den Status einer Legende erreicht. Einst hatte Kearny einen Verwandten von Poteet aufgespürt, der sich in Palm Springs unter dem Geburtsnamen der Frau seines Bruders versteckt hatte.

Der bemützte und behandschuhte Mann vom Nachbartisch

wuchtete sich plötzlich auf die Füße, glotzte sie an, stolzierte dann zu einem weiter abgelegenen Tisch und murmelte: »Wie im Zoo zur verdammten Raubtierfütterung.« Kearny nahm die Fotos auf und stopfte sie in die Innentasche seiner Jacke. Er klopfte sich auf die Tasche.

»Die hier waren nur dafür da, deine Aufmerksamkeit zu gewinnen - *vorausgesetzt* du sagst mir jetzt alles, was du über diese Zigeunercadillacs weißt oder noch herausfinden kannst. Jetzt sofort. Ohne die Sache in die Länge zu ziehen oder irgendwelche Tricks zu versuchen.«

»Und das alles willst du umsonst«, sagte Poteet bitter.

»Nein, die ursprünglichen Bedingungen gelten weiterhin. Nur ich will die Infos JETZT.«

Hey, vielleicht war hier ja doch noch was rauszuholen. Er trank von seinem Kaffee und versuchte, Prozentsätze abzuschätzen . . . und versuchte, in diese kalten Augen zu blicken. Nein. Es lag zuviel Gefahr in ihnen. Wie zur Bestätigung dessen, klopfte Kearny wieder vielsagend auf die Tasche mit den Fotos.

Poteet seufzte. »Wie bist du mit Tomeshti zurechtgekommen?«

»Steht schon auf dem Hof.«

Natürlich. Nichts weniger hatte er von Dan Kearny erwartet. Er beugte sich über den Tisch - seine Entscheidung war gefallen. Spiele ganz offen. Gib Kearny alles in die Hand, und später bekommst du vielleicht noch mehr für ihn. Und *von* ihm. Teufel, bei $ 100 je Auto würde Ephrem Poteet prima wegkommen.

»Okay. Seattle. Chicago. Und morgen hier in Beverly Hills.«

25

Es war am Vormittag des nächsten Tages. O'B fuhr mit seinem Firmenwagen gemächlich den Bayshore Boulevard entlang. Am Fuß von Geneva befand sich das Abstellgleis der Eisenbahn, von dem aus die Elefanten, wenn der Zirkus in der Stadt war, aus dem Barnum & Bailey-Zug heraus Rüssel-an-Schwanz, Rüssel-an-Schwanz bis zum Cow Palace paradieren würden.

O'B liebte den Zirkus. Aber heute war er nicht hinter Elefanten her.

Zigeunercadillacs. Tatsächlich hatte O'B auf einen gewissen hypothetischen Cadillac dort draußen geschlossen, genauso wie ein Astronom, der sieht, daß sich in einem gewissen Teil des Raumes nichts befindet, und auf die Existenz eines schwarzen Loches schließt.

Die Spur mochte verwickelt gewesen sein, aber O'B hatte auch so eine Art, verwickelt zu denken. Die beiden letzten Tage hatte er damit verbracht, eine Reihe Annahmen zu verfolgen, die etwa so aussahen: Da es (1) Zigeuner gewesen waren, die Doc Swigart um den 5 000-Dollar-Scheck betrogen hatte, und dann (2) wiedergekommen waren und ihn erpreßt hatten, damit er ihnen (3) die medizinischen Gutachten gab, die sie für die Telefone in jenen Räumen gebraucht hatten, von denen aus (4) der Cadillac-Schwindel betrieben worden war, konnte man (5) schließen, daß dieselben Zigeuner eine Belohnung erhalten hatten, und zwar (6) in Form eines stibitzten Cadillacs. Korrekt? Korrekt.

Das war der Cadillac, den O'B wollte.

Zuerst war er noch einmal hoch nach Sonoma gefahren, um sich mit dem Landvermesser namens Oleson zu unterhalten, dem der alte Doppeldecker gehörte, den die Zigeuner so ungeniert an Rob Swigart verkauft hatten. Oleson hatte - leider, leider - diese nie gesehen, so daß er Swigarts Beschreibung nicht bestätigen konnte. Aber der Junge, der die Flugzeuge tankte, hatte und konnte das womöglich. Zumindest erinnerte er sich an einen dunkelhäutigen Mann und an eine Frau, die hier ein paar Tage lang herumgehangen und ein altes Auto gefahren hatten.

Aha! Ein altes Auto! Bitte, laß den Jungen ein Autofreak sein!

War er. Ein rostiger alter 74er Plymouth Road Runner, grün, mit einem breiten Blitz, der von den Scheinwerfern über die Seite (erst unter, dann hinter dem Fenster) bis auf das Dach ging. O'B erinnerte sich an diese Road Runner - während ihrer Blütezeit hatte er genug von den Dingern für Fellaro Dodge/

Plymouth/Chrysler auf dem Geary Boulevard wieder einkassiert.

Er traute es sich kaum zu flüstern: das Kennzeichen vielleicht?

Und – glaubt man denn so was – der Junge entsann sich eines Teils des Kennzeichens, denn es hatte dieselben Ziffern gehabt wie seine Harley: 444.

Freilich, die Ziffern allein, ohne die Buchstaben waren nutzlos, denn es mußte wohl ungefähr eine Zillion verschiedene Drei-Buchstaben-Kombinationen auf kalifornischen Nummernschildern geben, die mit 444 endeten.

Sackgasse in Sonoma. Aber wie stand es mit San Francisco? Der unwillige Doc Swigart sollte inzwischen seinen entwerteten 5 000-Dollar-Scheck zurückbekommen haben.

Swigart wollte, wo O'B jetzt doch nicht vom Ordnungsamt war, keinesfalls kooperieren. O'B nahm den Telefonhörer ab, um des Doktors geschätzte Frau anzurufen und ihr alles über die Dämlichkeit ihres Mannes zu erzählen. Und dann schaffte es Swigart – wie durch ein Wunder – den entwerteten Scheck hervorzukramen.

Er war benutzt worden, um ein Konto zu eröffnen (das gleich nach der Gutschrift des Schecks wieder aufgelöst worden war), und zwar bei der American West Bank auf der Geneva Ave in der Nähe des Cow Palace. Der Scheck war auf der Rückseite mit demselben Namen indossiert, unter dem auch das Konto für kurze Zeit eröffnet worden war ... *Tucon Yonkovich!*

Ein Zigeunername! War es möglich, daß Tucon einen jener Fehler begangen hatte, die selbst den Besten hin und wieder unterliefen, wenn sie es mit Ärzten zu tun hatten – deren Leichtgläubigkeit unter Betrügern legendär ist, weil sie an ihre Unfehlbarkeit glauben? War es möglich, daß Tucon es mit seinem *richtigen* Namen riskiert hatte, weil er den Scheck einlösen wollte, bevor er gesperrt werden konnte?

O'B blieb auf der Leitung, während SRS in Sacramento die DMV-Daten per Computer überprüfte, um festzustellen, ob sich zwischen einem Führerschein auf den Namen Yonkovich, Tucon und dem Kraftfahrzeugkennzeichen eines 74er Plymouth Road Runner, das auf 444 endete, ein Zusammenhang herstellen ließ. Jawoll! Tucon war so blöd gewesen. Der Wagen war auf ihn registriert mit einer Adresse im 300er Block der Oriente in Daly City - von der O'B wußte, daß sie im Süden an San Mateo County angrenzte in unmittelbarer Nähe des Cow Palace.

Inzwischen war der Road Runner zweifelsohne in irgendeiner Bar an irgend jemanden verkauft worden; doch irgendwann müßte an dieser Adresse der Caddy aufkreuzen.

Ein Arbeitertrupp riß ein altes weißes Holzhaus im 300er Block der Oriente nieder. Einen trübsinnigen Moment lang fürchtete O'B, daß es *sein* Haus war: die betreffende Adresse. Nein. Vier Türen weiter. Und gleich vor der betreffenden Adresse weilte ein neuer zweitüriger Eldorado mit Stufenheck und provisorischen Nummernschildern. Was könnte süßer sein?

O'B, dessen Puls sich beschleunigte, obwohl er das schon tausende Male gemacht hatte, parkte seinen Firmenwagen um die Ecke und stieg mit den Schlüsseln, die zu den Zigeunercadillacs gehörten, aus.

Der Eldorado war unverschlossen und das Fenster auf der Fahrerseite heruntergeleiert. O'B fing an, die Schlüssel auszuprobieren, und kümmerte sich nicht einmal darum, die Tür zuzumachen - das Fenster ließ sich eh nicht bewegen, solange er nicht den richtigen Schlüssel gefunden hatte. Außerdem waren Zigeuner Maulhelden und keine Kämpfer, und O'B rechnete sich aus, daß er es aber auch mit jedem Maulhelden, den die Welt je gesehen hatte, würde aufnehmen können.

Er verpaßte beim ersten eiligen Durchgang den richtigen Schlüssel. Geduldig fing er wieder mit dem ersten Bund an.

»HEY, WAS ZUR SCHEISSE MACHST DU IN MEIM AUTO?«

O'B sah durch die Windschutzscheibe auf den Mann, der sich ihm näherte, und die geistreichen Bemerkungen, die er als lässige Antworten vorgesehen hatte - ein Picknick, nach St. Louis fliegen, so was in der Art - erstarben ihm auf den Lippen.

Denn das hier war nicht einfach ein Zigeuner, das war, um

Gottes Willen, Paul Bunyan! Zwei Meter zehn groß, ein Meter breit, schwarzer Kräuselbart, schwarzes Kräuselhaar, zuschnappende schwarze Augen, ein Holzfällerhemd mit roten Karos hatte er an, die Ärmel fast bis zur Schulter hochgekrempelt, und sogar eine Axt hatte er in der Hand.

Nun, genaugenommen war's ein Vorschlaghammer, aber wen zum Teufel interessierte das schon in so einer Situation?

Rasend probierte O'B seine Schlüssel durch und rief zugleich hinaus: »*Von der Bank, von der Bank, wegen Ihrer Zah-*«

Pfeifend kam der Vorschlaghammer in einem Bogen durch das offene Fenster auf seinen Kopf zu – von einem Schwarzenegger-Arm geschwungen, verklumpt und verknotet mit Muskulatur. O'B duckte sich; als der Hammer von innen durch die Windschutzscheibe trat, warf er sich über den weichen Ledersitz, riß am Türgriff und rutschte Kopf voran am anderen Ende aus dem Auto, als der Riese vor Anstrengung beim nächsten Schlag aufgrunzte. Dieser sprengte die Tür vom Handschuhfach ab – zwei Zentimeter hinter O'Bs entschwindender Ferse.

O'B rannte zur Front des Autos und streckte eine beschwichtigende Handfläche aus. Seine andere Hand ruhte auf der Haube des Autos.

»Sie haben mich falsch verstanden. Ich komme von der Bank. Ich bin kein Autodieb. Ich arbeite ganz legal für –«

Der Hammer grub sich in die Haube, dort, wo gerade eben noch seine Hand gewesen war. Er rannte fort zur Fahrerseite, da sein Verfolger gellend schrie: »Du Hurensohn, dich bring ich um!«

Jesses, der riesige Kerl war schnell. O'B flüchtete die Flanke des Autos hinab, Paul Bunyan dicht hinter ihm her. Schwungvoll schwingend.

BUMMS! Die Fahrertür.

KRACH! Die Hecktür.

RUMMS! Der Kofferraumdeckel.

O'B war in der Lage, auf der Fahrerseite wieder in das Auto zu tauchen und den nächsten Schlüssel ein paar Mal umzudrehen, da der Vorschlaghammer einen Moment lang in dem Loch steckengeblieben war, das er in den Kofferraum gerissen hatte.

Der nächste Schlag verfehlte knapp seinen Knöchel und demolierte, als O'B wieder heraushechtete, CD-Player und Tapedeck des Eldorados.

Bunyan eilte um die Vorderseite des Autos herum, als der große Kerl sich auf der Fahrerseite aus dem Auto schälte, und schrie: *»Zigeuner sollten eigentlich nicht gewalttätig sein!«*

Paul Bunyan hielt inne, um den Vordersitz herauszureißen und ihn quer über die Straße zu schleudern.

»ICH ZIGEUNER DIR WAS, DU HURENSOHN ...«

Als O'B schon wieder rannte, schlug der Hammer Scheinwerfer und Kühlergrill ein. Zurück durch das Auto, rasch noch einen Schlüssel ausprobieren, *der Motor sprang an,* den Schlüssel stecken lassen, wieder raus, noch einmal herum laufen, da holperte eine Radkappe über die Straße weg, ein Schlag, der auf seine Beine zielte, entfernte den Auspufftopf. Wieder drin, den Gang reinhauen, im leeren Raum hinterm Lenkrad kauernd, *auf die Tube drücken!*

Ruckel-ruckel, holper-holper - aber schnell; der mußte wohl irgendwo die Achse verbogen haben, dieser gottverfluchteste Zigeuner, den er je ...

»ICHBRINGDICHUMICHBRINGDICHUM ICH BRING DICH UM ... BRING ... DICH ... UM ... ICH ... BRING ... dich ... um ... dich ... um ...«

Es RUMMSTE, KRACHTE, BUMMSTE - als Paul Bunyan neben ihm lief und den Eldorado mit seinem Hammer bearbeitete. Schließlich begann O'B sich abzusetzen. Gerade als er die Kreuzung erreicht hatte, schleuderte Paul Bunyan den Vorschlaghammer hinter ihm her, PENGS, das war die Heckscheibe ...

Heil davon.

Jackson B. Gideon, Präsident der California Citizens Bank, hatte einen ziemlichen Otto von Bauch, der wie Cyranos Nase immer schon eine Viertelstunde vor ihm am Ziel war. Auch hatte er Augenbrauen wie John C. Lewis, die ihm wie haarige Raupen über die Stirn krochen, eine vorspringende fleischige Nase, einen Schmollmund, für den Sly Stallone getötet hätte, und ein Doppelkinn mit dem Ansatz zu einem dritten im Wachstumsportefeuille. Er platzte aus seinem taubengrauen wollenen Zweireiher, so wie ein Würstchen platzt, wenn man seine Haut aufritzt.

»So geht das einfach nicht«, sagte er. »So geht das überhaupt nicht.«

Sie befanden sich auf dem Abstellplatz der Bank, der sackgassengleich hinter einer alten Fabrik am Fuß des Telegraph Hill lag. Ballard, dessen Hintern noch immer schmerzte und der dachte, er befände sich dort, um für seine gute Arbeit gerühmt zu werden, und nicht, um vom Präsidenten einer Bank zur Sau gemacht zu werden, hob an, etwas zu sagen - aber Stan Groner schaltete sich ruhig ein.

»Tja, J. B. sie *haben* den Wagen unter sehr schwierigen Bedingungen wieder aufgetrieben, und -«

»Und die Stadt will einen Prozeß gegen die Bank anstrengen.«

Ballard war von den Socken. »Wozu denn das zum Teufel?«

»Neue Tür für die Polizeistation«, erklärte Stan. »Neuer Lampenanschluß. Neue Eingangstreppe. Neue Balustrade. Neue -«

»Um Himmels willen, die haben versucht, mich umzubringen!«

»Es wäre billiger gekommen, wenn's geklappt hätte«, schniefte J. B.

Nicht daß die Bank vorhatte, der Stadt einen roten Heller zu zahlen - J. B. hatte ihren Plan in der heutigen Vorstandssitzung erläutert - aber man mußte den Schnüfflern die Grenzen zeigen. Voller Verachtung fügte er hinzu: »Und da die Sache im Rahmen einer Wiederbeschaffungsaktion von Daniel Kearny Associates passiert ist, habe ich den Eindruck, daß die Kosten aus der Belohnung Ihrer Firma bestritten werden sollten.«

»Jetzt aber mal eine verdammte -«

Stan Groner erhaschte Ballards Blick und schüttelte leicht den Kopf. Ballard hörte auf zu reden, das Gesicht voll unveräußertem Zorn. Gideon, dieser selbstgefällige Bastard, war niemals in seinem Leben draußen auf der Straße gewesen, was wußte der schon?

Stan hatte sich früher genauso benommen. Aber eines Tages

hatten sie ihn bei einem von Kearnys berüchtigten Spaghettifressen abgefüllt und ihn bei einem gesalzenen Job in die Hunter's Point Wohnanlage mitgenommen, wo es zu dieser Zeit ein beliebter Volkssport war, die Fenster aus vorbeifahrenden Bussen zu beschießen. Hinter dem Steuer sitzend, hatte Bart Heslip im Licht des Armaturenbretts Stan Groner laut die Anweisungen für den Auftrag vorgelesen, in der Hoffnung, endlich herauszufinden, wie man die Handbremse löst, während der Besitzer des Wagens die Treppe hoch rannte, um seine Schrotflinte zu holen.

Sie waren mit nichts Schlimmerem als einem von einer Ladung Schrot durchlöcherten Kofferraumdeckel davongekommen, seitdem jedoch war Stan stets auf ihrer Seite gewesen. Sogar jetzt versuchte er, die wogenden Wasser zu glätten.

»Ich bin mir sicher, daß so was nicht wieder vorkommt, J. B. Zigeuner sind nicht gewalttätig und . . .«

Seine Stimme wurde von furchtbarem Lärm übertönt, der verstärkt von den Resonanzwänden der verlassenen Firma widerhallte. RATTER! von losem Blech, KRÄCHZ! vom zerbrochenen Auspuff, KREISCH! vom Gummi am eingebeulten Kotflügel, PENG! vom fehlzündenden Motor, PLONK-PLONK! vom platten Reifen.

Alle Augen wandten sich der Kakophonie von Geräuschen zu, die sich auf sie zu bewegte, alle hielten den Atem an. Irgendwie wußten alle drei sofort Bescheid.

Ja. Oh ja, tatsächlich. O'B. In einem brandneuen Eldorado.

Brandneu? Wie konnte das sein? Die Kotflügel eingeschlagen, ein Reifen platt. Das Dach war bis zu den Fenstern eingedrückt, die Windschutzscheibe fehlte, die Türbleche waren verdellt, der Kofferraum war platt geschlagen, die Motorhaube war Vergangenheit, der Kühler fehlte ganz, verschiedene Flüssigkeiten troffen aus ihm heraus, und Rauch erhob sich von beiden Enden des Wagens.

O'B trat sachte auf die Bremse, als er sie erreicht hatte. Der Motor erstarb mit einem *Puff, Puff, Töff, Töff, Pu-uff* . . . Stille. Irgendwo hatte er einen Plastikeimer gefunden und ihn dort hochkant hingestellt, wo einst der glatt gepolsterte Sitz gewesen war; jetzt hockte er zum Fahren unter dem eingedrückten Dach auf ihm drauf. Er stieß mit einer Schulter gegen die Tür, um sie zu öffnen. Die Tür fiel mit einem gequälten KLONK! von überstrapaziertem Metall herab.

Totalschaden.

O'B trat heraus und sagte munter zu Stan: »Der Zigarettenanzünder geht noch, Hochwürden.«

»Aber ... aber ... aber ... das ... das kann doch ... keiner ... keiner von *unseren* ...«, gelang es Groner gerade noch zu stammeln.

»Doch. Kann er. *Ist* er sogar. Der Kerl hat ihn kaputtgeschlagen, als er versucht hat, mich zu kriegen.«

»Zigeuner sind nicht gewalttätig«, keifte J. B. mit seiner häßlichsten Dem-zeig-ich's-aber-Stimme.

Stan the Man verwelkte zu Stan the Boy. Ballard wurde rot beim Versuch, das Lachen zurückzuhalten. O'B, der, als er angehalten hatte, um den Plastikeimersitz zu holen, einen Zustandsbericht verfaßt hatte, hielt J. B. Gideon das Formular hin, ohne die Miene zu verziehen.

»Wenn Sie das bitte einfach unterschreiben würden, Hochwürden - ich bin dann gleich wieder weg.«

Mit echtem Haß starrte ihn Gideon an und wandte sich dann an Stan the Boy. »Ich erwarte Sie in einer Stunde in meinem Büro, Mr. Groner«, sagte er mit belegter Stimme. »Wir haben eine Menge zu besprechen.«

Er stolzierte schwankend über den trümmerübersäten Abstellplatz davon. Stan rannte ihm ein paar Schritte hinterher, aber Gideon war schon in seinem Lexus LS400 und knallte die Tür mit beredter Wucht zu. Das Auto jagte davon. Stan drehte sich blindlings zu O'B, der sich das Lachen nicht verkneifen konnte, und zu Ballard, der etwas zu feierlich die Seriennummer des Autos mit seiner Liste der Fahrgestellnummern der Zigeunerwagen verglich.

»Ich bin ruiniert«, stöhnte Groner.

O'B ließ eine Lachsalve los und hielt ihm den Zustandsbericht unter die Nase. Stan fing automatisch an, seine Unterschrift auf das Blatt zu krakeln, aber Ballard hob eine Einhalt gebietende Hand.

Beide drehten sie sich um und sahen ihn an.

»Was denn?« fragte O'B ein wenig schrill. Der Ausdruck auf Ballards Gesicht hatte das Lachen auf seinen Lippen ersterben lassen.

Ballard zeigte vage auf den Cadillac. »Der gehört nicht zu unseren Zigeunerautos. Seine Fahrgestellnummer steht nicht auf unserer Liste.«

O'B wurde aschfahl. Seine Sommersprossen wirkten wie Masern auf der plötzlich so blassen Haut. »Aber ... das kann doch nicht sein ...«

»Okay, ihr hattet euren Spaß«, sagte Groner. »Jetzt geht los, und *gebt dem Mann sein Auto zurück* - und bringt mir den richtigen. Aber dalli. Hochwürden.« Dann entwich Stan the Man ein eklig glucksendes Geräusch.

Er lachte.

26

Dona Dulcinea Inez Mattheu Duchez Escobar, die unglaublich schöne und unglaublich reiche brasilianische Kaffee-Erbin - kürzlich verwitwet - durchschritt die goldumrandete, automatisch gesteuerte Spiegelglastür von *bascom's (rome, london, paris, amsterdam, beverly hills).* Selbst in ökonomisch prekären Zeiten sind jene paar ersten Gevierte des Rodeo Drive nördlich von Wilshire in Beverly Hills ... tja, eben der Rodeo Drive. Gelegentlich erhebt die Worth Avenue in Palm Beach Anspruch auf die Krone, aber ... nun ja, Florida ...

Der kleingeratene knopfäugige Jüngling hinter Dona Dulcinea trug die unverwechselbare Livree des Beverly Wilshire und war mit Schachteln überhängt: quadratischen Schachteln, rechteckigen Schachteln, ovalen Schachteln, großen und kleinen Schachteln, flachen und tiefen Schachteln, breiten und schmalen Schachteln. Auf denen sich die Schildchen der exklusivsten Geschäfte und Boutiquen des ganzen Rodeo Drives befanden.

»Mein Hotel hat mich avisiert«, verkündete Dona Dulcinea gebieterisch.

Hatte ihr Hotel nicht, aber nichtsdestotrotz drängte sich Monsieur Bascom höchstpersönlich bei ihrem Eintritt nach vorn, und sein geübtes Auge funkelte in Anbetracht des mutmaßlichen Kaufzwangs der Dame, den all die Schachteln nahelegten.

»Ah, ja, natürlich, Madame ...«

»*Dona* Dulcinea Inez Mattheu Duchez Escobar aus São Paulo, Brasilien.« Ihr Akzent machte »Brasiehljen« aus dem letzten Wort. Monsieur Bascom neigte seine schön ergraute Haartracht, als sie hinzufügte: »Jemand sollte dem ... dem ... helfen ...« Sie deutete hilflos auf den Pagen. »Hmmmm, wie sagt man noch, dem jungen Diener ...«

M. Bascom schnippte bereits mit den Fingern, ohne sich auch nur umzusehen. Er hatte ein Patriziergesicht mit einer dünnen, an der Seite eingekniffenen Nase und dünnen Lippen, die sich durch ein unterwürfiges In-Falten-Legen in eine Rosenknospe oder durch ein einfaches Zusammendrücken in eine weiße Linie der Wut verwandeln ließen.

»Könnte das Wort, das Sie suchen ›Page‹ sein, Madame?«

»*Sim!* Page! Das Hotel ihn mir gegeben, nein ...« Sie brach ab und sah extrem sexy aus, als sie beinahe kicherte. »Nein, das Hotel hat mir den Pagen *geliehen*, damit er mir hilft bei meinen ...« Sie ließ das Wort über ihre Zunge förmlich rollen, »hmm Einkäufen. Sie verkaufen doch Diamanten, *não*?«

»Jawohl, selbstverständlich. Wir verkaufen ... *Diamanten.*«

Bascom sprach das letzte Wort mit einer Ehrfurcht aus, die für gewöhnlich all den Namen Gottes vorbehalten war. Sein Fingerschnippen hatte inzwischen einen prächtigen Verkäufer herbeigebracht, der dem Pagen zur Hand ging, sämtliche Schachteln abzuhängen, während M. Bascom die schöne Dulcinea zu den funkelnden Vitrinen geleitete, in denen die atemberaubenden Kreationen von *bascom's* luxuriös gebettet lagen.

»Wenn ich mich nach Madames Bedürfnissen erkundigen dürfte ...«

Wieder das charmante Beinahe-Kichern. »Ich nicht wirklich wissen ... aber ich werde, wenn ich sie sehe!« Ihre Augen wurden sehr groß und rund, und ihr Mund formte ein bezauberndes kleines ›O‹. »Aber, was auch immer Sie mir zeigen, es muß ... geschmackvoll sein. Nichts, hmm ... Gewöhnliches, *não*? Die absolute ... wie sagt man noch ...«

»Crème de la crème?« schlug Bascom vor.

»Sim. Exactissimo.«

Bascom konnte nur wenig Spanisch und noch weniger Portugiesisch, und so war er zutiefst von Dona Dulcineas Akzent betört, während sie dreißig Minuten lang Broschen, Ohrringe und Halsketten durchging, die alle »nicht ganz richtig« waren für ihre Bedürfnisse. Freilich, da er süchtig war nach geschlechtlich aufreizenden und zugleich reichen Frauen - ganz gleich welchen Alters oder Aussehens - war er Donas überreichen weiblichen Reizen bereits vollständig hörig. Schließlich unterbreitete er ihr den Vorschlag, wenn sie ihm vielleicht die Gelegenheit beschreiben wolle, die sie mit Diamanten zu erheben gedachte ...

Sim, aber könnte sie vielleicht ein Glas Pellegrino haben ... sähr heiß hier drin ...

Erfrischt und wiederhergestellt erklärte sie, daß es sich um ein gewisses - »gäwieses« sprach sie's aus - Etwas handele für die erste Dinnerparty auf der *Hacienda* seit dem Tod ... den Tränen nahe jetzt ... ihres geliebten »Ähemanns« vor achtzehn Monaten ...

Bei der Erinnerung an diesen verfrühten Tod wurde ihr »ein wänig schwach«, doch erholte sie sich rasch, als er ihr in Gold gefaßte tränenförmige Diamanten zeigte, die einzeln oder zu mehreren an einer goldenen Kette um den Hals getragen werden konnten ...

Ja! Dona Dulcineas Interesse wurde bei ihrem Anblick beflügelt.

Eine Zeit lang war ihnen der gelangweilte Page durch den Laden gefolgt, den Blick auf die Wunderdinge geheftet, die da ausgestellt wurden, aber unglückseligerweise war er jetzt zu weit entfernt, um Dona Dulcinea auffangen zu helfen, als sie ohnmächtig wurde und schwer auf M. Bascom plumpste.

Als ihr unerwartetes Totgewicht Bascom auf den Boden warf, klatschte ihre Hand gegen das samtene Auslegekästchen, auf dem die Diamanten ruhten. Tränentropfen stoben in alle Richtungen. Bevor das Verkaufspersonal zusammenströmen konnte, kauerte der Page auch schon bei ihr, sein Mund zuckte wie vor Verzweiflung, während er ihren Kopf in seine Händen barg.

Er kämpfte gegen die Tränen an. Da flatterten ihre wunderschönen dunklen Augen schon wieder auf, und sie blickte tief in die blauen von M. Bascom.

»Das tut mir so schräcklich leid«, sagte sie mit schwacher Stimme. Ihre Lider flatterten erneut. »Der Verlust ... meines Ähemanns ... manchmal hat es gescheint ... ich kann ... nicht mehr ...«

Noch mehr Pellegrino, ein paar Minuten in einem brokatbesetzten Stuhl neben dem Büro, und Dona Dulcinea war bestens wiederhergestellt. Aber viel zu mitgenommen, um, hmm, wie sagt man noch, heute weiter einzukaufen. Jetzt würde sie erst einmal zum Bieverly Wielschär zurückkehren, um sich auszuruhen ...

Bedenkenlos und dienstbeflissen geleitete M. Bascom sie zur Tür. Einer der Tränentropfen fehlte, ein Stein für 7000 Dollar, aber sie konnte ihn nicht genommen haben. Schließlich war sie selbst sehr reich, und genau in dem Moment, in dem die Diamanten ungeschützt lagen, war sie ohnmächtig gewesen. Das Personal suchte noch immer, wahrscheinlich war der Stein unter irgendeine entfernte Vitrine gerollt ...

Dona Dulcinea reichte M. Bascom ihre Hand zu einem Kuß und blitzte ihn mit ihren großen runden Augen an. »Wenn er bis morgen, wenn ich wiederkommen tue, nicht gefunden ist, dann muß ich für den Diamanten, der fählt, bezahlen!«

»Nicht nötig, Madame«, sagte Bascom galant. »Er wird wieder auftauchen.«

»Aber ich bestehe darauf - und ich habe mich auch entschieden. Morgen werde ich *zehn* von den Tränentropfen kaufen!«

Am Randstein wartete ihr herrlicher in Creme und Grau lakkierter, viertüriger Fleetwood Sixty Special. Ein grauhaariger Mann mit großem Unterkiefer, der offensichtlich ihr Fahrer war, machte sich unter dem Armaturenbrett zu schaffen. Als Bascom jedoch die Hand ausstreckte, um für die *Dona* die Tür zu öffnen, ließ der Mann den Caddy an und fädelte sich in den

Verkehr ein, ohne auch nur einmal den Kopf nach hinten zu drehen.

Bascom auf dem Gehweg zurücklassend, die Hand noch immer ausgestreckt und den Mund ausnahmsweise in krassem Erstaunen weit geöffnet. Er wandte sich zu Dona Dulcinea, um Aufklärung zu erhalten, und war noch mehr erstaunt, die brasilianische Erbin den Rodeo Drive hinunterrennen zu sehen - die Röcke wehend, das Gesicht verzogen, die Schwermut vergessen.

»Du Hurensohn!« schrie die *Dona* dem entschwindenden Fleetwood hinterher. »Ich weiß, wer du bist, du schwule Schnüfflersau! Sei verflucht und deine Kinder mit dir! Ich spuck auf deine -«

Dona Dulicinea fing sich wieder, als sie realisierte, welche Figur sie abgab, und mit einem verlegenen kleinen *Moue* drehte sie sich wieder dem Gehsteig zu. Aber ihr Akzent kam nicht tiefer aus dem Süden als, sagen wir, aus South Jersey, und da Diamanten mit im Spiel waren, ging ein gutes Stück von Bascoms vornehmer Zurückhaltung verloren. Sein oller Großpapa war schließlich aus Ada, Oklahoma, während der Dürreperiode in den Dreißigern in den Westen gezogen, um in den Nachkriegsfünfzigern auf dem Land in Kalifornien reich zu werden, und Mama Bascom hatte keine Trottel großgezogen.

Und so verbrachte Immaculata Bimbai zwei äußerst unangenehme Stunden in Bascoms Büro - mit Bascom selbst und einem Paar Polypen aus Beverly Hills, während derer sich herausstellte, daß das Bieverly Wielschär weder von ihr *noch* von dem Pagen je gehört hatte und daß die Schachteln, die letzterer den ganzen Tag herumgetragen hatte, allesamt leer waren.

Aber schließlich mußten sie Immaculata mit ihrem jungen Diener ziehen lassen. Einen Juwelier anzulügen ist, selbst wenn es sich um einen Juwelier in Beverly Hills handelt, kein Verbrechen, und sie wurde so lautstark, wie es nur eine Frau der *Roma* werden konnte, um sich aus dem Schlamassel zu ziehen. Aber, wie auch immer, am wichtigsten war natürlich, daß die getrennt vorgenommenen Durchsuchungen, in deren Rahmen sie sich und auch ihr Sohn sich ausziehen mußten - niemals deckten die Polypen ihre echten Namen oder gar ihre Verwandtschaftsbeziehungen auf - daß also diese Durchsuchungen das vermißte *Bijou* nicht zum Vorschein bringen konnten.

Also kam Immaculata ungeschoren davon; es war ihr Sohn Lazlo, der ein paar üble Stunden im Motel in West Hollywood durchmachen mußte. Er aß so manche Scheibe dünnes Toastbrot, um den verschluckten Diamanten auf seinem Weg durchs Gedärm zu ummanteln - er brachte ihn ungefähr zur selben Zeit zur Welt wie Peter Jennings die Abendnachrichten.

Sie machten den Tränentropfen sauber und bewunderten ihn, eine herrliche 7000-Dollar-Beute; doch ihre Begeisterung wurde durch den Verlust ihres vollausgestatteten, 50 000 Dollar teuren Fleetwood Sixty Special arg gedämpft. Nicht einmal alle von Immaculatas Zigeunerflüchen zusammen konnten ihr *den* wiederbringen.

Ungefähr zu der Zeit, als Lazlo den Diamanten verschluckte, schenkte O'B im Ginsberg's Dublin Club auf der Bay Street oben in San Francisco Ballard ein Bier ein. Unter dem Schutz von CCRs »Bad Moon Rising« erflehte O'B Hilfe - ganz im Ernst: Er flehte - was Ballard die wunderbare Chance verlieh, den Frömmler zu spielen.

»Definitiv nicht«, sagte er und das nicht zum ersten Mal. »Ich werde nicht mit dir zur Oriente Street rauskommen, und das ist mein letztes Wort.«

»Aber Larry . . .« Wieder lud O'B Ballard zu einem Bier ein. »Denk doch an die vielen Male, bei denen ich dir geholfen habe, aus –«

»An die vielen Male, bei denen du mich in die Scheiße geritten hast, willst du wohl sagen. Nein! Ich sag's dir noch mal, O'B, da wir keine Kennzeichen haben, mußt du die Fahrgestellnummern dieser Zigeuner vergleichen, *bevor* du ein Auto einsackst!«

Geflissentlich außer acht lassend, daß er bei Sonia Lovaris Allante dasselbe getan hatte. Aber *das* war nun mal der richtige Caddy gewesen.

»Die Zeit war einfach zu knapp, Larry. Und der Wagen stand genau vor der richtigen Adresse. Du weißt, daß ich normalerweise immer auf Nummer sicher gehe, bevor ich –«

»Normalerweise immer«, sagte Ballard und fügte dann hinzu: »Fairfield.«

In Fairfield - es war St. Paddy's Day gewesen - hatte ein angesäuselter O'B einst einen Leichenwagen einkassiert, just als Ballard noch in der Leichenhalle stand und dort erfuhr, daß der Bestattungsunternehmer soeben die ausstehenden Raten bezahlt hatte. Was die Sache jedoch noch schlimmer gemacht hatte, war, daß O'B sich nicht das Heck des Wagens angesehen hatte ...

»Der Kerl hatte mit 'nem ungedeckten Scheck bezahlt«, sagte O'B tugendhaft. »Und wir haben alle seine Habseligkeiten bei Eternal -«

»Ich will nichts mehr davon hören. Die Antwort bleibt nein.«

Tatsächlich gab es eine ganz gewisse Überlegung, die für Ballards ablehnende Haltung verantwortlich war. Den Wagen zurückzubringen könnte eine unschöne Angelegenheit werden, und dann hatte Yana diese kryptische Botschaft für ihn im Büro hinterlassen - heute abend bekäme er sein Schicksal weisgesagt. Und wer weiß, vielleicht bekäme er dabei ja noch ein anderes Schatzkästlein zu sehen?

»Paul Bunyan hat wirklich versucht, mich umzubringen, Larry. Und da gehe ich alleine dorthin zurück, und ...« O'B strich sich mit einer Hand quer über die Kehle.

Zwei Bierchen später gab Ballard nach, fuhr O'B zu jenem Abstellplatz zurück und half ihm dabei, den Eldorado anzulassen. Er fand sogar noch einen zweiten Eimer, um darauf zu sitzen - behutsam, denn sein malträtierter Hintern war noch wund - und so konnten sie auf der Fahrt zum Portola District ihren Plan abstecken. Er stellte sich das ganz einfach vor.

»Wenn er gerade nicht da ist, dann stellen wir den Wagen einfach an den Straßenrand und zischen ab.«

»Und *wenn* er da ist, dann knallen wir ihm 'nen Schraubenschlüssel vorn Kopf, um uns seine Aufmerksamkeit zu sichern.«

»So groß und so taff kann der doch gar nicht sein, O'B.«

»Größer«, sagte O'B. »Und taffer.«

Sie konnten den Eldorado nicht genau dort abstellen, wo ihn O'B gefunden hatte, denn dort stand ein anderer Wagen. Erraten. Ein zweiter brandneuer Eldorado. Mit provisorischen Nummernschildern.

»Das ist Yonkovichs Auto!« grölte O'B, als sie rasselnd, scheppernd, bollernd und klackernd die Straße herunterfuhren. *»Da bin ich mir sicher!«*

»Vielleicht«, überschrie Ballard das Getöse.

O'B rief: *»Tief in deinem Herzen weißt du genau, daß es –«*

»Feine Sache, sich so anzuschleichen!« kreischte Ballard.

O'B stellte den demolierten Eldorado vor dem Haus ab, das gerade abgerissen wurde – ein paar Häuser von Yonkovichs Wohnung entfernt. Er würgte den Motor ab. Ballard rieb sich die gequälten Ohren.

»Ich schau mir die Fahrgestellnummer an, du probierst die Schlüssel aus«, sagte er bestimmt.

O'B antwortete schwach: »O Jesus!«

Ballard drehte sich, um O'Bs leiderfülltem Blick zu folgen. Die Stufen des halb zerstörten Hauses kam der größte Zweifüßler heruntergedonnert, den er jemals außerhalb des Candlestick Parks an Spieltagen der 49er gesehen hatte. Ehe sie sich auch nur rühren konnten, war er auch schon bei ihnen, umfaßte O'Bs rechte Hand mit der seinen, welche ungefähr die Größe eines Parmaschinkens hatte, und schüttelt sie vehement auf und ab.

»Mensch, bin ich froh, Sie zu sehen! Ich muß mich wirklich entschuldigen.« Er drehte sich ein wenig, um Ballard in seine Worte miteinzubeziehen. »Ich kann so schrecklich jähzornig werden, wissen Sie, –«

»Da wär ich nie drauf gekommen«, sagte O'B milde und massierte seine Finger, um wieder ein Gefühl in sie hineinzubekommen. »Und eh, es ist ja niemand dabei zu Schaden gekommen. Zumindest ich nicht . . .«

Inzwischen inspizierte Paul Bunyan mit geschultem Auge seinen Wagen, die Hände in den Hüften, den Kopf leise schüttelnd.

»Mensch, sehen Sie, was ich meine? Mein verdammter Jähzorn. Ich hab das Ding ruiniert.« Er wandte sich wieder zu O'B. »Ich hab die scheiß Bank gleich, nachdem Sie weg warn, angerufen und sie wieder beruhigt. Ich hab denen gesagt, daß es mir leid tut, daß sie jemand schicken mußten - aber ich hab so viele Abrißaufträge in der Stadt am Laufen, da hab ich einfach vergessen, die Raten zu bezahlen. Ich hab ihnen gesagt, ich würd alles abbezahlen - Buße und so, verstehn Sie? Ich hab gleich noch am Telefon die Überweisung veranlaßt. Die ham gesagt, sie würden das nachprüfen und Sie gleich mit dem Wagen wieder herschikken, und schon sind Sie da.«

O'B räusperte sich. »Sie, äh, das war, äh ... ich meine, welche Bank haben Sie denn ...«

»Die B of A natürlich. Die Schafsnase, mit der ich telefoniert habe, hat nich ma gewußt, daß sie jemand deswegen rausgeschickt haben, aber das is schon okay. Sie sind da, und der Wagen ist auch wieder da ...« Paul Bunyan lachte ein mächtiges Lachen. »Woll, da ist er wieder! Manno, da ist er wieder!«

Ballard öffnete seinen Mund, um etwas zu sagen, schloß ihn dann wieder. Was gab's da noch zu sagen? Das Glück der Iren?

»In ein paar Tagen ruf ich die Versicherung an und sag, er wär gestohlen worden. Dann setzen ihn die Bullen auf ihre Liste und finden ihn irgendwo am Straßenrand, so wie er aussieht ...« Sein massiver Kopf schwang sich plötzlich zu ihnen hin, die Augenbrauen schrecklich nach unten gezogen. »Außer Sie haben irgendwelche moralischen Skrupel, die Sache der Versicherung anzuhängen ...«

Sie demonstrierten ihre Skrupellosigkeit mit erhobenen Händen. Paul Bunyan lachte und nickte, und wieder hoffte O'B, daß da keine bösen Gefühle wach wurden, und wieder schüttelte er beiden die Hand. Dann drehte er sich um und nickte dem zweiten Eldorado zu. Und lachte wieder.

»Der gleiche flippige Wagen außer der Farbe.«

Ruhig sagte O'B: »Und ob Sie's glauben oder nicht, Sir, für genau diesen Wagen haben wir auch eine Verfügung. Deshalb hab ich auch meinen Kollegen mitgebracht ...«

»Doch nich im Ernst!« Er konnte sich beinahe nicht mehr halten vor Lachen, als sie rüber zu dem Zigeunercaddy marschierten. »Wie zum Teufel können Sie denn wissen, daß es der richtige ist, wenn er doch gar kein Kennzeichen hat?«

»Fahrgestellnummer«, sagte Ballard, diesmal sehr bestimmt.

Und fing an, sie zu überprüfen. Während O'B anfing, seine Schlüssel an der abgeschlossenen Tür auszuprobieren.

»Es ist der richtige Wagen«, sagte Ballard.

Aber er hatte es mit verzweifelt leiser Stimme gesagt, denn die Tür des Hauses war aufgesprungen und sieben männliche Zigeuner - da gab's keinerlei Zweifel - rannten den Weg herunter auf sie zu. Und die Schlüssel sträubten sich noch immer störrisch, zum richtigen Wagen zu passen, wo sie doch launischerweise wunderbar zu Paul Bunyans *falschem* Wagen gepaßt hatten.

Ballard begab sich in eine Verteidigungsstellung, aber Paul Bunyan stellte sich vor ihn, schnappte sich den offensichtlichen Rädelsführer, hob ihn mit einer Hand vom Boden hoch und schüttelte ihn durch. Die Augen des Mannes kullerten in seinem Kopf herum, seine Hände flappten am Ende seiner Arme wie Wäscheklammern auf der Leine. Die übrigen Zigeuner zogen sich zurück.

»Du schuldest der Bank mit diesem Wagen Geld?« brüllte Paul Bunyan.

»Jaa . . . aa . . . aa . . . aas . . . sss . . . Sirrrr . . .«

»Dann gibst du diesem Mann jetzt die Schlüssel. Hast du verstanden, was ich dir gesagt habe?«

Er knallte Yonkovich auf seine Füße zurück, so wie man einen Bierkrug auf den Tisch knallt. Tucon durchwühlte mit zitternden Händen seine Taschen, um die Schlüssel zu suchen und sie O'B zu überreichen.

Während er sie ins zugehörige Loch steckte, fragte O'B: »Haben Sie irgendwelche persönlichen Sachen hier drin?«

Yonkovich schüttelte schweigend den Kopf. Womöglich war seine Stimme mit dem »JaSir« ganz aus ihm herausgeschüttelt worden. O'B gab Ballard die Schlüssel für seinen Firmenwagen, wohl wissend, daß Ballard sich ausrechnen konnte, daß er außer Sicht um die Ecke geparkt war.

Er hielt inne, um dem riesigen Abrißmenschen die Hand zu schütteln. »Danke, daß Sie uns den Arsch gerettet haben, Mr . . . ähm . . .«

»War mir ein Vergnügen!« brüllte Paul Bunyan. »Ich kann

diese scheiß Schnorrer nicht ausstehen, die rumheulen, wenn ihr Auto wieder einkassiert wird.«

Das Glück der Iren, dachte Ballard fatalistisch, als er Leine zog, um O'Bs Wagen zu finden und wieder in die Stadt zu fahren.

27

In Iowa versammelten sich am selben Abend die ersten noch zögerlichen Zigeunerscharen an den Rändern von Stupidville, so wie sich beim ersten winterlichen Frost an den Rändern eines Teichs dünnes Eis bildet. Keinerlei Eis knackte in den Korridoren des Krankenhauses von Stupidville, noch nicht, aber das kam noch. Oh, das kam schon noch.

Barney Hawkins, Sachverständiger der Democrat National Assurance Company, war rot im Gesicht, als er mit kurzen ruckartigen Schritten Staley Zlachis Zimmer auf und ab marschierte. Gefährlich schwollen ihm die Adern an beiden Seiten seines Halses. Seine Anzugjacke war über das zweite, leere Bett geworfen worden. Schweiß durchnäßte ihm die Achseln.

»HörnSe, *Klenhard*« - seine Stimme machte aus den Worten eine Grabinschrift - »Sie wissen genauso gut wie ich, daß Sie schauspielern, aber -«

»Aber doch nicht bei der Reflexuntersuchung«, sagte Lulu ruhig von ihrem Stuhl beim Fenster aus. »Sie haben es doch selbst gesehen, guter Mann - mein Karl hat kein Gefühl in seinen Beinen.«

Was Staley anbelangte, der sagte gar nichts. Als Klenhard lag er auf dem Rücken unter seiner Decke, die Augen geschlossen.

»Verdammt noch mal, Mensch! Hören Sie mir überhaupt zu -«

»Sie werden wieder einen Anfall heraufbeschwören«, warnte ihn Lulu.

Hawkins blieb mitten im Zimmer stehen und krümmte sich -

wie vor Schmerz. Schließlich streckte er sich wieder und seufzte tief. »Hören Sie, ich weiß, daß Sie sich irgend so einen Rechtsverdreher zugelegt haben, dessen Namen Sie mir nicht einmal sagen, aber ich habe Ihnen ein gutes Angebot gemacht –«

»Fünfzehntausend«, sagte Lulu verächtlich. »Dafür, daß mein Karl bis ans Ende seiner Tage in so bedenklichem Zustand leben muß, mit Schmerzen und der ständigen Gefahr, für immer gelähmt zu sein?«

»Zwanzig.«

Lulu dachte nicht einmal daran zu antworten. Hawkins Gesicht verfärbte sich wieder scharlachrot. Mit sichtlicher Mühe bekam er sich wieder unter Kontrolle.

»Wissen Sie, Sie sind ein Nichts. Ein Krümel auf der Landkarte. Aber ich will Sie aus den Büchern rauskriegen, weil ein paar wirklich wichtige Fälle warten. Und ich sag Ihnen jetzt, was ich machen werde. Ich gehe bis zum äußersten Limit.« Er senkte seine Stimme. Staley öffnete ein Auge, um ihn anzuschielen. »Ich geh auf Fünfundzwanzigtausend.« Hawkins verzog sein Gesicht zu einem Lächeln. »Und ich stehe zu meinem Wort. Fünfundzwanzigtausend - ich hab alle Unterlagen in meiner Aktentasche, also können Sie –«

»Fünfundsiebzig«, sagte Staley. Und schloß das Auge wieder.

»Und keinen Penny weniger«, schaltete sich Lulu eiligst ein.

Hawkins grapschte nach seiner Jacke und stürzte hinaus. Auf dem Gang schrie er: *»Euch zwei treff ich eher in der Hölle wieder, als daß ich ein Prozent über Fünfundzwanzig gehe!«* Als er abdampfte, wurde seine Stimme leiser und leiser - wie bei einem Louis L'Amour-Held, der auf die untergehende Sonne zureitet. *»Die verrückten Schweine glauben ... meiner eigenen Mutter würde ich keine Fünfundsiebzig geben ...«*

Staley warf sein Bettzeug zurück und glitt mit nackten Füßen auf den Boden. Er fing an, den schmalen Raum auf und ab zu gehen, sein verkrumpeltes weißes Krankenkleid flatterte offen hinter ihm her.

»Sind die *Roma* dabei, sich zu versammeln?«

Lulu nickte, runzelte dann die Stirn. »Ja. Ich achte darauf, daß sie dem Krankenhaus nicht zu nahe kommen – du bist zu krank, um Besuch zu empfangen. Aber ...«

»Aber du hast ganz recht, Lulu Schatz. Wir werden sie nicht viel länger zurückhalten können. Schätze, es ist an der Zeit, sich mit Hawkins zu einigen.«

In diesem Moment drehte sich der Türknauf. Mit bemerkenswerter Behendigkeit sprang Staley in sein Bett und zog die Decke hoch, während Lulu mit gleicher Eilfertigkeit aus dem Stuhl auffuhr und ein Glas Wasser an sich riß, um es ihm ins Gesicht zu schütten. Crichton trat ein und sah Staley flach auf dem Rücken, den schweißgebadeten Kopf auf dem durchnäßten Kissen von einer Seite auf die andere werfend.

»Ich hab Hawkins bis ins Ärztezimmer gehört«, hob Crichton entschuldigend an. »Hat er ...«

»Er war schrecklich beleidigend«, schniefte Lulu. Sie tupfte die Feuchtigkeit von Staleys schmerzverzerrten Zügen. »Er hat geflucht und meinen Karl mit Namen belegt ...«

Crichton seufzte. »Ich werde dafür sorgen, daß er nicht wieder hier reinkommt und Sie belästigt.«

Als die Tür sich hinter ihm schloß, grinsten sie einander an.

»Drei vier Tage sollten reichen«, sagte Staley.

»Ja, mein Teurer«, sagte Lulu warm.

In San Francisco war es eine Nacht für die Liebe. Und für Schwindeleien. Und vielleicht auch für eifersüchtiges Wüten.

Bart Heslip und seine Ein und Einzige, Corinne Jones, hatten gemeinsam über dem Parnaß ein Haus gekauft, welches in jenem Labyrinth kleiner Straßen lag, die sich an einer Seite der Twin Peaks nach oben wanden. Es war ein viktorianischer Bau mit dunklen Hartholzwänden und -böden, großen Vorderfenstern, einer altmodischen Schaukel auf der Veranda, die über eine klobige Balustrade verfügte, einer modernen Küche mit Mikrowelle und Elektroherd, den Corinne selbst installiert und sehr gern hatte.

Sie kam mit dem Sechs-Uhr-Bus, lief den Hügel hinauf, und fand Bart in der Küche – Lammkoteletts im Grill, Kartoffelpüree warm auf dem Herd, Rosenkohl in der Mikrowelle und einen grünen Salat auf der Theke, die er Kachel für Kachel selbst gefliest hatte.

»Mein Gott!« rief sie aus und wickelte sich in seine dicken schwarzen Arme. »Ein Wunder ist geschehen!«

»Nu hör aber auf, ich koch hier schließlich *'ne Menge . . .*«

»Popcorn in der Mikrowelle«, sagte sie, Deckel lüpfend, linsend, schnuppernd. »Hot-Dogs. Aber Lammkoteletts . . . und sogar welche mit Kreuzknochen . . .« Sie lachte über ihre Schulter hinweg in sein säuerliches Gesicht hinein. »Was willst du von mir? Du mußt doch etwas wollen . . .«

Unversehens grinste Bart sie an. »Wie wär's mit dir?« sagte er.

»Das kann arrangiert werden.«

Wurde es.

Eine Stunde später setzten sie sich bei Kerzenlicht zum Abendessen; Bart fuchtelte mit den Händen herum, als er ihr erzählte, wie wenig erfolgreich er bisher bei der Großen Zigeunerjagd gewesen war.

»Alle finden Autos außer mir! Sogar Trin Morales hat einen von denen gefunden, um Gottes willen! Morales!«

Im weichen Kerzenlicht schimmerten Corinnes schwarze Augen in ihrem herzförmigen braunen Gesicht. Sie war eine schöne Frau mit hohen Wangenknochen wie von einem ägyptischen Wandbild und mit einem breiten küßbaren Mund. Bart kam schon wieder in Wallung - nur vom Anblick ihres Gesichts.

»Du hast immer gesagt, er wäre ein sehr guter Detektiv.«

Heslip legte Messer und Gabel nieder, um noch etwas heftiger zu gestikulieren.

»Und ein Hurensohn, im Gegensatz zu andern Latinos, ich weiß. Der Punkt ist, er weiß kein bißchen mehr über Zigeuner als ich, aber er hat 'nen Treffer gelandet. Larry hat seine Hellseherin, die ihn mit Tips versorgt, Giselle hat irgendeinen geheimen Informanten, O'B hat gerade einen beim Cow Palace eingesackt, der Große Weiße Vater ist unten in L.A. und schnappt sich einen nach dem andern . . .«

»Und der arme kleine Bart Heslip steckt als Pseudohausmann daheim und backt Plätzchen für sein geldverdienendes Schätzchen.«

»Tja, das trifft's verdammt gut.«

Sie lachten beide und stießen ihre Weingläser zusammen; und das Telefon klingelte dazu. Corinne wischte sich den Mund ab, während sie aufstand.

»Das wird das Büro sein.«

Im vorigen Jahr war sie Leiterin des Reisebüros geworden, in dem sie seit ein paar Jahren schon gearbeitet hatte; sie und Bart unterhielten sich sogar darüber, ob sie sich nicht einkaufen sollten, wenn sich der derzeitige Eigentümer zur Ruhe setzte. Die Beförderung hatte mehr Geld bedeutet, aber die Rezession hatte die Agentur dazu gebracht, jeden Werktag bis sieben Uhr am Abend geöffnet zu lassen, und wenn es irgendwelche Probleme gab, dann landeten sie für gewöhnlich bei Corinne, auch wenn sie schon Feierabend gemacht hatte.

Es war jedoch die vertraute Stimme von Giselle Marc, die sich meldete. Nach dem Hallo-Hallo sagte Corinne: »Ich hab gehört, Du hast einen mysteriösen Zigeunerinformanten ganz für dich allein.«

»Mysteriös stimmt«, sagte Giselle. »Ein rätselhafter Telefonanruf, der mich auf eine Spur gebracht hat, die zu Larrys Hellseherin führt.«

»Eifersucht unter Zigeunern?« fragte Corinne.

»So was in der Art, vielleicht weiß ich heute abend mehr.« Rasch fügte sie hinzu: »Sag Bart nichts davon, er würde es Larry erzählen und –«

Corinne kicherte. »Hab ich dich erwischt!« Giselle hatte ihr alles über Yana erzählt, auch wie sie Larry in ihren Klauen hatte.

»Da wir gerade von deinem Hünen sprechen – ist er in der Nähe?«

»Ist er, und zwar griesgrämig wie ein Bär.«

»Dann glaube ich, habe ich ein paar gute Neuigkeiten für ihn.«

Heslip stand schon neben ihr, als sie sich umdrehte, um nach ihm zu suchen; er wußte stets, wann sie gerade mit Giselle redete. Die beiden Frauen hatten gemeinsam ein paar Dinge durchgemacht, die aus ihnen dieselbe Art wirklicher Freunde hatte werden lassen, wie er und Larry es waren.

Er nahm Corinne den Hörer aus der Hand und zeigte ihr eine Kußschnute, als sie zum Abendessen zurückging, bevor es kalt wurde.

»Ed McMahon hat angerufen und gesagt, daß ich Millionen wert sei?«

»Fast so gut«, sagte Giselle. »Dan hat ein Druckmittel gegen Poteet, und der Kerl spuckt die Infos aus wie ein gedrillter Spielautomat die Münzen.«

Während sie durch Lammfleisch schnitt, sah Corinne, wie Bart sich Notizen machte. Sie kannte ihn so gut. Sie hatten sich, kurz bevor er die Boxhandschuhe an den Nagel gehängt hatte, kennengelernt, und seit Jahren haßte sie es, daß er Detektiv war, genauso wie sie es gehaßt hatte, daß er Boxer gewesen war, ja sie hatte sich sogar eingeredet, daß sie Dan Kearny haßte, weil der ihn zum Teilhaber gemacht hatte. Doch letzten Endes hatte sie kapiert, daß Bart sich über dieses Spiel definierte, und sein Spiel lautete *Ich gegen Dich*, egal ob im Ring oder draußen auf der Straße.

Ich gegen Dich, und keine Hautfarbe, kein sozialer Status, keine Bildungsunterschiede, über die man sich Sorgen machen mußte. Säumige Schuldner, Gammler, Unterschläger, Ausgebüchste, Betrüger, Verletzungssimulanten – sie waren alle gleich. Für Bart galt Ich gegen Dich, physisch, wenn man es so wollte, meist aber wurden sie in Grund und Boden gedacht, durch- und angeschaut, um sie fertigzumachen. In gewisser Weise billigte sie es sogar – sie konnte ihrem Mann diese Art Aufregung und Herausforderung nicht abspenstig machen ...

Jener schrieb und murmelte dabei: »Ja, ja, hab ich, mmhmm, Seattle ... Genau. Und das ist ... Okay, J-O-S-E-F, mit ›F‹, A-D-A-M-O. Und seine Tour ... Straßenbau. Wir haben eine Adresse oder ... Einfach neue Subunternehmer überprüfen, hä? Okay, ist klar. Und Chicago ... wart mal 'nen Mom ...«

Er griff nach einer neuen SOFORTVERFÜGUNG.

»In Chicago geht es um ... Mmmhmm, N-A-N-O-O-S-H ...

wie war noch der Nachname... T-S-A-T-S-H-I-M-O, Tsatshimo, stimmt das so?... Ja... Metallauflagen? Was zum Teufel sind... Okay, klar... Ja... Er benutzt wahrscheinlich seinen richtigen Namen?... Okay, sicher, ich ruf dich an und geb dir mein Motel, sobald ich eins habe... Ja, ich flieg noch heute abend. So schnell ich zum Flughafen kommen kann...«

Er redete noch ein paar Augenblicke lang, legte auf und wandte sich mit einem Gesicht zu Corinne, das vor Aufregung brannte.

»Schatzi, der olle Dan Kearny hat seinen Zigeuner in L.A. auf den Kopf gestellt und kräftig durchgeschüttelt. Und er hat -«

»Und er hat Seattle und Chicago genannt und ein paar Zigeuner mit Namen verraten, die wie seltene Krankheiten klingen.«

Er kicherte. »Wie klug du bist! Egal, ich muß -«

»So schnell du kannst zum Flughafen?«

Ihr reizendes Mona-Lisa-Lächeln machte Heslip bewußt, daß er mehrere lange Tage - und Nächte - fort wäre, fort von ihrem süßen Gesicht, ihrem süßen Körper und diesem süßen Geschiebe, von dem er vor kurzem noch gekostet hatte...

»Tja, Baby, Schnelligkeit ist relativ, nicht wahr? Ich muß mich mal kundig machen, wann ein Flug nach Seattle geht, hat ja gar keinen Sinn, stundenlang am Flughafen rumzuhängen... Was heißt das schon, ›schnell‹...«

Irgendwie aßen sie jenes prima Abendmahl, für das Hausmann Heslip stundenlang am Herd gestanden hatte, niemals ganz auf.

28

Ramon Ristik traf Teddy an der Tür. »Hast du das Ei?«

Teddy hielt die ramponierte gelbe Sporttasche hoch, so als befände sich der Hope Diamant darin. »Noch immer in meinem Reebok. Genau wie es mir Madame Miseria gesagt hat. Und das Geld, alles, was ich auftreiben konnte.«

Ristik nickte und trat beiseite, um ihn passieren zu lassen. Das alles war Teil des großen Hokuspokus, wenn auch Yana für die nächtliche Scharade noch nicht ganz bereit war. Sie hatten sich gestritten, um die Wahrheit zu sagen. Wegen des großen blonden *Gadjo*, zu dem Yana in einer Beziehung stand, die Ristik wirklich nicht durchschaute. Und der er keinerlei Vertrauen schenkte.

Aber Ristik hatte es aufgegeben: Schließlich, wer wußte schon, über welche Kräfte Yana *wirklich* verfügte? Ramon hatte im geheimen stets geglaubt, daß seine Schwester mit »einem Schleier über der Stirn«, wie das Geschenk des Zweiten Gesichts von den *Roma* oft umschrieben wurde, auf die Welt gekommen war.

Sie erschien am Kopf der Treppe, als Teddy diese zur Hälfte hochgehumpelt war - die Schlange, die sich in seinem Körper wand, war eine schlimme Sache. Yana steckte wieder in ihrem dünnen bunten Zigeunerkleid, heute abend jedoch hatte sie nichts darunter, so daß sich ihre wunderschöne Figur verschwommen im Gegenlicht abzeichnete.

Ristik akzeptierte die aufreizende Schau, Teddy warf sie aus dem Gleichgewicht. Aber den blonden *Gadjo*, den konnte er nicht akzeptieren. Woher kannte Yana den so gut? Und von wann? Sie benahm sich beinahe so, als wären sie einmal ein ... *Liebespaar* gewesen. Aber *Roma, Gadjo ...*

»Du bist gekommen«, sagte Yana mit dieser schaurig tiefen Stimme, derer sie sich nach Belieben bedienen konnte.

»J-ja«, bebte Teddy.

»Um zu sehen, ob das Böse ausgeschlüpft ist oder nicht.«

Yana war bezaubernder denn je, doch Teddy bemerkte, daß Schatten unter ihren Augen lagen - kunstvoll aufgemalt, was Teddy nicht wußte - und ihre Haut war blaß, durchsichtig beinah. Er bemerkte ebenso nicht, daß sie sich blaß gepudert hatte und daß die papageienbunten Kleider dazu dienten, den Effekt noch zu verstärken.

Sie sagte: »Den ganzen Tag fühle ich schon ... *eine Gegenwart ...*«

Teddy wurde in das *Bojoo*-Zimmer geführt. Flackernde Kerzen ließen Schattendämonen in den Ecken tanzen. Sie setzten sich einander gegenüber an den Tisch. Keine Kristallkugel heute abend; statt dessen eine einzelne kleine knochenfarbene Keramikschüssel wie jene, in der sein Geld geblutet hatte. Ristik war verschwunden. Yana ergriff beide Hände Teddys fest mit den ihren.

»Laß uns jetzt zu Jesus Christus, dem Erlöser, beten«, sagte sie.

Teddy geriet in Panik - er hatte seit Jahren nicht mehr gebetet, und so fiel ihm nichts anderes ein als »geh zur Ruh und drücke beide Äuglein zu«. Yana hob zu einem Ave Maria an, hörte jedoch plötzlich auf und gab seine Hände frei.

»Es ist nicht gut!« rief sie barsch. »Die Emanationen sind zu stark . . .« Mit einem jähen wilden Blick spießte sie ihn auf. »Du hast alles Geld mitgebracht, das du auftreiben konntest?«

»Ja«, sagte ein verängstigter Teddy. Er sagte nicht, daß er geschummelt hatte, daß es nur alles war, was er auftreiben konnte, ohne die Anlagen, die sein Stiefvater ihm hinterlassen hatte, flüssig zu machen. »Mehr als fünftausend Dollar. Aber . . .«

»*Aber!* Willst du sterben?«

»Nein, aber –«

»Elendig verrecken?«

Teddy sackte in seinem Stuhl zusammen. »Nein.« Seine Glieder zuckten. Schweiß rann ihm übers Gesicht. Yana wurde wieder sanfter.

»Vielleicht kommt es auf das Geld nicht an.«

Wie aufs Stichwort trat Ristik in Erscheinung - blaß. »Die Omen sind schlecht! Du darfst das nicht tun!« Aber sie winkte ihn fort.

»Ich muß. Laß uns allein. Sei bereit, wenn ich laut schreie.«

Er schien sich gegen sie zu wehren, verschwand aber schließlich wieder schweigend durch die Vorhänge.

Yana wandte sich wieder an Teddy. »Leg das Ei auf den Tisch.«

Er öffnete seine alte gelbe Sporttasche und nahm den Reebok raus. Wenn er sich auch albern dabei vorgekommen war, das Ei in den Schuh zu legen, jetzt war dieses Gefühl verschwunden.

Jetzt fühlte er sich verwirrt, verängstigt, fiebrig. Vorsichtig holte er die Sportsocke, in die er das Ei gewickelt hatte, aus dem Schuh. Vorsichtig legte er das Ei neben die Schüssel.

»Wenn der Dämon nicht geschlüpft ist, wird das Ei rein sein. Wenn doch ...« Ihre Stimme verhallte voll Grauen.

»Wodurch ... werden wir es ... wissen?«

»Wir werden es wissen.«

»Und wenn es ... wenn es im Ei *ist*, was passiert dann?«

Sie flüsterte es nur. »Es wird von dem Ei auf mich übergehen.«

Sie nahm das Ei und rollte es sanft zwischen den durchgedrückten Handflächen. Sie fing dabei zu zittern an. Plötzlich – mit einem einzigen konvulsivischen Zucken ihres Handgelenks – zerbrach sie das Ei am Rand der Schüssel. Sie beugte sich vor.

Wie Teddy. Er blickte in die Schüssel. Er schrie.

Ein winziger gallengrüner Teufelskopf mit schwarzen Augenbrauen wie Ausrufezeichen, schwarzem Ziegenbart und zwergenhaften, funkelnden Hörnern starrte ihn an. Winzige böse Augen brannten sich durch die schleimige Masse am Boden der Schüssel rötlich in die seinen.

Gerade als er es gesehen hatte, sprang Madame Miseria auf ihre Füße, wirbelte dreimal um die eigene Achse und stürzte auf den Teppich, wo sie sich hin und her wälzte, kreischend und zähneknirschend. Ristik war mit einem Satz im Zimmer, packte sie an den Schultern und versuchte sie festzuhalten.

»Hilf mir!« schrie er. »Der Dämon ist aus dem Ei auf sie übergesprungen! Zur Hölle mit dir, so hilf mir doch!«

Der verängstigte Teddy warf sich auf sie, doch sie war ungeheuer stark. Ihre strahlenden Zähne schnappten wie die eines Hundes nach seinem Gesicht, knapp nur verpaßten sie seine Nase. Ristik stimmte einen Zigeunergesang an. Die Windungen und Zuckungen ihres Körpers unter dem von Teddy waren wie schamlose Fickbewegungen. Er ekelte sich vor sich selbst: Sogar da sie um *sein* Leben kämpfte, wollte er sie sexuell besitzen!

Ihre Schüttelkrämpfe wurden schwächer. Schließlich hörte die Zappelei ganz auf. Ristik stand schnaufend auf, lehnte sich an den Tisch und sah auf sie herab. Er bekreuzigte sich.

»Es ... es ist ... fort.«

Yana setzte sich auf, ein Ausdruck von Benommenheit lag auf ihrem Gesicht. Sie war patschnaß. Heiser flüsterte sie, ihre Stimmbänder waren vom Kampf mit den Kräften des Bösen gezerrt: »Der ... Dämon ist sehr stark.«

Sie kämpfte sich auf die Beine. Teddy tat es ihr gleich und konnte sich nicht beherrschen, wieder in die Schüssel zu schauen. Der Teufelskopf war fort!

»Ja«, nickte Yana. »Vom Ei auf mich. Beinahe hätte er mich geschafft, aber jetzt ist er dorthin zurück, wo er hergekommen ist.«

Teddy wußte, was das hieß. Er wußte, was zu tun war.

»Also ist mein Geld –«

»Verflucht. Genau, es ist verflucht.«

Der Wirbelwind des wandernden Dämonen hatte seine Sporttasche vom Tisch gefegt; das Geld aus der Papiertüte lag auf dem Boden verstreut.

Während Teddy noch gebannt darauf starrte, flüsterte Madame Miseria: »Es ist die einzige Chance. Nur dann wird der Fluch verschwinden.«

Ristik hatte eine metallene 120-Liter-Abfalltonne, einen Schürhaken und eine Schachtel mit dekorativen Kaminzündhölzern, die ungefähr dreißig Zentimeter lang waren, hereingebracht. Yana sammelte das Geld auf und faltete die Papiertüte, in der jetzt wieder das dicke Bündel Noten steckte, oben sorgsam zu. Sie ließ das ganze Päckchen unter ihr Oberteil gleiten und kreuzte die Arme davor.

»Du hast die Kraft, das zu tun, was getan werden muß?«

Teddy richtete sich auf. »Ja.«

Sie zögerte, dann zog sie das fest zugefaltete Päckchen wieder aus ihrem Oberteil heraus und drückte es ihm in die Hand. Ristik zuckte unwillkürlich zusammen und gab einen erstickten Ton von sich. Yana beachtete ihn nicht, zündete eines der langen Streichhölzer an und reichte es Teddy. Ihre Augen glühten, ihre Stimme wurde tiefer.

»Theodore Winston White der Dritte ... *verbrenne das verfluchte Geld!*«

Zitternd wie vor Schüttelfrost hielt Teddy die Flamme an eine Ecke des Päckchens. Eine Fahne Rauch stieg auf.

»Wirf es in den Eimer!«

Er gehorchte. Mit einem ZISCH! schossen von den zerknüllten, benzingetränkten Zeitungen Flammenzungen einen halben Meter über den Rand des Fasses hinaus, die sie beide zurückzukken ließen. Ristik kam mit dem Feuerhaken und schürte kraftvoll die Glut, da Yana mit ihrer festen, beinahe kehligen Stimme anhob zu singen: *»Te avis yertime mandartay te yertil o Dei, te avis yertime mandartay te yertil o Dei . . .«*

Die Flammen erloschen. Das Geld war fort. Sie umarmte Teddy.

»Du bist sehr stark gewesen«, sagte sie. »Sehr tapfer.«

»Und der Fluch . . . was ist mit dem?«

Sie zuckte mit den Schultern in der unnachahmlichen Zigeunermanier. »Wir werden sehen, ob das Geld genug gewesen ist. Geh nach Hause. Fühle dich ganz so, als sei die Schlange in deinem Körper verkümmert – vielleicht brauchst du mich überhaupt nicht mehr.«

»Ich werde Sie immer brauchen!« schrie Teddy verzweifelt. Er konnte den Ungewißheiten des Lebens ohne ihre Hilfe nicht ins Auge schauen.

Aber sie war durch die Vorhänge geglitten und fort. Teddy sah sich mit fester Hand von Ristik aus dem *Ofica* die Treppe hinunter- und auf den abfallenden Romolo Place hinausgetrieben.

Ristik kehrte zurück und wurde von seiner Schwester durch das Zimmer gewalzt, die ganz euphorisch war über den Erfolg der »Verbrennung« – der Trick trug diesen Namen, da kein Beweisstück übrigblieb, da alles angeblich verbrannt war. Im schummerigen Licht der Kerzen trollten ihre Schatten umher wie die von tobenden Kobolden.

»Ich war so gut wie noch nie . . .«

»Als du ihm das falsche Päckchen für das Feuer gegeben hast –«

»Hast du den Tausch bemerkt? Die glatteste . . .«

»Wenn er hineingesehen hätte –«

»In dem Päckchen war Spielgeld . . .«

Yana zog Teddys 5000-Dollar-Päckchen aus der Innentasche

ihres Oberteils und legte es auf den *Bojoo*-Tisch. Daneben legte Ristik den winzigen handgeschnitzten Teufelskopf, den er aus der Schüssel gefischt hatte, gerade bevor Teddy aufgestanden war. Kurz nachdem er die Sporttasche auf den Boden gewischt hatte, damit das Geld herausflog.

Yana deutete auf das Päckchen. »Die Hälfte gehört dir.«

Ristik protestierte nur schwach. »Du hast die ganze Arbeit gehabt ...«

»Gleiche Partner, mein Bruder.« Wieder umarmte sie ihn und lachte ihn an. »Geh schon! Zum Pokern oder zu deinem Würfelspiel ...«

Er lachte beinahe ein wenig verlegen, als er 500 Dollar nahm. »Bewahr den Rest für mich auf, Yana. Andernfalls würd ich doch alles einfach verspielen.«

»Wir werden mit der Friedhofsgrabung noch viel mehr als das hier kriegen.«

»Du glaubst ernsthaft, daß er mit diesem Kram weitermacht? Was, wenn sich sein Ischias bessert?«

»Dann wird er noch immer *glauben*, daß es da wäre.« Sie streckte einen Fuß aus, wie eine Ballettänzerin beim *Pointe.* »Der würde diesen Schuh ablecken, wenn ich ihn darum bäte.« Ihr Lachen war nicht sonderlich nett. »Er gehört mir. Ich besitze ihn.«

Nachdem sie Ramon losgeworden war, lächelte sie ein geheimes Lächeln und ging sich parfümieren. Heute abend mußte sie nochmals ein Schicksal weissagen. Sie kannte Ramons tief verwurzelte Mißbilligung, aber sie brauchte Ballard, um den pinkfarbenen Cadillac zu schützen, um Königin der Zigeuner zu werden. Sie mußte ihn bloß dazu kriegen ...

Das Problem war, die Sache mit Teddy hatte sie sexuell erregt. Und Larry zu sehen würde diese Aufregung noch steigern und bündeln.

Von ihrem Aussichtspunkt im zurückgesetzten Eingang eines kleinen Lebensmittellädchens oben auf dem Romolo Place hatte Giselle gesehen, wie Teddy White Yanas *Ofica* betreten hatte. Sie hatte über dem *Caffe Latte* in Tuboron nicht versucht, ihm etwas auszureden: Jede Minute kam einer auf die Welt und so, und was Yana mit ihm anstellte, interessierte sie nicht die Bohne.

Unglückseligerweise interessierte sie es dafür um so mehr, was Yana mit Ballard anstellte - ewige Schande über sie. O Gott, wie ein eifersüchtiger Teenager benahm sie sich. Wegen *Larry*, der stets nie mehr als ein Freund gewesen war. Wenn er wüßte, was sie empfand - er würde sie auslachen. Doch hier stand sie und verzehrte sich.

Sie beobachtete den benommenen Teddy, der schließlich die Romolo in Richtung Broadway hinunterging - mit dem hinkenden, schwankenden Gang eines Betrunkenen. Und, da war sie sich sicher, ohne dieses alberne Ei, das in die Sportsocke gewikkelt war und in der Spitze seines Laufschuhs gesteckt hatte. Und ebenso ohne das Geld, wieviel es auch immer gewesen war, das er in die Sporttasche gestopft hatte. Armer Trottel.

Sie seufzte. Sie hatte ihre Zeit vergeudet - was hatte sie denn erreicht? Was hatte sie dazugelernt? Wer war wohl der größere Trottel?

Aber sie blieb noch immer.

Die Tür spie einen stolzierenden Ramon Ristik aus. Der Bruder, der sich jetzt freigenommen hatte, um den erfolgreichen Schwindel in irgendeiner Bar vielleicht mit einer Runde Poker zu feiern.

Und sie blieb noch immer. Worauf wartete sie nur? Wer fehlte denn noch?

Larry Ballard erklomm den steilen Hang des Telegraph Hill zu Madame Miserias Tür und wurde eingelassen.

Natürlich. *Das* war es, worauf sie gewartet hatte. Auf die endgültige Demütigung durch Yana. Oh, diese Schickse!

»Du bist gekommen.«

»Um mir die Zukunft vorhersagen zu lassen?« Ballard machte eine Frage daraus.

Yana zog ihn die Stufen hoch, ihre Hand lag heiß in der seinen. Und sie trug dieselbe Art wallender Seidenkleider wie damals beim ersten Mal in Santa Rosa. Er fand das derartig erotisch, daß er, während sie nur Hand in Hand den schummerigen, schmalen, vorhangverschleierten Flur entlanggingen, eine starke Erektion bekam.

Endlich brach er das Schweigen. »Hattest du heute abend ... hier eine Séance?«

»Eine Lesung. Theodore Winston White der Dritte.«

Es lag etwas Elektrisierendes in der Luft, eine Spannung, so greifbar, daß sie beinahe unangenehm war. Und sie schien so ungeheuer erregt - als hätte sie es gerade getrieben. Er sagte sich, daß es nichts als irgendein Schwindel gewesen war, nichts Körperliches, aber er verspürte einen Stich von Eifersucht.

Er bemühte sich, seine Stimme normal klingen zu lassen: »Erfolgreich, hoffe ich.«

»Sehr.«

»Für ihn oder für dich?«

Im *Ofica* war es schummerig, und er konnte den Geruch ausgeblasener Kerzen riechen; das einzige Licht kam von der glühenden Kristallkugel, die sich wieder auf dem Tisch befand - es war wunderschön und kühl und aufwühlend. Sie blieb stehen und drehte sich derart abrupt um, daß er mit ihr zusammenstieß. Ihr Körper preßte sich der Länge nach gegen den seinen. In ihren Augen bündelte sich das Licht wie in denen einer Katze.

»Für mich«, sagte sie mit leiser eindringlicher Stimme. Sie sprach beinahe in seinen Mund hinein. »Es war ein vergiftetes Ei. Eine grausame Täuschung, aber es ist nur ein *Gadjo*.«

Ballards Arme hatten sich erhoben, sich um sie geschlossen. Unter der dünnen Seide war sie nackt, ihr Körper bei seiner Berührung beinahe fiebrig. Ihrer Kehle entwich ein kleiner verzweifelter Ton. Sie durfte das nicht. Sie war *Roma*, Ballard *Gadjo*. Aber sie spürte dieselbe wilde Aufregung wie das erste Mal mit ihm. Sie gehörte keinem Mann und keinem Weltbild an: Sie gehörte nur sich selbst. Und deshalb konnte sie sich jedem Mann hingeben, den sie begehrte, *Roma* oder *Gadjo*, ganz gleich, nicht wahr? Ja!

Ihre Münder trafen sich, ihre Zungen suchten einander. Ihre Körper begannen, sich in jenem ältesten Rhythmus des Lebens zu bewegen, sogar noch als sie zu Boden sanken, sogar noch als seine Hände unter die seidenen Kleidern glitten, ihr wartendes Fleisch öffnen, sogar noch als ihre Hände auf beinahe wunderbare Weise seinen versteiften Stachel befreiten, so daß er in sie stoßen konnte.

Über ihnen verglomm die kristallene Kugel.

Als das schummerige Licht im vorderen Zimmer erloschen war, verließ Giselle ihren Beobachtungsposten - sich durch die Demütigung beinahe gerechtfertigt fühlend. Kein Wunder, daß Dan Kearny die DKA von häuslichen Ermittlungen fernhielt: sie waren erniedrigend. Davon hatte Giselle Marc genug - für immer.

29

Ken Warren saß auf der Ecke der Couch und sah auf seine Armbanduhr. Nicht ganz sechs Uhr in der Früh. Er gähnte, versuchte aufzustehen und fiel mit einem überraschten Ächzen wieder zurück in seine Sitzhaltung. Er mußte die Hände auf seine Knie legen und feste drücken, um in eine aufrechte Haltung zu gelangen - seine Knie knarzten wie trockener Zunder. Scheiß Couch. Erstens alt und zweitens nicht sonderlich gute Qualität.

Unter der Dusche, die heiß genug war, um ihn krebsrot zu färben, dann kalt genug, um seine Zähne klappern zu machen, wurde ihm klar, daß er sein Bett zurückhaben mußte. Was bedeutete, daß er für Maybelle eine Wohnung finden mußte.

Gestern hatte er ihren Connie zum Händler zurückgebracht, nur um dann später, als er wieder ins Büro kam, einer gereizten Giselle begegnen zu müssen.

»Ah... schnelle Arbeit mit dem Continental, Ken.« Er zuckte mit den Schultern, aber sie ließ ihn nicht los. »Hast du... äh... irgendwelche Schwierigkeiten gehabt?«

Er heuchelte Erstaunen. »Nneinumdechzich un pfett un fschwahtz?«

Sie stemmte die Hände in die Hüfte und versuchte ihn so lange anzustarren, bis er wegblicken würde.

»All das«, sagte sie. »Und außerdem 'ne Nutte. Aber auch ein Mensch, der etwas Anstand und ein bißchen Glück verdient hat.«

Ken klopfte ihr auf die Schulter, ging um sie herum und hoch, um seine Berichte zu tippen. Als er eine Stunde später wieder aufsah, lehnte Giselle im Flur, die Arme verschränkt, wartend.

»Du weißt, daß sie in diesem Auto geschlafen hat?« Warren nickte und haute weiter in die Tasten. »Und wo wird sie jetzt schlafen?«

Widerwillig sagte er, ohne das Tippen zu unterbrechen: »Ssie gchat Pfreundä.«

Sanft: »Danke, Ken.« Als er wieder hochsah, war sie fort.

Nichts von all dem half seinem schmerzenden Rücken. Sofort würde er Maybelle seine Wohnung überlassen und in ein möbliertes Zimmer ziehen - aber damit wäre sie niemals einverstanden. Nein, sie mußte eine ehrliche Arbeit finden, mit der sie mehr verdiente als mit Akkordarbeit in einer Wäscherei, und die es ihr erlaubte, eine eigene Wohnung zu unterhalten.

Als er den eisigen Nadelstrahl abdrehte und sich kraftvoll mit dem Handtuch abrubbelte, fing er an zu lachen. Sie war groß, stark und voller Eifer, und der Job lag auf der Hand. Er würde die Sache schon organisieren.

Inzwischen hatte er alle einfachen Fälle, die die DKA-Bande für ihn hatte übriggelassen, erledigt. Heute wollte er sich den härteren zuwenden.

Giselle wollte heute Angelo Grimaldi.

Sie würde seinen Schwindel aufdecken und ihm dann die große schwarze Limousine abnehmen. Zum Teufel mit Larry Ballard und seinem Zigeunerflittchen. Heute war sie Boadicea, Königin der Briten zu Kriegszeiten, welche Römische Legionäre mit den blitzenden Klingen, die an den Rädern ihres Streitwagens befestigt waren, blutig zerfetzte.

Da sie sich in das St. Mark begab, trug sie zartgelbe Seide unter ihrer leichten langen Lederjacke, und sie hatte sich ein sehr teures, beinahe zigeunerhaft buntes Seidentuch um den Hals geschlungen. Ihr Aktenkoffer, in dem sich all ihr Handwerkszeug befand, sah aus, als enthalte er hochexplosive juristische Unterlagen. Niemals würde jemand einen hartgesottenen Autodetektiv in ihr ausmachen.

Äh, eine Autodetektivin.

Boadicea - in ihrer Panzerung. Angelo Grimaldi - Hundefutter.

Es sei denn, sie schaffte es nicht einmal, von der DKA zur Kuppe des Nob Hill zu gelangen. Ihr Radio klärte sie auf: Die Wagenkolonne des Präsidenten kam gerade vom Flughafen an. Schließlich stellte sie ihr Auto auf dem Parkplatz eines Supermarkts ab und fuhr per Cable-Car.

Beim St. Mark angekommen, ging sie durch die schicke Drehtür in die ehrwürdige, mit dicken Teppichen ausstaffierte Lobby und hätte beinahe die große blonde Empfangsdame, welche recht *simpática* schien, gefragt, ob denn Angelo Grimaldi in seinem Zimmer zu finden sei; aber Interesse an ihm zu zeigen würde sie zu schnell verraten. Also ging sie statt dessen, den Aktenkoffer in der Hand, zu den Fahrstühlen. Erstmal in der Tiefgarage nachschauen - vielleicht hatte sie ja Glück.

Rudolph Marino, der einen weiteren 1200-Dollar-Anzug trug, kam gerade rechzeitig vom Café dahergebummelt, um die knackige blonde Schönheit in dem Fahrstuhl nach unten verschwinden zu sehen. Was für eine Wucht! Aber jetzt war keine Zeit für Blondinen, nicht einmal für derartig betörende. Und so winkte er seiner Gelegenheitsliebhaberin Marla zu - sie könnte ihm noch immer einmal nützlich sein - und wartete auf den nächsten Fahrstuhl nach unten.

Unmittelbar vor seinem kontinentalen Frühstück hatte er den Empfänger am Zünder angebracht, der im C-4 Plastiksprengstoff unter der Rückbank seiner Limousine steckte, und damit war der Wagen scharf. Der Sender befand sich in seiner

Tasche. Ein fehlgeschlagenes Attentat auf den Präsidenten würde Rudolph Marino heute um 75 000 Dollar reicher machen.

Mein Gott, da stand sie, die lange schwarze Zigeunerlimousine, um die Angelo Grimaldi die Bank gebracht hatte! Giselle hatte vorgehabt, zunächst Grimaldis Schwindel aufzudecken und sich erst dann nach der Limousine umzusehen, aber das hier war natürlich noch besser. Mit dem Wagen in der Hinterhand konnte sie ihn vielleicht umdrehen. Er würde einen erstklassigen Informanten abgeben - besser noch als Dans Ephrem Poteet und um Lichtjahre besser als Larrys Zigeunerschlampe.

Die Tiefgarage war voll von Männern in grauen Anzügen, die kamen und gingen oder in kleinen Gruppen herumstanden und sich unterhielten. Giselle holte den Schlüssel raus, den sie für den Wagen hatte nachmachen lassen und marschierte kühn - von Kopf bis Fuß ganz die ehrgeizige junge Anwältin - zur schwarzen Limousine und steckte den Schlüssel in das Türschloß.

Just in diesem Moment wurde sie von hinten von einem halben Dutzend der grauen Anzüge gepackt; sie drehten ihr den Schlüssel aus der Hand, preßten sie mit dem Gesicht nach unten gegen den Kotflügel und bogen ihr die Hände auf dem Rücken nach oben.

Rudolph Marino trat hinter seiner Säule hervor, um nachzusehen, ob auch niemand in der Nähe seiner Limousine war, bevor er das C-4 unter dem Rücksitz in die Luft jagte - er trat hervor und sah, wie die Agenten des Secret Service seine knackige blonde Schönheit in die Mangel nahmen.

Devalesa! Sie mußte Giselle Marc, die Königin der Autodetektive sein! Auf der Stelle änderte er seinen Plan.

»Sie haben das Recht zu schweigen . . .«

Giselle spürte den kalten Stahl in ihre Handgelenke schneiden. »Nein! Ein Moment! Sie verstehen nicht –«

»Sie haben das Recht, sich einen Anwalt . . .«

»Das ist alles ein Mißverständnis –«

»Wenn Sie sich keinen Anwalt leisten können . . .«

»Ich habe nur versucht –«

»Hören Sie auf! Das ist eine Schande!«

Wie ein Peitschenschlag kam die Stimme, und es lag eine derartige Autorität in ihr, daß der untersetzte Mann im Brooks Brothers Anzug damit aufhörte, Giselles Rechte von dem schmutzigen Zettel in seiner Hand abzulesen. Selbst Giselle verbog sich trotz ihrer etwas unbequemen Position auf dem Auto, um zu sehen, wer das war.

Es war der schönste Mann der Welt.

Dunkle Haut ... rabenschwarze Ringellocken ... lange gebogene Wimpern ... kräftige Nase, herrlich geformte Lippen, ein kräftiges grausames Kinn ... zum Dahinschmelzen schön, romantisch, schneidig ... Offensichtlich ... *Angelo Grimaldi!* Wer zum Teufel er in Wirklichkeit auch immer war.

»Wer zum Teufel bist du denn, Jungchen.« Ein winziger Wiesel von Agent hatte sein Kinn hervorgestreckt.

»Der Mann der Lady.« Irgendwie stand Marino auf einmal neben Giselle und legte seine Arme um sie. »Liebling, bist du okay? Haben sie dir weh getan?«

Fast gelang es ihr, ein paar Tränen zu verdrücken. »Sie haben mir Angst eingejagt, Liebling, und sie haben mir diese kalten ... *Dinger* angelegt, und –«

Mit glühenden Augen wirbelte er zu ihnen herum.

»Nehmen Sie ihr sofort diese Handschellen ab! Meiner Frau unterläuft nur ein kleiner Fehler, und ...«

Das Wiesel hatte sich vor Marino aufgebaut und streckte die Hände aus. Er sagte: »Ihren Ausweis.« Marino bewegte sich nicht. Das Wiesel lächelte. Kein nettes Lächeln. »Nein? Das hab ich gern.« Er deutete umher. »Packt ihn dazu.«

»Das würde ich an Ihrer Stelle nicht tun«, sagte Grimaldi.

Giselle, die beinahe schon vergessen war, hatte es geschafft sich aufzurichten und herumzudrehen. Fast blieb ihr der Mund offen stehen, in Anbetracht der unglaublichen Chuzpe dieses Zigeuners, der sich Grimaldi nannte.

Er sagte: »Ich bin Ali Akbar Zuhrain, Zweiter Botschafter aus Kuwait, und ich bin in San Francisco, um mit Ihrem Präsidenten zu konferieren.« Pause. »Auf *seine* Einladung.«

Der Mann, der Giselle mit ihren Rechten vertraut gemacht hatte, sah verstohlen doch fiebernd die Einladungsliste durch.

»Ah ... Ali Akbar Zuhrain, hm, ja, er ... ist der, ähm, Zweite Botschafter. Und er hat einen Termin für, äh, drei Uhr nachmittags in der Präsidentensuite ...«

Grimaldi riß Giselles Zweitschlüssel aus der Hand des Mannes, der ihn ihr abgenommen hatte. Er stieß mit ihm gegen die Tür der Präsidentenlimousine. Er paßte nicht einmal in das Schloß.

»Sehen Sie? Verstehen Sie? Er paßt nicht.« Er wandte sich um und deutete quer durch die Tiefgarage. »Aber wenn Sie bitte dorthin blicken würden ...« Alle Köpfe drehten sich um. »Dort sehen Sie ein identisches Fahrzeug.« Er gab dem Mann den Schlüssel zurück. »Ich bestehe darauf, daß Sie diesen Schlüssel bei *diesem* Auto ausprobieren.«

Benommen dreinschauend, gingen die Männer fort. Giselle betete zu Gott, daß sie den richtigen Schlüssel nachgemacht hatte.

»Diese Limousine habe ich gestern bekommen, sie ist fast ein exakter Nachbau der anderen. Und meine Frau ist mit ihr noch nicht so richtig vertraut, und so ist sie an das falsche Auto gegangen - und ihr *Betes* seid über sie hergefallen.«

Das Wiesel sagte: »Ich möchte noch immer Ihren Ausweis sehen.« Da drehte sich der Schlüssel im Schloß, und die Tür von Grimaldis Limousine ging auf. Angehaltener Atem entwich den Kehlen, verlegene Stimmen erhoben sich entschuldigend.

Giselle spürte den Stahl von ihrem Handgelenk fallen.

Pietro Uvaldi war unterwegs nach draußen, er trug die neuesten überkandidelten Klamotten von Gianni Versace. Er öffnete die Tür, um auf den Brustkorb eines sehr großen, gräßlich groben Mannes mit kurzgeschorenem braunen Haar, spöttischem Gesicht und gestähltem, straffem, animalischem Körper starren zu müssen. Gerade drückte der Mann mit ausgestrecktem Finger auf Pietros Klingelknopf.

Ach du lieber Gott, ausgerechnet meine Klingel! Irgendwie gelang es Pietro, zu seiner normalen Stimme zu finden.

»Kann ... ich Ihnen helfen?«

Die entzückende, grobschlächtige Bestie sagte: »Tä Mähzehdes.«

»Mein Mercedes?«

»Tuut gmir leit, Junge, ter gkommt pmit mir!«

»Freddi!« schrie er, als er kapierte, was für ein Mann das war.

Gleichzeitig tänzelte er fast zum Garderobenschrank. Lernten die denn niemals dazu? Er kam mit der Schrotflinte zurück - mit dem Erfolg, ziemlich fest geohrfeigt zu werden. Und gleichzeitig wurde ihm die Flinte aus den Fingern gerissen, als wären sie aus Knetmasse.

»F...Freddi!« kreischte er.

»Tie Flüssel«, knurrte die Bestie mit ausgestreckter Hand.

Schlüssel. Das war es sicher, was er gemeint hatte. Schlüssel. Mein Gott mein Gott mein Gott! Mach das Tier bloß nicht noch wütender. Gleich würde Freddi aus dem hinteren Teil der Wohnung kommen und ihn pulverisieren ...

Die Bestie nahm ihm den Schlüssel aus den zitternden Händen, drehte sich herum, um zu gehen - und Freddi startete seinen Angriff: brüllend, mit ausgestreckten Armen, den Kopf gesenkt, um ihm einen Stoß mit demselben zu verpassen, so wie er einst den armen Larry Ballard niedergestreckt hatte.

Timing ist alles. Im einmalig perfekten Augenblick unmittelbar vor dem Aufprall hob der große Mann die Schrotflinte neben seine Wange und drehte seinen Kopf ein klein wenig zur Seite. Freddi knallte mit einem *KLONG!* kopfvoran in den hölzernen Gewehrgriff - wie ein Dickhornschaf beim rituellen Kampf. Freddis Füße stiegen in die Luft, einen guten Meter schwebte er über dem Boden. Von wo er wie ein Stück Fleisch auf seinen Rücken krachte.

»Du hast ihn *umgebracht*!« kreischte Pietro. Der große Mann, der sich wieder abwandte, schüttelte den Kopf. Pietro ließ seinen Liebhaber einen Moment allein, um ihm hinterher zu rennen - er umklammerte ihn von hinten, versuchte, seine Hand zu küssen, und jammerte: »Geh nicht weg! Ich liebe so gebieterische Männer wie Dich!«

Der gebieterische Mann sagte: »Pfuck off.« Und war verschwunden.

Erst dann kniete sich Pietro nieder, um seinen bewußtlosen Freddi zu umsorgen. Doch selbst dabei gehörten seine Gedanken ganz der entzückenden gräßlichen Bestie, die Freddi einfach *auseinandergenommen* hatte.

Selbst noch, als er zu seinem gefallenen Beschützer flüsterte. »Mein armer, armer Liebling ...«

30

»Mein armer, armer Liebling«, stieß der Mann aus, der sich Grimaldi nannte, und fing an zu kichern. »Sie haben mich sehr schnell verstanden, Giselle, und auch gleich mitgespielt ...«

»Was hatte ich denn für eine Wahl? Und woher wußten Sie eigentlich von dem - wie heißt er noch? Dem Zweiten Botschafter? Ali Akbar Zuhrain?«

»Ich habe das Programm des Präsidenten im *Chronicle* gelesen.«

»Und wie kommt es, daß Sie meinen Namen kennen?« Beinahe eine Anklage.

»Wer glauben Sie denn hat Ihnen die telefonische Nachricht hinterlassen, die Sie zu Theodore Winston White dem Dritten geführt hat?«

»Ihr richtiger Name ist nicht zufällig Rudolph, oder?«

Er warf ihr einen überraschten Blick zu. Marino kutschierte mit der eleganten langen Limousine von der California Street zu den friedlichen, breiten Prachtstraßen der Pacific Heights.

»Sie sind wirklich gut, Sie sollten Zigeunerin werden.«

»Rudolph wie weiter?«

»Schauen Sie in Ihre Kristallkugel.« Dann zuckte er die Achseln. »Marino.«

Giselle ließ ihr Fenster herunter, und der Wind wehte durch ihr blondes Haar. Sie legte ihr Seidentuch auf den Sitz und fing an, mit der rechten Hand im Fahrtwind Flugzeug zu spielen, so wie sie das früher, als sie noch klein war, immer gemacht hatte, bei Autoausflügen mit ihrer Familie. Dieser Marino war genau die Sorte Kerl, die sie in ziemliche Wirren zu stürzen vermochte. Tja, dachte sie trotzig, womöglich waren derartige Wirren genau das, was sie brauchte.

Schmerzhaft beiläufig sagte sie: »Haben Sie je von einer Handleserin gehört, die sich Madame Miseria nennt?«

»Aha! Die kleine Yana hat Ihnen schon ins Ohr geflüstert.«

»Mir nicht«, sagte Giselle voll Bitterkeit.

Urplötzlich hatte er eine Erinnerung und Eingebung. »Einem großen blonden Mann vielleicht? Adlernase, Adleraugen?«

Bestürzt japste sie: »Woher kennen . . .«

»Zigeuner kennen die Welt.« Nachdenklich nickte er vor sich hin. »Die liebe, süße, kleine Yana. Ich möche wetten, daß sie gesagt hat, sie kennt mich nicht . . .«

»Sie will Sie nicht einmal getroffen haben.«

Marino verspürte auf einmal den gefährlichen Drang, dieser *Gadjo*-Frau die ganze Wahrheit über sich zu erzählen. Statt dessen begnügte er sich mit Tatsachen.

»Wir sind zusammen aufgewachsen. Wir sind miteinander verlobt worden – da war sie sieben, und ich war fünfzehn.«

»Also ist sie außerdem noch eine Lügnerin!« Triumphierend.

»Können Sie ihr das übelnehmen?« Seine Sanftmütigkeit hätte Yana sicher überrascht. »Ich will König aller Zigeuner werden, Yana will Königin aller Zigeuner werden. Einer von uns ist zum Scheitern verurteilt.«

Giselle sagte: »Wohl wahr.« Sanft. Sie war dabei, sich von ihrer Bestürzung zu erholen. Hilf ihm, schade ihr. Es gab schon einen Weg.

Er bog bergab in die Lyon Street und parkte vor dem schon lange verschlossenen Broadwaytor des Presidio. Sie stiegen aus, und der scharfe Katzenklogeruch des Eukalyptushains hinter dem Zaun schwappte über sie. Er bückte sich durch die hintere Tür, als Giselle um das Heck des Wagens herumkam. Sie sah, wie er einen kleinen Empfänger von einigen unauffälligen Drähten, die unter der Rückbank verschwanden, abtrennte.

»Ist das in diesem Jahr bei Limousinen serienmäßig?«

»Ich habe soeben eine Bombe entschärft.«

Er wartete darauf zu sehen, wie geschockt sie wäre, doch sie hob lediglich die Augenbrauen, damit er fortführe. Eine Frau, die einem *Roma* wohl würdig war!

»Tölpelhafte Terroristen waren dabei zu versuchen, den Präsidenten in die Luft zu jagen, doch glücklicherweise haben sie die falsche Limousine erwischt . . .«

»Nur, dann bin ich dazwischengekommen und habe versucht, die Limousine des Präsidenten einzukassieren, und damit habe ich all Ihre Pläne vermasselt.«

»Vermasselt?« Der Schalk schaute ihm aus den Augen, als er sie ansah. »Verbessert. Zum Secret Service habe ich gesagt, Sie wären die Frau des Zweiten Botschafters, aber zum Hotelmanager werde ich sagen, daß sie eine blonde Terroristin waren . . .«

Giselle schlug vor Freude über die Entdeckung ihre Hände zusammen.

»Erpressung! Das Hotelmanagement! Ich habe Ihnen zugearbeitet –«

Er sagte ein wenig pikiert: »Ich bin *Roma* und kein Erpresser.«

Umgeworfen von dieser Unvereinbarkeit lachten sie beide los.

Ken Warren hatte einst als Aushilfsuhrenableser für die Telefongesellschaft gearbeitet, und er hatte noch immer ein zwei Kontakte dorthin. Einer von diesen hatte ihn an diesem Morgen wissen lassen, daß Sarah Walinski einen neuen Anschluß in San Francisco eingerichtet hatte.

Seine Sarah Walinski, die früher mal Heslips Sarah Walinski gewesen war?

Nachdem er Uvaldis Mercedes 500SL zurück zum Händler gebracht hatte, fuhr er die langen schmalen Straßen auf den Bernal Heights entlang, von denen aus man Blick auf den James

Lick Freeway hatte. Bescheidene Reihenhäuser, die nach dem Zweiten Weltkrieg für die heimkehrenden Veteranen gebaut worden waren, deren Preise jetzt aber nicht einmal mehr bescheiden zu nennen waren. Arbeiterklasse, verschiedenste Rasen, genau die richtige Art anonymer Hasenkästen, in denen seine Sarah einen Bau beziehen würde.

Heslip sagte, sie sei groß und schnell und stark und ohne jede Hemmung, was Gewalt gegen andere anbelangte, und das ließ Ken wachsam sein. Einerseits konnte man eine Frau nicht schlagen, nicht einmal, um sich zu verteidigen, andererseits wollte er es aber auch weder mit der Axt noch mit der Kaffeekanne zu tun bekommen. Noch wollte er sie in Alarmzustand versetzen und zuschauen, wie sie wieder abhaute, also mußte er irgendwo anders anfangen, nach ihr und ihrem Wagen zu suchen. Also ein wenig durch die Gegend gondeln, mit ein paar Barmännern reden, die einheimischen ...

Als er jedoch gerade von Jarboe hügelaufwärts fahren wollte, fuhr ein Dodge Charger vorbei und hielt auf der anderen Straßenseite - mit der Schnauze bergab. Die richtige Adresse. Das richtige Baujahr. Die richtige Farbe. Das richtige Kennzeichen.

Der richtige Wagen!

In seinem Rückspiegel sah er eine Frau aussteigen und mit einem Twelve-Pack zu den vorderen Stufen gehen. Es war auch die richtige Frau, Barts Beschreibung nach. Ein Hydrant mit Gewichtheberarmen und wunderschönem braunem Haar, das in der Frühjahrssonne glänzte.

Auf der Kuppe des Hügels hielt er an, um die Gegebenheiten noch einmal zu überdenken.

- Sie hatte den Wagen in Jersey City gekauft und war abgehauen.

- Sie hatte einen anderen Autodetektiv mit der Axt verjagt und war abgehauen.

- Sie hatte Heslip eins mit der Kaffeekanne verpaßt und war abgehauen.

- Sie hatte ihren Freund ins Krankenhaus verfrachtet und war abgehauen.

Conclusio: Für Sarah und ihren Wagen hatte er nur einen Versuch.

Er gab ihr zwanzig Minuten - genug für einen Kronkorken weniger und einen in der Krone mehr - stieg dann aus, schloß seinen Wagen ab und achtete darauf, daß keinerlei Papiere auf dem Sitz oder auf der Ablage ihn als Autodetektiv verrieten. Unglückliche Menschen neigten zur Vergeltung, indem sie einem die Reifen aufschlitzten oder Zucker in den Tank streuten, bevor man zurückkam, um seinen eigenen Wagen wieder wegzufahren.

Sarah mußte auf ihrem Heimweg einen gezischt haben: Das Fenster des Wagens war heruntergelassen, die Tür unverschlossen, die Räder nicht eingeschlagen, so daß nicht einmal das Lenkradschloß eingerastet war. Die leichteste Lenkbewegung würde es einrasten lassen, aber wenn er den Leerlauf einlegen konnte und den Charger bergab rollen lassen würde - heraus aus der Sicht des Hauses, bevor er ihn kurzschloß ...

Er öffnete die Handbremse, ließ ihn rollen. So weit, so gut, aber da er das Lenkrad nicht bewegen durfte, konnte er auch nicht lenken. Als er auf die Kreuzung im Flachen stieß, war er schon auf der falschen Spur. Und dann verlor er seinen Schwung. Und blieb stehen.

»Grrrrr!« bemerkte Ken Warren.

Er warf einen Blick den Hügel hinauf - nichts - und bückte sich unters Lenkrad, um an das Zündschloß zu kommen.

»Probleme, Jungchen?«

Ken tauchte unter dem Armaturenbrett auf, die Finger noch immer dahinter, um die Unterlegscheibe am Zündschloß zu finden. Als er sich aufrichtete, berührte seine Schulter das Lenkrad.

Klick.

Jetzt war es eingerastet.

Ein Kopf schaute durchs Fenster. Ein Kerl von einem Straßenbautrupp um die Ecke, der Ken auf dem Weg nach oben aufgefallen war, jung, bullig, forsch, halb angriffslustig, auf der Suche nach etwas, was ihm die Zigarettenpause belebte.

»Gkneeh!« entwich es Ken verärgert.

»Was war denn das, Kumpel? Willst du was sagen?« *Warum*

konnte er nicht wie jedermann sonst reden? Warum nicht wenigstens dieses eine Mal? Er schwieg. Der Eindringling nicht. »Zündung im Arsch, was, Kumpel?«

Weiter Schweigen. Finger, macht, daß ihr vorankommt.

»Hey, wie hast du den denn hier runter auf die Kreuzung gekriegt - so ohne Schlüssel?«

Geschafft! Seine Finger drehten die Unterlegscheibe, als sein Blick auf den Rückspiegel fiel, den er verstellt hatte, um den Hügel beobachten zu können. Herrgottsakra, jetzt kam sie kochend aus dem Haus!

»Du kannst den hier nicht einfach auf der Kreuzung stehen lassen, weißt du, Kumpel.«

Das Zündschloß war draußen. Es gelang ihm, die Drähte zu lösen, aber selbst wenn er ihn anlassen konnte - mit dem Kerl hier, der halb durchs Fenster hing . . .

»SCHEISS DIEB!«

Das bullige Bürschlein drehte seinen Kopf - ließ seinen Ellbogen jedoch fest im Fenster. Ken riß die Drähte aus dem alten Schloß und fing an, mit ihnen an den Anschlüssen des neuen herumzufummeln.

»SCHEISS DIEB! DU SCHEISS DIEB HAST MEIN SCHEISS AUTO!«

Sie rannte jetzt, hügelab, wie von Sinnen, mit etwas Langem und Glitzerndem in der rechten Hand. Als Ken ansetzte, den Schlüssel in das mittlerweile angeschlossene Ersatzzündschloß zu stecken, packte der bullige Bursche seinen Arm, und der Schlüssel fiel herab.

»Hey du. Wem ruft die Schnepfe denn da hinterher?«

Er fummelte auf dem Boden nach dem Schlüssel, *da war er*!, steckte ihn wieder in das neue Schloß, das jetzt an den Drähten baumelte.

»Ich rede mit dir, Kumpel!«

Sarah kam den Gehsteig herunter, noch gute fünfzehn Meter war sie weg, das riesige Fleischermesser erhoben in der rechten Hand, bereit loszustechen. Mit verzweifelter Gelassenheit bemühte sich Ken mehr als je zuvor in seinem Leben um eine klare Aussprache.

»Mmeineh Frau!« gelang es ihm zu schreien.

Und der Schlüssel drehte sich. Der Motor sprang an.

Sarahs Schulter jedoch stieß das Bürschlein wie einen Heliumballon aus dem Weg, zu spät war es, das Fenster noch hochzudrehen – blitzschnell fuhr das Messer auf Kens ungeschützten Hals hernieder. Doch der Wagen rollte nach vorn, und so stieß die Klinge nutzlos gegen die Heckscheibe, und der Aufprall schlug Sarah das Messer aus der Hand.

Der verblüffte Bauarbeiter, der mitten auf der Straße platt auf dem Hintern saß, rief: *»Deine Frau? Kumpel, du hast aber Probleme!«*

Sarah war messerlos, rannte jedoch noch neben ihm her, krallte nach Kens Haaren, zerkratzte ihm das Gesicht, hielt sich am Türrahmen fest und wurde ein paar Meter mitgeschleift, bevor Ken anhalten konnte, um eine Verletzung zu vermeiden.

Nichts rührte sich. Wie eine brütende Henne saß er da, hilflos ihrer nächsten Attacke ausgesetzt. Sie holte mit der Faust aus, um ihn k. o. zu schlagen – ihr rotes wutverzerrtes Gesicht füllte das ganze Fenster aus.

Und Ken küßte sie auf die Wange.

Ihr Mund klappte vor Erstaunen auf, so wie ihre Faust. Ken drückte aufs Gaspedal, und der Charger zog Leine. Im Rückspiegel stand Sarah fassungslos mitten auf der Straße und starrte ihm nach. Dann hob sich ihr rechter Arm, wieder war die Hand zur Faust geballt. Doch die Faust löste sich auf. Dicke Finger fingen wie von selbst an ... *zu wedeln.*

Der Drache, von einem Kuß zur holden Maid verwandelt, winkte Ken Warren und ihrem Charger zum bittersüßen Abschied.

»Wenn weder Terrorist noch Erpresser, was dann?«

Sie befanden sich wieder in der Limousine und fuhren zurück gen Nob Hill. Marino gab Giselle und sich mit dem Zigarettenanzünder Feuer.

»Ein Ritter in glänzender Rüstung, um die Terroristen aufzuhalten.«

»Die es gar nicht gibt. Sie haben sie nur erfunden.«

Er klopfte auf die Tasche mit dem Sender. »Wer soll schon sagen, sie seien erfunden? Mit Beweisen wie diesen ... Und einer blonden Terroristin, die versucht hat, die Karosse des Präsidenten aufzubrechen ... Aber Sie sehen natürlich mein Dilemma. Sogar ein weißer Ritter braucht einen schwarzen Hengst, auf dem er zur Hilfe eilt.«

»Nur - ich habe eine Verfügung für Ihren Hengst.«

»Für das Roß eines Mannes, der sie vor Verhaftung, Schande und Qual bewahrt hat? Vielleicht sogar vor ...« Er zwirbelte einen imaginären Schnurrbart, und Giselle lachte; sie schien eine Menge mit diesem Mann zuammen zu lachen. »Etwas *Schlimmeres?* Aber *ich* ... ich werde Ihnen ein Angebot machen -«

»Das ich nicht ablehnen kann?«

»Genau! Ich werde Ihnen Cadillacs von Yanas Clan ausliefern.«

»Aber Sie haben die Autos doch in erster Linie für diese Leute besorgt!«

»*Devalesa* gibt, *Devalesa* nimmt. Yana ist dabei, *meinen* Clan an Ihren Freund mit der Adlernase zu verraten, nicht wahr? Also gestatten Sie mir, die Geschichte mit dem Hotel über die Bühne zu ziehen, und ich lasse Ihrer DKA eine Menge Autos zukommen ...«

Giselle drückte ihre Zigarette aus. Was hatte sie zu verlieren? Die Limousine würde er ihr ohnehin nicht geben, und sie konnte sie ihm schlecht abnehmen. Zumindest nicht jetzt. Und wenn er ihr die anderen Schlitten zum Fraß vorwerfen würde ... und dabei half, Yana zu zerstören ...

»Sagen Sie mir nur eins, Rudolph. Wer ist Angelo Grimaldi?«

»Wer anders wohl als das Sprachrohr des Mobs mit dem Angebot, die Terroristen gegen ein entsprechendes Entgelt auszuradieren.«

Giselle konnte sich nicht mehr halten. Das würde den Typen vom Hotel ja beinahe recht geschehen, wenn sie darauf reinfielen. Er fuhr fort.

»Wir werden eine Formel fürs Telefon vereinbaren: Sie sind eine Geschäftsfrau, die mich für einige Besprechungen im Hotel aufsucht; und ich werde Ihnen jeweils Zeit und Ort verraten, damit Sie recht viele Autos klauen können.«

»Zurückführen«, sagte sie automatisch.

»Was auch immer.« Er hielt inne. »Abgemacht?«

»Abgemacht.«

Er reichte ihr die Hand und schüttelte feierlich die ihre. Ballard hatte *seine* Informantin, dachte sie trotzig, jetzt hatte sie ihren. Einen beunruhigend attraktiven Informanten ...

Äußerst beunruhigend ...

31

Nachdem er Giselle bei ihrem Auto abgesetzt hatte, suchte Marino einen Fernsprecher und rief Gunnarsons Büro im St. Mark an. Er justierte seine Stimme auf die falschen arabischen Gutturallaute, derer er sich bei seinem vorangegangenen Drohanruf schon bedient hatte, und wurde immer aufgeregter und aufgeregter, sprach schneller und schneller in immer höherer und höherer Tonlage.

»Heute morgen sind wir gescheitert, aber wir werden wieder zuschlagen. Sie haben sich uns widersetzt, und Sie haben jemanden von uns, also ist von jetzt an das St. Mark unsere Zielscheibe! Selbst wenn der Präsident unserer Vergeltung entkommt!«

Er legte auf. Zurück im Hotel ließ er Gunnarson die Nachricht zukommen, daß sie sich unbedingt jetzt und sofort treffen müßten und verschanzte sich derweil im Granatzimmer. Er schätzte die Chancen halbe-halbe, ob nun die drei Knickstiebel oder die Jungs vom FBI antanzen würden, aber er hoffte, daß Gunnarson und seine Mannen schon zu tief drinsteckten, um jetzt blind Alarm zu schlagen.

Er nahm einen Drink, dann einen zweiten, was ungewöhnlich für ihn war; und das nicht etwa, weil er nervös gewesen wäre wegen eines möglichen Eingreifens des FBIs, sondern weil ihn –

man mag's kaum glauben - Giselle Marc einfach umgehauen hatte.

Er *wollte* sie. Körperlich. Für gewöhnlich bestieg er *Gadje*-Frauen nur im Rahmen irgendwelcher Schwindeleien, die er gerade laufen hatte. Giselle war jedoch nicht nur umwerfend, sie war smart wie eine Zigeunerin, smart wie Yana. Trotz der Anziehung, die sie beide verspürten, würde sie ihn benutzen, während er sie benutzte, und das, fand er, war äußerst erregend.

Curly, Larry und Moe hielten auf dem Gang, um dem Maître mitzuteilen, daß andere Ober von ihrem Tisch fernbleiben mochten. Marino spürte, wie sich sein Körper entspannte. Kein FBI.

Und so eröffnete er als Grimaldi ihr Treffen mit dem Satz: »Glauben Sie mir jetzt endlich?«

»Glauben in Bezug worauf?« wollte ein sichtlich angegriffener Gunnarson wissen.

Marino bemerkte, daß seine Sorgen völlig grundlos gewesen waren. Ob sie das FBI hereinrufen würden? Diese Scheißkerle hatten nicht einmal die nötigen Vorkehrungen dafür getroffen - Vorkehrungen, die er wie Glas durchschaut hätte.

Grimaldi knurrte mit seinem Bronx-Akzent: »Was glaum Sie wohl? Die Terroristen. Die Blondine inner Tiefgarage heute morgen, die versucht hat, in den Wagen des Präsidenten zu steigen, um 'ne C-4-Plastiksprengstoff-Bombe zu plazieren, die sie später per Fernbedienung in die Luft hätte fliegen lassen.«

»Für was für Trottel halten Sie uns eigentlich?« wollte der schwere, rothaarige Shayne wissen. »Die Frau des Zweiten Botschafters von Kuwait hat versucht, das falsche Auto aufzuschließen, und Sie versuchen, eine Terroristin aus ihr zu machen?«

»Der Zweite Botschafter von Kuwait, ein gläubiger Moslem, hat also eine blonde Amerikanerin zur Frau?« konterte Marino vernichtend.

Shayne tobte: »Die Beamten des Secret Service' -«

»Sind dumm.« Nicht daß er das wirklich geglaubt hätte, es war nur so, daß er, seitdem er drei Jahre alt war, ständig irgendwelche Schwindeleien laufen hatte, und glücklicherweise hatten diese speziellen Beamten - all ihrer Bemühungen zum Trotz -

stets auf Granit gebissen. »Das war nicht Ali Akbar Zuhrain, der ihnen die Blondine wieder abgenommen hat.«

Der kleine vertrocknete Smathers blubberte. »Aber ... aber ... der Schlüssel hat in die Limousine des Zweiten Botschafters gepaßt, und sie sind zusammen weggefahren ...«

Beiläufig legte Grimaldi eine vollkommen harmlose Taschenlampe auf den Tisch, die aussah wie ein angeschwollener Kugelschreiber, und beachtete diese fortan nicht mehr. Mit dem Erfolg, daß die anderen ihre Blicke nicht mehr von ihr abwenden konnten.

»Ja«, sagte er sarkastisch, »klar. Sie haben es verstanden. Der Zweite Botschafter und die Terroristin sind gemeinsam weggefahren.«

»Sie wollen uns sagen«, spottete Gunnarson, »daß ein *zweiter* Terrorist dort unten hereinmarschiert ist, sie gerettet hat und dann in *seiner* Limousine mit ihr davongefahren ist? Ist es das?«

»Nein. Ich versuche Ihnen zu sagen, daß *ich* dort unten hereinmarschiert und mit ihr in *meiner* Limousine davongefahren bin - das ist es.«

Shayne kicherte. »Und wohin haben Sie sie gebracht?«

»Weg«, sagte Grimaldi kühl.

Smathers mußte auf einmal seine Brille absetzen, um sie mit seinem Tüchlein zu putzen. Wieder lag das Zittern in seiner Stimme, die jetzt kaum mehr als ein Flüstern war. »Es ... *gab* einen zweiten Anruf ... in dem es hieß ... wir hätten jemand der ihren ...«

Shayne hakte nochmals nach. Seine Stimme war tief, ernst und wütend. »Sie behaupten, Sie haben sich dieses Blondinchen geschnappt?«

Grimaldi beachtete ihn nicht und wandte sich statt dessen an Smathers.

»Meines Wissens gehen die für gewöhnlich dazu über, die betroffene Institution direkt zu bedrohen, wenn sie jemanden von ihren Leuten verlieren ...«

»Ts ... scha ... ja, der Anrufer hat ... uns bedroht, aber ...«

Grimaldi trommelte mit den Fingern auf den Tisch, legte die Stirn in Falten und sah sie der Reihe nach mit kalten Augen an.

»Sie haben nicht viel Zeit, meine Herren.«

Jählings fuhr Gunnarson auf: »Haben Sie irgendeinen Beweis, daß die Blondine eine Terroristin war? Gibt es irgendeinen Beweis für die Echtheit des Anrufs? Und gibt es irgendeinen Beweis dafür, daß Sie ...« Er stolperte über das Wort. »... sie beseitigt haben?«

»Wo der Beweis ist? Ich denk mir mal, daß Ali Akbar Zuhrain inzwischen sein Meeting mit dem Präsidenten hatte, oder irre ich mich?«

»Ja, aber –«

»Und das Hotel hat er mittlerweile verlassen, da er nicht hier wohnt?«

»Ich glaube schon, ja, aber ...«

»Zuhrain hatte keine Limousine dabei, das können Sie nachprüfen. Aber ich. Sie steht unten in der Tiefgarage, und auf dem Vordersitz liegt noch das Tuch der blonden Schnepfe, wenn Sie nachsehen möchten. Hier sind meine Schlüssel.« Grimaldi ließ sie vor Shayne auf den Tisch fallen. Shayne machte keine Anstalten, sie zu nehmen. Seine rötliche Gesichtsfarbe war ein wenig blasser geworden. Grimaldi deutete auf die harmlose Taschenlampe. »Das hab ich in ihren Klamotten gefunden ...« Er legte den Sender neben die Taschenlampe. »Und das in ihrem Aktenkoffer.«

»Was ... ist das?« bebte Smathers, der jetzt mindestens so alt schien, wie er war. Grimaldi schnippte verächtlich mit einem Finger gegen die Taschenlampe.

»Eine Minibombe. Darin befinden sich ein winziger Empfänger und ein Zünder –«

Blaß fuhren sie zurück. »Eine *Bombe?* Sind Sie –«

»Ich habe das C-4 davon entfernt. Der Kram ist harmlos.« Grimaldi klopfte auf den Sender. »Der Sender ist derzeit auf denselben Kanal eingestellt wie der Empfänger in diesem Ding. Wenn der Präsident erst einmal im Auto gewesen wäre, hätte sie nur –«

»Mein Gott!« Gunnarson sah aus, als wäre er kurz davor, ohnmächtig zu werden. »Und jetzt drohen sie dem Hotel ...«

Ein gefügiger Shayne hob an: »Was, wenn der Secret Service

oder das FBI oder die Polizei herausfinden ... wenn sie die Blondine finden ...«

»Sie ist rund dreißig Meilen vor der Küste schwimmen gegangen«, sagte Grimaldi. »Sie hat sich in irgend so einem Stück Eisenschrott verheddert, und dann ist sie aus einem kleinen Flugzeug gesprungen, das zufälligerweise knapp unter dem Radar der Küstenwache die Wellen überquerte.«

»Haben Sie –«

»Persönlich. Aber ihren Kadaver hat natürlich einer meiner Leute abgekippt.« Er sagte das ganz lässig, stand auf und steckte die harmlose Taschenlampe samt Sender ein. »Sie gab's gratis, aber die anderen werden was kosten, und zwar 75 Riesen innerhalb von 48 Stunden. Nach Ablauf der 48 Stunden kann ich nichts mehr für Sie tun. Meine Auftraggeber sind die Verzögerungen leid, und sie wollen eine Antwort.«

Gunnarson wischte sich mit einer der Stoffservietten den Schweiß von der Stirn. »Sie sprechen davon ... Leute *umzubringen!* Sie können nicht von uns erwarten, einfach –«

»Die haben vor, Sie zu töten«, sagte Grimaldi vernünftig.

Das 48stündige Ultimatum war ernst gemeint - denn länger konnte er nicht mehr Grimaldi bleiben; dann nämlich würde der echte Grimaldi von seinem Angelurlaub in Maine nach New York zurückkommen. Und wenn dieser sein Appartement geplündert und seine Kreditkarten gestohlen fand, würde er schreiend auf die Straße laufen, und ein paar Stunden später stünden seine Karten auf der Liste.

48 Stunden für 75 000 Dollar. Oder nichts.

Und das gleiche galt für Giselle Marc. Morgen würde sie ins Hotel kommen, und er würde ihr ein paar Tips bezüglich der Cadillacs von Yanas Leuten verabreichen. Und hinterher ... vielleicht ...

Es war fast Mitternacht, als Dan Kearny die Tür zum Büro öffnete. Er war direkt nach der Landung seines Flugs aus L. A. hierhergefahren und lieber nicht nach Hause, denn er hatte draußen so seinen Spaß gehabt und verspürte, hundemüde wie er war, plötzlich den Wunsch, wieder bei der DKA zu sein. Um die

Wahrheit zu sagen, was ihm am meisten Sorgen machte, war die Frage, was er und Giselle gegen die Berge von Altpapier und die Schichten von Staub unternehmen könnten, die sich angesammelt hatten, seit er den Reinigungsdienst törichterweise gekündigt hatte . . .

Wie angewurzelt blieb er in der Haustür stehen, die Schlüssel sinnlos in der Hand. Alle Lichter brannten, und das mitternachts, und das ganze Büro war pikobello sauber. Beinahe im Takt mit den Gospelsongs, die aus dem hinteren Trakt ertönten, wischte er mit der Hand über einen Schreibtisch - keinerlei Staub. Giselle mußte einen phänomenalen neuen Service gefunden haben, der . . .

Gospelsongs? Aus dem hinteren Trakt ertönten tatsächlich Gospelsongs!

Eilig ging er zwischen den verlassenen Schreibtischen und durch den offenstehenden Gang nach hinten. Neben Giselles Schreibtisch stand eine fette Schwarze von ungefähr 60 Jahren, die er niemals zuvor gesehen hatte. Sie trug schwarze Leggins und ein scharlachrotes Sweatshirt, und ihr Kopf war zum Schutz vor dem Staub in ein buntgemustertes Tuch gewickelt. In einer Hand hielt sie ein gewaltiges Sandwich, in der anderen einen Plastikbecher Kaffee. Ihre Augen waren geschlossen, sie wiegte ihren Kopf im Takt der Musik von einer Seite auf die andere und knödelte mit voller tiefer Altstimme schnulzig mit.

Das war der neue Reinigungsdienst?

»Ma'am, entschuldigen Sie . . . Ma'am . . . *Ma'am* –«

Sie ließ einen Schrei los und sprang auf, ihre Arme und Beine flogen in alle Richtungen, die Augen traten ihr aus dem Gesicht, sie war die vollkommene Karikatur einer vom Blitz getroffenen Negerin.

»Schon gut«, sagte Kearny besänftigend und machte mit nach unten gekehrten Handflächen kleine beschwichtigende Bewegungen mit beiden Händen. »Ich hab mich nur gefragt –«

Doch sie war in voller Fahrt, drückte auf die Stoptaste des Recorders, legte ihr Sandwich in eine Papiertüte, trank ihren Kaffee aus und warf die Tasse in einen großen Abfalleimer, der auf einem zweirädrigen Karren neben dem Schreibtisch stand, aus dem Besen und Wischmops herausragten. Und während sie umherflitzte, übergoß sie ihn mit einem Schwall schnellen Geschnatters.

»Sie ham mich fast zu Tod erschrocken, Sie müssen Dan Kearny sein, nich Sir, hier is alles fertig, war grad dabei zu gehen, Sir, ich eß grad noch mein Sandwich, und dann bin ich auch schon weg, ja Sir, hier is alles tiptop, wollt mir an keim Schreibtisch zu schaffen machen, ehrlich Sir ...«

Dann schob sie den zweirädrigen Karren samt Abfalleimer an, ging durch die Hintertür und war verschwunden. Kearny blinzelte ihr nach, so als hätte er gerade ein UFO gesehen, schüttelte dann den Kopf, verließ Giselles Büro und stapfte zu seinem Schreibtisch.

Er stand da und blätterte versonnen durch die wankenden Berge von Rechnungen, als er im Unterbewußtsein Stimmen wahrnahm, die vom zweiten Stock die schmale Treppe hinter seinem Schreibtisch herunterdrangen. Jemand, der noch ziemlich spät arbeitete. Dutzende von Akten. Sah aus, als liefe es hier besser ohne ihn ... als ... mit ... ihm ...

Die oberste Akte auf dem Stoß war PERNOD, MAYBELLE.

Maybelle Pernod, fett, schwarz und einundsechzig, die auf den Strich ging, um ihren unmöglich teuren Continental behalten zu können. Deren hartes Schicksal es Giselle so sehr angetan hatte ...

Und die neue Reinigungsfrau war fett, schwarz und wahrscheinlich einundsechzig ...

Und die Stimme, die er von oben hörte, gehörte Giselle – dazu ein männliches Grummeln, von dem er kein Wort verstand. Nein, das konnte sie nicht getan haben! Mit *dieser* Scheiße würde sie nicht davonkommen!

Kearny nahm je zwei Stufen auf einmal, eilte den Flur entlang zu einem Kabäuschen, in dem Ken Warren saß und tippte, einen dicken Stoß fertiger Berichte neben der Maschine. Giselle saß auf der Ecke des Schreibtischs, ließ ihre Füße baumeln und redete.

»... und diesen ausgeklügelten Coup führt er –«

Abrupt brach sie ab, als Kearny erschien.

»Nein«, knurrte er.

»Nein wozu?« Wenn sie stand, war sie etwas größer als er, und so rutschte sie vom Schreibtisch, um auf ihn herabzusehen, wie sie es stets tat, wenn sie sich in die Haare kriegten.

»Maybelle Pernod. Sie wird auf gar keinen Fall –«

Bwird tsie goch. Tas pfar gmeine Hidee!«

Kearny erstarrte vor Erstaunen, der Mund blieb ihm vor Staunen offen. Warren, der sein Sprüchlein aufgesagt hatte, tippte beharrlich weiter.

»Ken hat wie vorgeschrieben ihren Continental wieder einkassiert«, sagte Giselle schnell. »Sie wohnt jetzt in der Wohnung von einem Freund, bis sie ihr eigenes Ein- und Auskommen hat und sie auch etwas auf die hohe Kante legen kann.«

»Mag sein, tja, aber von uns kriegt sie nichts.«

Warren zerrte den Bericht aus der Schreibmaschine und stand auf. Er riß seine Windjacke von der Stuhllehne und steckte auch schon seinen Arm in den Ärmel – alles in einer einzigen Bewegung.

»Dtann gkündige gich!« rief er.

ABSCHLUSSBERICHT für WALINSKI, SARAH.

ABSCHLUSSBERICHT für UVALDI, PIETRO.

Der Kerl war der totale Crack. Kearny stellte sich Warren in den Weg, als der große Mann versuchte, aus dem Zimmer zu stürmen.

»Du kannst nicht kündigen«, sagte Kearny vernünftig. »Ich brauch dich, du mußt mit Trin Morales runter nach L. A., um ein paar Zigeunercadillacs zu überführen. Nebenbei bemerkt, deine Anmeldung ist noch nicht aus Sacramento zurück – und deine Gehaltserhöhung ist auch noch nicht ganz durch.«

Sturmwolken verdüsterten noch immer Warrens Augen. »Gnnmaybelle?«

»Vierzig Dollar die Nacht sind geschenkt, Dan«, sagte Giselle rasch.

»Hat man so was schon gehört?« fragte Kearny. »Vierzig Dollar die Nacht: geschenkt.«

Warren wirkte mit einem Mal nervös; er senkte den Kopf, murmelte etwas, sammelte seine Aktendeckel zusammen, klopfte Giselle auf die Schulter und war verschwunden.

»Was hat er gesagt?« fragte Kearny.

»Er muß Maybelle nach Hause fahren.«

»Dann ist *er* der Freund, in dessen Wohnung sie –«

»Genau. Er hat ihren Sohn in Vietnam kennengelernt. Das hab ich nicht gewußt, als ich ihm die erneute SOFORTVERFÜGUNG übertragen habe. Er hat sich auf die Socken gemacht, sie vor ein paar Arschlöchern beschützt und *dann* ihren Wagen kassiert.«

»Wie zum Teufel hast du denn diesen ganzen Kram herausgefunden? Mit mir spricht der Kerl keine zwei Wörter, und wenn er was sagt, kann ich –«

»Vielleicht weil ich zuhöre«, sagte sie. Kearny zuckte mit den Schultern, schüttelte zwei Zigaretten halb aus der Schachtel und bot sie ihr an. Sie nahm eine und fügte hinzu: »Und woher weißt du, daß ich wieder angefangen habe zu rauchen?«

Er deutete auf den Aschenbecher voller Kippen. »Warren war das nicht.«

Sie zündeten sich die Zigaretten an. Und ganz entspannt sagte Giselle: »Maybelle macht einen verdammt guten Job, oder etwa nicht? Das ist geschenkt $ vierzig –«

»Ja, ja, ich hab's vorhin schon gehört.«

Ballard und Yana kam es im selben Moment - sie stöhnten auf vor Wonne. Nach einem langen Moment, in dem die Stöße und Zuckungen erstarben, fielen sie voneinander und blieben auf dem Rücken liegen - schwitzend, schnaufend, das Plüsch über Yanas Bett durch das schummerige Licht anstarrend. Und unpassenderweise Händchen haltend.

Beinahe widerwillig rollte sich Yana zu ihm, legte ihren Kopf auf seine Schulter und gab ihm ein paar Tips, irgendwelche Cadillacs von Marinos Clan betreffend. Und dann bat sie ihn um jenen Gefallen, wegen dessen sie ihn, wenn auch nicht ausschließlich, ein zweites Mal hierher gelassen hatte.

Und welcher vernünftige Mann würde in solch einem Moment nein sagen?

32

Wenn es in Seattle nicht regnet, dann ist es bewölkt. Tatsächlich hat mal ein Verleger, der eine Luftaufnahme für einen Buchumschlag haben wollte, acht Monate warten müssen, nur um einen klaren Tag für die Aufnahme zu erwischen.

Nehmen Sie den heutigen Tag: bewölkt, feucht, aber kein Regen; es war auch bis nach dem Wochenende keiner vorhergesagt. Was Big John Charleston in Anbetracht des Bodens, auf dem das Wasser stand, ganz zupaß kam. Big John verfügte, südöstlich von Seattle an der Maple Hill Road, dort wo einst Nadelwälder gewesen waren, über Bauland, das seine Bulldozer planiert hatten, Bauland, das er einst für eine sichere Sache gehalten hatte. Stadtflüchtlinge, die aus Kalifornien flohen, um im Land Gottes ein besseres Leben zu führen, was scherten die sich um ein paar Bäume, die Bekanntschaft mit der Axt schließen mußten, um ihnen Platz zu machen?

Aber trotz des verdammten Batzen Geldes, das er unter dem Tisch an verschiedene Beamte gezahlt hatte, hatten Genehmigungsverfahren und Umweltverträglichkeitsstudien derartig lange gedauert, daß die Scheißrezession schon ihre Klauen ausgefahren hatte, als sie anfangen wollten loszulegen. Und so hatte Big John fünfzig Bauplätze, fertig parzelliert, Kanal und Anschlüsse, alles da, samt planierter Straßen, die darauf warteten, geteert zu werden - aber keine Käufer. Nicht einmal Kalifornier.

Er brauchte Kreditverlängerungen von der Bank, aber um zu belegen, daß das Projekt realisierbar war, mußte er erst mal einige Bauplätze verkaufen, was nichts anderes bedeutete, als daß er die Straßen teeren lassen mußte. Und jetzt wollten diese bekackten Ökofreaks zum zweiten Mal die Hand aufhalten, und er hatte eine gerichtliche Verfügung am Hals, die es ihm untersagte weiterzuarbeiten, solange nicht irgend so ein anderes bekacktes Gutachten erstellt worden wäre. Ach, scheiß drauf. Er würde es so oder so machen - nur daß sich die ganzen Unternehmer vor Ort, da sie um seine Misere wußten, sich nicht mehr auf's Abstottern einlassen würden.

»Wir haben Vermögen.« Little Johnny war Big Johns Sohn aus erster Ehe und beklagenswerterweise bloß ein kümmerliches Abbild des Vaters. »Mit dem Musterhaus sind wir fertig, und drei andere sind fix und fertig entworfen, See, Park und Golfplatz sind schon abgesteckt –«

»Wir haben ein paar beschissene Drecksstraßen, das ist es, was wir haben.« Big John hatte die Größe des verstorbenen John Wayne, dem er geähnelt hätte, wenn Wayne nur das übergroße Kinn von Jay Leno gehabt hätte. »Wenn es wieder anfängt zu regnen, sind die Straßen ein einziger Sumpf, und wir werden mittendrin stecken.«

»Joe Adams Road Paving Inc. – das ist wirklich ein Riesenladeden unten in L. A., Pa. Wirklich riesig. Der hat Prospekte und Fotos von Sachen, die sie gemacht haben, zehnmal so groß wie unser Projekt. Und seine Spezialität besteht darin, sofort anzufangen und die Sache durchzuziehen, bevor die Umweltschützer einen Baustop durchsetzen können. Er sagt, daß es selbst, wenn es – wie in unserem Fall – schon einen gibt, daß es selbst dann verdammt schwierig ist, eine Straße wieder aufzureißen, wenn sie erst mal fertig ist. Und zur Zeit will er sein Geschäft eh auf den Nordwesten ausdehnen, und deshalb hat er uns so ein gutes Angebot gemacht.«

»Aber er will die ganzen Sechzigtausend bar und im voraus«, sagte Big John, »und wir haben nur achtunddreißigtausendachthunderteinundsechzig Dollar und zweiundzwanzig Cent auf dem Firmenkonto.«

»Vielleicht kannst du ihm anbieten, die Hälfte anzuzahlen, Pa. Den Rest kannst du ihm dann immer noch geben, wenn wir die Kredite bei der Bank verlängert haben. Bis dahin sind dann die ganzen Straßen geteert, und das Land wartet auf die Käufer –«

»Halt's Maul. Ich muß nachdenken.«

Mit einem Grunzen hievte sich Big John auf die Beine und blieb im offenen Eingang des Verkaufsbüros im Musterhaus stehen. Über seinem Kopf befand sich die große beleuchtete Reklametafel, von der Little Johnny behauptet hatte, sie wäre ein Blickfang für Autofahrer, die auf dem Highway 169 entlangfuhren:

BIG JOHNS GROSSE BUNGALOWS
KAUFEN! MIETEN! PACHTEN!
FÜNF MODELLE ZUR AUSWAHL
ANGELN - WANDERN - RADFAHREN - GOLF
NUR WENIGE MINUTEN BIS ZUR STADT

Er rieb das übergroße Kinn Jay Lenos. Straßenbauunternehmer aus Südkalifornien. Designerjeans und Sonnenbrille und fährt so eine prollige scheiß kleine Importkarre, in die ein richtiger Mann kaum seinen Hintern zwängen konnte. Aber so war es nun mal, Big John stand mit einem unfertigen Bauprojekt da, das demnächst der Bank gehören würde, wenn er diese Straßen nicht machen ließe. Und so war der Vorschlag seines Kleinen mit der 30000-Dollar-Anzahlung vielleicht gar keine so schlechte Idee.

»Schaun wir mal«, sagte er schließlich. Er hatte keine andere Wahl.

Ein verschmutzter matschbespritzter blaßblauer Cadillac Seville STS, der neue, der diese ganzen Bestes-Auto-des-Jahres-Preise der verschiedenen Magazine gewonnen hatte, bog vom Highway ab. Kalifornische Nummernschilder, auf der Tür die Silhouette eines großen schwarzen Vogels, dessen Flügelspitzen in geteerte Fahrbahn übergingen. Darunter:

JOE ADAMS, INC., TIEFBAU
STRASSENBAU IST UNSERE SPEZIALITÄT
GLENDORA, KALIFORNIEN

Ein ziemlich fetter Mann stieg aus dem Seville aus. Er trug ein fleckiges blaues Arbeitshemd, dessen Ärmel oberhalb des Bizeps abgeschnitten waren, und eine khakifarbene Arbeitshose, die tief unter einem Wanst von Bauch saß. Die beiden unteren Knöpfe des Hemds waren aufgesprungen und entblößten ein Tipi behaarter Haut und einen Nabel, der groß genug war, um einen Golfball darin zu verbergen. Er hatte einen dicken Hals und riesige Arme, und Schweiß stand in seinem Gesicht, das eigentlich viel zu schlau für einen derart fetten Typen war. Er streckte seine Hand aus.

»Joe Adams.«

Big John gab ihm die Hand. »Big John Charleston«, sagte er.

Um die Wahrheit zu sagen, was er sah, gefiel Big John in jedem Detail. Der fuhr sogar einen amerikanischen Wagen und keinen Japaner. Keine Eintagsfliege - und, zum Teufel, im Baugewerbe da brauchte man halt einen schweren Wagen, mit dem man überall hinkam - keine Angst, sich die Hände schmutzig zu machen, keine Angst, sich die Tür mit einem Signet lackieren zu lassen. Aber Big John kreuzte feindselig die Arme vor seinem breiten Oberkörper.

»Das ist 'ne erhebliche Menge Geld, die Sie da haben wollen. Und ich werd auf keinen Fall die ganze Summe vorab in bar bezahlen.«

Adams hatte eine tiefe, beinahe gutturale Stimme, die zu seiner gewaltigen Statur gut paßte. »Dafür gibt es gute Gründe.«

»Die würd ich gerne hören.«

Adams zeigte auf Little Johnny, der hinter seinem Pa herumscharwänzelte wie der Hund, der darauf wartet zu erfahren, ob er nun mit der Familie ins Auto kommen darf oder nicht.

»Ich dachte, ich hab das dem Jungen da erklärt.«

»Dann erklären Sie's auch mir.«

»Erstens, Sie ham Schwierigkeiten mit Ihrer Bank.« Big John fuhr herum und starrte seinen Sohn bedrohlich an; Adams hob beschwichtigend die Hand. »Er doch nicht. Ich hab meine Verbindungen, sogar hier oben in Shitburg.«

»Sie sprechen vom Land Gottes«, flötete Little Johnny, so wie man im Nordwesten vom himmlischen Land psalmodierte.

»Echt? Alles, was Gott hier oben macht, ist auf einen flachen Stein zu pissen.«

»Bis Montag ist kein Regen vorhergesagt«, sagte Big John aufrichtig.

»Gut. Bis dahin kann ich die Sache fertigkriegen, und Sie haben volle Garantien. Schriftlich. Zweitens, Ihnen sitzen die Ökos im Nacken. Aber Joe Adams, Inc., Tiefbau, wir ziehen das einfach durch - und wenn's erst mal fertig ist, dann ist es schwer, wieder alles aufzureißen. Deshalb können wir das Angebot von jedem anderen um fünfzig Prozent unterbieten. Und deshalb kriegen wir unser Geld im voraus.«

Unglückseligerweise hatte Big John noch immer nur die Hälfte des nötigen Bargelds. Da überraschte ihn jedoch Little Johnny mit einem: »Es ist nicht gerade üblich, jemanden voll im voraus für etwas zu bezahlen, mit dem er noch nicht einmal angefangen hat.«

»Ich sag Ihnen mal was«, sagte Joe Adams. »Dreißigtausend am Montagmorgen, die zweite Hälfte in sechzig Tagen. Ist das fair?«

Aber ja! Das erste Mal in dem ganzen jämmerlich feigen Leben seines Sohnes war Big John stolz auf ihn. Alles, was er zu tun hatte, war herauszufinden, wie er diesen Burschen davon abhalten konnte, die zweiten 30000 Dollar zu kassieren, bevor er den Zaster zusammenkratzen konnte. Er streckte seine Hand aus.

»Es könnte nicht fairer sein«, grummelte er.

Als Joe Adams oben in Seattle von BIG JOHNS GROSSEN BUNGALOWS davonfuhr, kam Ken Warren drunten in L. A. gerade mit seinem Firmenwagen am Shermann Oaks Inn an der Ecke Ventura/Coldwater an. Er ließ das Büro links liegen, ging die abfallende Einfahrt hinunter und wandte sich nach links, wie Kearny es ihn geheißen hatte, um sich die Tiefgaragenplätze anzusehen.

»Da haben wir sie ja«, sagte Trin Morales.

An der hinteren Wand stand Dona Dulcineas viertüriger Fleetwood Sixty Special. In der Parkbucht davor stand Adam Wells' Seville. Sie würden eine Münze werfen, um zu entscheiden, wer mit dem Firmenwagen zurück in den Norden zu fahren hätte. Da sagte Morales jedoch überraschend: »Ich bleib hier.« Er stieß einen Ellbogen in Warrens Seite. »Ich bin hier nur mit runter gekommen, weil ich eine kleine *Chiquita* aufgerissen habe - konnt ich Kearny natürlich nicht sagen. Du fährst mit einem Caddy zurück, den anderen schleppst du ab - ich behalt den Firmenwagen. Kapiert, Stummi?«

Ohne zu antworten, holte Ken Warren seine Abschleppstange aus dem Kofferraum und probierte den Schlüssel aus, den Kearny ihm für den Seville gegeben hatte. Er paßte. Und der andere Schlüssel von Kearny paßte in den Fleetwood. Erst jetzt wandte er sich noch mal Morales zu.

»Hol dtir gkein AIDTH«, sagte er.

Die anderen waren schon gegangen, als der Nigger aufkreuzte. Es war ja nichts zu sagen gegen Nigger, die beispielsweise für die Seahawks spielten und den langen Pässen nachjagten. Aber nicht auf Big Johns Baugrundstücken. Zum Teufel, nein. Nigger waren faul und konnten Augen und Hände nicht von den Frauen lassen.

Der hier war ein eher kleiner Kerl, konnte wohl kaum mehr als 160 Pfund auf die Waage bringen, doch hatte er die breitesten Schultern, die Big John jemals bei einem Mann dieser Größe gesehen hatte. Er stand da, blickte über das abgesteckte Land unter dem sich zuziehenden Himmel, ein Klemmbrett in der Hand.

»Sieht ganz so aus, als wollten Sie die Straßen machen lassen«, sagte er freundlich. »Ist ja schon alles planiert und bereit.«

Big John ballte die Hand um die Rolle Münzen, die er aus der Schreibtischschublade genommen hatte, bevor er die Treppe runter gegangen war.

»Es gibt keine Arbeit; da bist du doch hinterher.«

»Nicht die Spur.«

»Es ist alles verkauft, seit gestern sind die Verträge unter Dach und Fach.«

»Noch bevor die Straßen gebaut sind«, staunte der Nigger. »Bevor auch nur ein Rohbau steht. Und das in der Rezession. Sie müssen ein verdammt guter Verkäufer sein, Mr. Charleston.«

»Willst du mir jetzt als Klugscheißer kommen?«

Der Nigger schüttelte nur seinen schwarzen Kopf und sagte: »Sie wissen nicht zufällig, wo ich Ihren Bauunternehmer finden kann, oder?«

»Joe Adams? Versuch's doch in seinem Büro?«

»Das sich wo befindet?« Den Kugelschreiber schreibbereit.

»In Seattle.« Big John gluckste über seine eigene Schlagfertigkeit und wollte dann gleich wissen: »Warum willste ihn denn sehen, Junge?«

»Ich komme von der Staatlichen Baubehörde, Abteilung Lizenzvergabe ...« Hastig steckte Big John die Hand in seine Tasche, um die Münzrolle loszuwerden. »Es geht nur um die Frage, ob er die notwendigen Genehmigungen hat und die Gebühren bezahlt sind.« Zum ersten Mal sah er in Big Johns Augen, und es lag eine unerwartete Härte in seinem Blick. »Wir möchten nicht, daß er hier auf Ihren Grundstücken anfängt zu arbeiten, bevor das nicht geklärt ist. Haben Sie das verstanden?«

Offensichtlich wußte der Nigger nichts von der gerichtlichen Verfügung der Ökos, daß hier auf seinen Grundstücken *überhaupt nicht* mehr gearbeitet werden durfte.

»Aber ja, ganz klar«, sagte Big John gelassen.

Er würde einfach am Wochenende von der Baustelle fernbleiben für den Fall, daß dieser Kerl wiederkam und Adams ohne Genehmigung an der Arbeit fand. Und um auf Nummer Sicher zu gehen ... Aber er stoppte seine Hand auf ihrem Weg zum Geldscheinclip. Irgendwie sah der Nigger so aus, als könnte ein Bestechungsversuch bei ihm nicht ganz so gut ankommen. Und hol's der Henker, es war ja auch gar nicht nötig. In der gesamten Geschichte der Bürokratie hatte sich noch kein Beamtenarsch je an einem Wochenende gerührt, und bis Montag wären die Straßen geteert.

Was Big John auf eine wirklich brillante Idee brachte.

Du mußt diesen schwulen Nigger nur dazu bringen, daß er am Montag, wenn alles gelaufen ist, mit seinem schwulen Klemmbrett *auf jeden Fall* wieder vorbeikommt, dann kann er Adams gleich verhaften, oder ihm wenigstens den Laden zusperren, wenn er ohne Genehmigung gearbeitet hat. Und damit hätte Big John dann womöglich eine Sache für sechzig Riesen mit *null* Riesen erledigt.

»Mr. Adams plant, die Arbeit an dem Projekt gleich am Montagmorgen aufzunehmen«, sagte er. »Sie werden ihn dann hier erwischen.«

Zufrieden fuhr Bart Heslip los. Josef Adamo war also tatsächlich in Seattle, wo er sich Joe Adams nannte. Und am Montag morgen würde er fröhlich und beizeiten mit seinem Seville hier auf dieser Baustelle sein.

Als er auf dem Empire Way gen Norden fuhr, wurde Bart jedoch nachdenklich. Big John Charleston war viel zu hilfsbereit gewesen. Was, wenn die Sache am Wochenende und nicht erst nächste Woche über die Bühne ging?

Bedachte er, daß für Montag Regen vorhergesagt wurde, und bedachte er weiterhin das, was er heute auf seiner Tour zu den diversen Recyclingleuten und Farbengroßhändlern in der weiteren Umgegend von Seattle erfahren hatte, dann würde er sich doch noch bis Montag zurückhalten. Er lachte lauthals, als er auf die I-5 wechselte, die ihn bis ins Zentrum von Seattle bringen würde.

Am Montag würde es eine ganze Menge Spaß geben.

Bart konnte diese bigotten Typen genauso wenig leiden, wie sie ihn.

»Sir, so aneinandergekuppelt können Sie diese Autos nicht stehen lassen ... *Sir*!« Ken Warren, der bereits aus dem Fleetwood gestiegen war, wartete einfach. »Sie müssen sie auseinandermachen, wenn Sie hier parken wollen.«

Das war nur recht und billig. Ken bückte sich, um den Seville von der Abschleppstange loszukriegen. Er hatte die U. S. Eins durch Big Sur genommen, um selbst die Reparaturen an der Autobahn zu sehen, die sie nach dem Beben vorgenommen hatten. Er war am HIGHLANDS INN vorbeigefahren, hatte dann das *Pacific's Edge Restaurant* gesehen und hatte sich, einem plötzlichen Drang Folge leistend, mit den verkuppelten Cadillacs die geteerte Einbahnstraße zu dem Restaurant hochgeschlängelt, von dem aus man Blick über die unermeßlichen Weiten des Pazifiks hatte. Schon immer hatte er einmal an einem dieser schikken Orte essen wollen, und Kearny hatte ihm eine Gehaltserhöhung gegeben und außerdem versprochen, daß bei diesem Trip alle Spesen bezahlt werden würden ... Also, warum nicht?

Das Problem war seine Abschleppstange. Die hatte ihn neu $ 396,83, inklusive Mehrwertsteuer gekostet, und er wußte, daß jeder Scheißkerl, der auf Gottes weiter Erde herumlief, darauf aus war, sie zu klauen. Und so wickelte er die Abschleppstange in eine alte Pferdedecke, die er im Kofferraum des Sevilles gefunden hatte, gab dem blondschöpfigen Lakaien die Schlüssel und schlenderte über einen mit Platten ausgelegten Innenhof, der mit duftenden Blumen, einer Gischt grüner Blätter und kleinen sorgsam gepflegten Bäumchen in großen Terrakottagefäßen bestanden war.

Im Innern des Pacific's Edges lagen dicke Teppiche, und es gab einen Speisesaal auf zwei Ebenen mit tiefen Deckenbalken aus Rotholz und Oberlichtern aus getöntem Glas, durch die das Licht sich brach. Er blieb am Reservierungspult stehen. Eine wunderschöne Brünette mit Betty Boop Löckchen, die neben ihren Wangen tanzten, starrte ihn mit unverhohlenem Erstaunen an.

Sie sah schwere Stiefel, ein blaukariertes Hemd und dicke Moleskinhosen, denen die Batteriesäure, mit der sie es beim Kurzschließen eines Wagens oft zu tun bekamen, nichts anhaben konnte. Schmiere im Gesicht und an den Händen. Und vor seiner Brust wog er etwas Metallenes, das unordentlich in eine Pferdedecke gewickelt war, als wäre es ein Baby, das er gerade vor einem Ungeheuer gerettet hatte.

Ken Warren wirkte auf sie groß, blöd und gefährlich.

Und sexy. Schwach fragte sie ihn: »Kann ich . . . Ihnen helfen, Sir?«

»Hnabentessen«, brachte er heraus.

Sie schauerte leicht. Sie konnte fast *spüren*, wie dieser kaum zu verstehende Baum von Mann des Nachts über sie herfiel, doch davon bemerkte Ken nichts. Er schaute nach draußen über die Wipfel der auf dem Abhang stehenden Bäume, war ergriffen von dem unglaublichen Sonnenuntergang am Rande des Pazifiks.

»Abendessen für eine Person? Sehr gut, Sir. Äh . . . möchten Sie Ihr . . .« Sie war sich nicht ganz sicher, was für ein metallenes Monster er an seinen Brustkorb drückte, vage sah es jedoch irgendwie nach Automobil aus. Ken schüttelte den Kopf, und so fügte sie heiter hinzu: »Ich bin mir sicher, ähm, es wird an Ihrem Tisch gut aufgehoben sein.«

Köpfe drehten sich, Köpfe wurden geschüttelt, als Ken ihr zur äußersten Ecke der unteren Ebene folgte - vor die großen Panoramafenster. Ihr war das egal. Sie spürte ein Kribbeln im Unterleib, ganz ähnlich dem, das Pietro Uvaldi gespürt hatte, nachdem ihm Ken ins Gesicht geschlagen und ihm die Schrotflinte entwunden hatte.

Ein Ober in adrettem Schwarz und Weiß kreuzte auf, um Kens Stuhl zu halten. Bevor er sich setzte, legte Ken die Abschleppstange sehr vorsichtig auf den Stuhl, den er über das pastellfarbene Tischtuch hinweg im Auge behalten konnte.

»Möchten Sie vorab etwas aus der Bar, Sir?«

Ken schüttelte pflichtbewußt den Kopf. Er fuhr. Der Ober nickte und reichte ihm die Karte. »Lassen Sie es sich schmekken«, sagte er.

Was Ken auch tat. Es gab ein Mahl, von dem er nicht gewußt hatte, daß so etwas existiert. Seine Vorspeise bestand aus Carpaccio von Meeresfrüchten mit schwarzen Bohnen, sein Hauptgericht aus Muscheln und Shrimps auf einer gepfefferten, mit Petersilie überstreuten *Beurre Blanc*. Im Salat waren *Blumen* - wirkliche Blumen! Und seine Himbeeren waren die besten, die er je gekostet hatte.

Als er schließlich das Restaurant verließ, gab er der Hostess seine letzte Zwanzig-Dollar-Note. Er kam nicht vor vier Uhr in der Früh nach Hause, und er schaffte es nur, indem er Sprit aus dem Fleetwood in den Seville saugte - das Abendessen hatte sein Bargeld verschlungen, und zwar komplett.

Maybelle wachte auf, als er sich in die Wohnung schleppte; bis zum Morgengrauen saßen sie beisammen, und sie holte auch die letzte Kleinigkeit seines Abenteuers aus ihm heraus. Dann passierte eine verrückte Sache. Sie warf ihre großen fetten Ammenarme um ihn, drückte ihn fest an sich und weinte auf sein Hemd. Es waren gute Tränen. Die Art Tränen, die man in Liebesschmökern weint.

Und das verrückteste von allem: Ken weinte mit ihr.

31

Soll noch einer einmal vom Glück der *Iren* reden.

Trinidad Morales verbrachte die Nacht zum Samstag damit, die olle Banane in seine *Chiquita* gleiten zu lassen; am frühen Morgen mußte er dann durch ein Fenster verschwinden, als *Chiquitas* Gatte unerwartet nach Hause kam. Und so fand er sich, als die Frühsonne trotz des frischen Morgens lange schwarze, spitzwinklige Schatten über den Gehsteig warf, die Olvera Street entlangstolzieren, eine billige Zigarre paffend, die Reisetasche in der Hand, so als wäre er gerade in der Stadt angekommen, und ohne daß er es wußte, wirkte er ernst, ehrlich und doof – was er nicht war.

»Entschuldigen Sie, Sir ...« Eine zaghafte spanische Stimme an seinem Ellbogen. Morales drehte sich um.

Ein großer, dünner, gekrümmter Mann in einem braunen Anzug, anscheinend Chicano wie er. Besorgte braune Augen und ein *Bandido*-Schnurres, der seinen Mund wie ein umgekehrtes Hufeisen umklammerte.

»Ja?« Auch er sprach Spanisch.

Der Mann sah sich nervös um, rückte ein wenig näher.

»Ich bin ... Sir, ich brauche ...« Noch einmal sah er sich um. »Kennen Sie einen Anwalt, Sir? Einen von uns, dem ich vertrauen kann?«

Morales stand einen Augenblick stocksteif da, der sanfte Vogelgesang spanischer Stimmen um ihn herum, der Rauch seiner Zigarre stieg geradewegs auf in die Morgenluft. Dann schüttelte er traurig den Kopf.

»Tut mir leid, Sir«, sagte er und hob ein wenig seine Reisetasche hoch, »aber ich bin gerade erst angekommen – aus ...«

Er hielt inne, mit einem Mal genauso geheimnistuerisch wie der große gekrümmte Mann neben ihm. Der Mann legte ein schwaches Lächeln auf. »Von woanders«, half er aus.

»Sie mißverstehen mich, Sir«, sagte Morales ein wenig pikiert. »Ich bin in diesem Land geboren, ich habe Geld auf der Bank, das ich von Florida hierher überwiesen habe, und damit werde ich zusammen mit meinem Schwager, der ein ausgezeichneter Tacokoch ist, einen Laden aufmachen. Es tut mir äußerst leid, daß ich Ihnen nicht helfen kann ...« Feinfühlig hielt er inne. »Die Gelben Seiten, vielleicht?«

Vehementes Kopfschütteln. »Nein! Ich kann niemandem trauen, der sich mit solchen Sachen nicht auskennt. Ich habe etwas ... Ich brauche einen Rat, der ...« Sie marschierten durch die Menge, der große Mann bückte sich noch tiefer und flüsterte ihm beinahe ins Ohr: »Ich bin illegal eingewandert, Sir.«

»Dann brauchen Sie keinen Anwalt, es sei denn, Sie werden geschnappt.«

Die Lippen rückten noch näher heran, die Stimme wurde noch leiser. »Aber Sir, ich habe im Lotto gewonnen!«

Morales blieb wie angewurzelt stehen, den Mund vor Überraschung weit aufgesperrt. Dann griff er sich den Arm des dünnen Mannes und führte ihn über die schmale Straße auf einen Spielplatz, der an eine Grundschule grenzte, auf deren Mauern bunte Wandgemälde prangten. Sie setzten sich auf eine Betonbank mit dem Gesicht zur Straße, so daß sich ihnen niemand ungesehen nähern konnte.

»Im *Kalifornien*-Lotto?«

»Ja. Am letzten Mittwoch.«

»Jesses, Mann, das macht ja ...«

Der Mann legte seine schmale Hand auf die klobig dicke von Morales, um ihm anzudeuten, daß er leiser sprechen möge. Morales nickte, zog eine zusammengefaltete *L. A. Times* aus der Tasche seiner zerknitterten Anzugsjacke, suchte die Gewinnummer vom letzten Mittwoch und fuhr mit leiserer Stimme fort.

»Sie haben *diesen* Schein? Diesen hier?«

»Habe ich, Sir.«

Gier verzerrte seine Stimme. »Lassen Sie ihn mich sehen.«

Der Mann holte eine uralte kunstlederne Brieftasche hervor. Er nahm einen ramponierten Lottoschein heraus. Er war zusammengefaltet und verschmutzt, was wohl daher rührte, daß er viele, viele Male aus der abgenutzten Brieftasche herausgeholt und wieder hineingesteckt worden war, doch das Datum von letztem Mittwoch stand darauf, und die Nummer paßte.

»Himmeldonnerwetter!« sagte Morales mit ehrfürchtiger Stimme, die keinen Fluch daraus werden ließ. »Im Jackpot waren sieben Millionen Dollar! Selbst wenn noch andere die Gewinnzahl haben sollten . . .«

Der Mann steckte den Schein zurück in die Brieftasche und diese zurück in die Jackentasche. »Jetzt werden Sie mein Problem verstehen. Wenn ich selbst mit meinem Schein ankomme, dann werde ich vielleicht festgenommen, der Einwanderungsbehörde vorgeführt und ausgewiesen, anstatt mein Geld zu bekommen.«

»Warum suchen Sie sich nicht jemand anders, der den Schein für Sie einlöst?«

»Ich kenne niemanden in dieser Stadt, Sir, außer Ihnen.« Eine delikate Pause. »Und selbst von Ihnen weiß ich nicht mal den Namen, Sir.«

»Morales. Tinidad Morales.«

»Jesús Zaragoza.«

Sie gaben einander die Hand, saßen dann in freundschaftlichem Schweigen auf der Bank und bedachten das Problem in der gemessenen Art der Spanier. Ein distinguierter Herr mittleren Alters, der ebenfalls wie ein Lateinamerikaner aussah, einen dreiteiligen Anzug, eine dunkle Krawatte und auf Hochglanz polierte schwarze Schuhe trug, setzte sich auf die angrenzende Bank. Er setzte seinen altmodischen Borsalino ab und wischte sich mit seinem Tüchlein über die entblößte Stirn.

Sogleich landeten ein paar Tauben auf den Ziegelsteinen zu seinen Füßen, stolzierten gurrend herum und sahen ihn mit scharfen Blicken an, so als wüßten sie schon, daß gleich die große 79-Cent-Tüte Granny Goose Popcorn zum Vorschein käme. Während er die losen weißen Kerne verstreute, erhaschte er einen Blick von Morales und Zaragoza. Höflich verneigte er sich leicht.

»Wahrhaftig«, sagte er, »es ist viel zu heiß, um Anzug und Krawatte zu tragen.«

Weitere Tauben kamen herbei, jede im Windschatten einer anderen, latschten, tratschten, pickten. Der Neuankömmling strahlte sie an und spendierte noch mehr Popcorn.

»Wenn ich ein so traurig stimmendes Plädoyer wie eben beende, dann komme ich hierher und füttere die Tauben mit Popcorn. Dann fühle ich mich weniger entmutigt von den Torheiten der Menschen.«

Morales erhaschte Zaragozas Blick. »Ein Plädoyer?« fragte er nach einer taktvollen Pause. »So wie es ein Rechtsanwalt hält?«

Der distinguierte Herr mittleren Alters holte eine Visitenkarte hervor und lehnte sich hinüber, um sie ihnen zu geben.

Manuel Cerruli
Rechtsanwalt

Darunter standen Adresse und Telefonnummer aus Los Angeles.

»Einwanderungsrecht womöglich?« fragte Morales hoffnungsvoll.

Cerruli schüttelte den Kopf. Er zuckte mit den Schultern. »Nichts dieses Kalibers. Kleine Sachen ... Erbschaften, Scheidungen, Verträge ... aber ich habe mein Auskommen, und ich denke, daß ich meiner Gemeinschaft einen nützlichen Dienst erweise.«

»Wir ... haben ein Problem ...«, fing Zaragoza zögerlich an.

Dann packte er natürlich die ganze Geschichte aus. Als er und Morales fertig waren, war auch das Popcorn alle, und Cerruli saß zurückgelehnt auf seiner Bank und wischte sich wieder die Stirn mit seinem Taschentuch.

»Leider, Sir, bin ich nicht der Mann, der sich mit den Regeln der INS und dem Einwanderungsrecht gut genug auskennt, um Ihnen eine Hilfe zu sein ...« Unerwartet richtete er seinen Oberkörper auf, ein kleines Leuchten erschien in seinen Augen. Er sah auf seine Uhr. »Aber ich habe einen Freund, der unserer Abstammung ist, der im Büro der INS hier in Los Angeles arbeitet.«

Rasch schüttelte Zaragoza den Kopf, Angst in seinen Augen. »Bei der Einwanderungsbehörde? Nein! Der wird mich einfach ...«

»*Sie* ist, das versichere ich Ihnen, ein Freund. Aus meiner Nachbarschaft.« Entschieden stand Señor Cerruli auf. »Sie arbeitet samstags morgens, ich werde sie anrufen und ihr einen hypothetischen Fall schildern.« Gewitzt faßte er Zaragoza ins Auge. »Vielleicht können Sie Ihr eine Gebühr anbieten ... einen kleinen Prozentsatz Ihres Gewinns ...«

Schließlich standen die drei um einen öffentlichen Fernsprecher herum, jedes Ohr der Muschel nahe genug, um mitzuhören.

»Einwanderungs- und Einbürgerungsbehörde«, sagte eine klare männliche Stimme.

»Ms. Trejo, bitte«, sagte Cerruli in exzellentem Englisch.

Concepción Trejo sprach Englisch mit lateinamerikanischem Einschlag und wurde in Anbetracht des hypothetischen Falls, der ihr geschildert wurde, zunächst ganz aufgeregt, dann vorsichtig. *Sí, la Migra* würde von dem Versuch des illegalen Einwanderers, den Gewinnschein einzulösen, erfahren und einen Weg finden, ihn abzuschieben - wobei der Schein in der Tasche irgendeines korrupten Beamtens verschwinden würde. Die einzige Chance bestände darin, einen Dritten zu beteiligen, einen Amerikaner von Geburt, dem die INS nichts anhaben konnte. Ungeduldig riß Morales den Hörer aus Cerrulis Hand.

»Ich bin einer! Ich kann den Schein auf meinen Namen einlösen!«

Und wer er war? Sie erklärten es ihr. Aber ... die Sache war delikat ... wie konnten sie ihm vertrauen? Er war entrüstet. Sie war entschlossen. Um ihrem alten Freund Señor Cerruli einen Gefallen zu tun, würde sie sich mit ihnen treffen, dann könnten sie die ganze Sache einmal durchsprechen, aber ...

Am Ende fuhren sie bergauf und hügelab und hin und her durch die sich entlangschlängelnden Straßen von Echo Park in Señorita Trejos famosem neuen Cadillac Brougham und besprachen die Details einer Transaktion, die sehr bald alles andere als hypothetisch geworden war.

Señor Zaragoza würde als der derzeitige Besitzer des Gewinnscheins die Hälfte des Lotteriegewinns erhalten - 3,5 Millionen Dollar.

Señor Morales würde als der Mann, der den Gewinnschein einlösen und sich der damit verbundenen Untersuchung unterziehen mußte, ein Viertel des Gewinns erhalten - 1,75 Millionen Dollar.

Senorita Trejo und Abogado Cerruli würden dafür, daß sie einen Weg durch die INS und die Minenfelder der Gesetze bahnten, jeweils ein Achtel des Gewinns erhalten - 875 000 Dollar für jeden.

Für den Fall weiterer Gewinner mit derselben Nummer würden alle Anteile entsprechend proportional gesenkt. Und so waren denn alle Probleme gelöst, mit Ausnahme des schwerwiegendsten - dem des Vertrauens. Schließlich würde Morales den Lotterieschein bekommen - *den Gewinnschein!* Es mußte ein Abschreckungsmittel her, das ihn davon abhalten würde, sich mit dem Gewinn abzusetzen, während die anderen ohne jeglichen Regreß dastünden ...

»Ich bin ein Mann von Ehre«, protestierte Morales. »Sie müssen nur irgend jemanden in Miami fragen, ob ich -«

»Leider sind wir hier in Los Angeles«, sagte Señorita Trejo. Sie war eine gutaussehende, gutgebaute Frau mit schnappenden schwarzen Augen.

»Sein Schwager?« schlug Zaragoza zaghaft vor.

»An einem Samstag wie diesem wird er nur schwer aufzutreiben sein«, sagte Morales rasch und überspannte dabei fast den Bogen, denn schließlich gab es keinen Schwager. »Und außerdem, wenn er davon hören würde, würde auch er seinen Anteil verlangen.«

»Es gibt da eine Möglichkeit«, hob Cerruli vorsichtig an. »Sie ist vielleicht nicht gerade perfekt, aber immerhin würde sie zu etwas Sicherheit beitragen ...«

»Was? Wie?«

»Wieviel Geld haben Sie von Miami hierher überwiesen, um mit Ihrem Schwager diese Taco-Bude aufzumachen?« fragte Señorita Trejo.

»Dreiundfünfzigtausend Dollar«, sagte Morales, fügte aber rasch hinzu: »Aber ich kann ... dieses Geld nicht anrühren. Es stammt von allen Mitgliedern meiner Familie.«

»Sie müssen«, sagte Cerruli freundlich. »Sie werden alle davon profitieren.«

Señorita nahm den Faden auf. »Es ist die einzige Möglichkeit. Sie heben das Geld ab und geben es Señor Cerruli, um uns zu beweisen, daß Sie guter Absicht sind. Señor Zaragoza gibt Ihnen den Lottoschein, um zu beweisen, daß auch er guter Absicht ist. Er trägt schließlich das Hauptrisiko. Und sobald Sie die erste Zahlung unter uns aufteilen, gibt er Ihnen Ihr Geld zurück.«

Morales haderte und diskutierte mit ihnen, letztlich aber willigte er ein, es war nur recht und billig - schließlich: was waren 53 000 Dollar gegen 1,75 Millionen Dollar ...

Die anderen drei würden in einem Tacoschuppen an der anderen Straßenseite gegenüber seiner Bank mit dem Schein warten. Morales würde noch vor dem samstäglichen Bankenschluß um ein Uhr mittags sein Geld bekommen. Als er die Bude verlassen wollte, stieß er vor Aufregung Señorita Trejos Handtasche auf den Boden. Er sammelte die verschiedenen Sächelchen auf, die aus ihr herausgefallen waren, gab ihr alles zurück und überquerte den vielbefahrenen Glendale Boulevard mit seiner Reisetasche, in die das Geld hinein sollte.

Wenige Minuten später kam er aus der Bank, bei der er selbstverständlich gar kein Konto unterhielt und ging zurück über den Boulevard. Allerdings nicht zur Kneipe. Statt dessen ging er schnurstracks auf den Brougham zu.

Morales öffnete die Wagentür mit dem Schlüssel, den er, als er Señorita Trejos Tasche zu Boden gestoßen hatte, in seiner Hand versteckt hatte. Er warf seine Reisetasche hinein und folgte ihr in den feudalen Innenraum. Der Motor sprang sofort an.

Als die drei wutschnaubenden Zigeuner aus dem Tacoladen stürzten, um ihm unsinnige Drohungen und Flüche hinterherzuschleudern, ließ er sie stehen und fuhr rasch davon. Eine Stunde später - die Polizei war über die Beschlagnahmung in Kenntnis gesetzt, der Firmenwagen an der Abschleppstange - befand er sich auf dem Rückweg nach San Francisco.

Er hatte gewußt, daß der Lottoschein echt war, klaro, und die richtige Nummer war auch darauf gewesen. Aber Morales hatte auch gewußt, daß der Schein für die Ziehung *heute abend* gewesen war, am Donnerstag erworben, nachdem die Gewinnzahl vom Mittwoch bekanntgegeben worden war.

Für einen geschickten Fälscher war es ein Kinderspiel, aus dem 6. Mai den 9. Mai zu machen. Und für einen Detektiv mit den Erfahrungen von Morales war es genauso ein Kinderspiel, die Änderung zu entdecken. Er war wohl kaum das erste Opfer gewesen, das sie mit ihrer Masche hatten reinlegen wollen; aber wahrscheinlich war er der erste gewesen, der wie dafür gemacht erschien: einer von außerhalb, der Geld auf der Bank hatte und einer krummen Tour nicht abgeneigt war.

Also . . . Glück des Chicanos?

Oder war es vielleicht doch einfach das, was Bart Heslip bereits einmal bemerkt hatte: Er war ein Teufelskerl von Detektiv - wenn auch ein Saukerl privat.

34

Am späten Samstag nachmittag verließ Giselle die Büros der DKA durch den Hinterausgang und traute ihren Augen nicht: Ein pinkfarbenes 58er Eldorado Cabriolet stand auf dem Abstellplatz, und Ballard stand daneben, die Hände in den Hüften, und starrte es besitzergreifend an. Kennzeichen aus Florida, aber es *mußte* einfach dasjenige sein, von dem ihr Dirty Harry erzählt hatte. Jenes, das diesem Gebrauchtwagenhändler aus Palm Springs abhanden gekommen war . . .

Die wunderschöne Araberin, die sich als amerikanisches Blondinchen ausgegeben hatte.

Oder die wunderschöne Zigeunersfrau, Yana mit Namen, die sich als Araberin ausgegeben hatte?

Mit gekünstelter Gleichgültigkeit fragte sie: »Wo hast du denn den einkassiert?«

»Nirgends. Ich stell den nur für einen Freund ein paar Tage lang unter.«

»Für einen Zigeunerfreund?« fragte sie matt.

Ballard schien eine Art sexuelle Selbstgefälligkeit auszustrahlen. »Du weißt doch, wie das ist, Giselle, ich massiere ihren Rükken, und sie massiert meinen. Yana kam letzte Nacht mit einer Menge Infos rüber . . .«

Yana kam letzte Nacht *rüber*? Sag doch einfach: Yana *kam* letzte Nacht. Während Giselle zu ihrer ewigen Schande unten an der Ecke rumhing - unter der Straßenlaterne, wie einst Lili Marleen. Niemals wieder, nicht Ballards wegen, nicht irgendeines Mannes wegen.

»Sei nicht so ordinär«, sagte sie zu ihm.

Warum sah er denn nicht . . . Natürlich! Sie hatte ihm ja nie von dem Caddy aus Palm Springs erzählt! Jener Spur hatte sie doch alleine nachgehen wollen. Er hatte ja überhaupt keine Ahnung von der Bedeutung dieses Wagens. Sie marschierte um den Wagen herum, lugte hinein, öffnete die Türen, trat gegen die Reifen - und memorierte insgeheim die Fahrgestellnummer.

»Was schätzt du, ist der wert?«

»Mann, ich hab keine Ahnung«, sagte er. »Aber alte Cabrios in dem Zustand können eine ganze Menge Scheine bringen, soviel ist sicher.« Er sah zu ihr hinüber. »Was ist bei der großen Jagd auf Grimaldi herausgekommen?«

»Er ist, ähm . . . noch keine Spur.« Es stimmte sie richtigehend *froh,* ihn anzulügen; er schlief mit Madame Zigeunerschlampe und prahlte noch damit herum.

»Zu dumm. Der Präsident ist wieder fort, was bedeutet, daß er womöglich seinen Coup durchgezogen und das Weite gesucht hat.« Er tätschelte ihren Arm. »Ich weiß, wie sehr du dir gewünscht hast, diese Limousine aufzuspüren. Aber Mann - in den nächsten paar Tagen werden wir eine ganze Flotte Zigeunerwagen aufreißen. Ich leg dir ein paar von meinen Aufträgen auf deinen Schreibtisch -«

»Nicht nötig! Ich finde meine eigenen Wagen!« Sie wirbelte herum und stürmte zurück ins Büro.

Nu, was zum Teufel plagte nur Giselle? Ballard drehte sich zu dem 58er Eldorado hin, als erwartete er von ihm eine Antwort, aber es kam keine. Noch nicht.

Nach einem nur vierzigminütigen Telefonat mit Palm Springs hörte Giselle Jeeter Pickets bewußt eingesetzte *Fonzie*-Stimme in ihrem Ohr, die nach ihren Maßen fragte, gerade so, als hätte er eine Hand in der Hosentasche und als böte sie professionellen Telefonsex an. Doch damit war Schluß, als sie nach dem pinkfarbenen 58er Eldorado Cabrio fragte.

»Diese scheiß Araber!« brach es aus ihm heraus. »Ich werde niemals über das hinwegkommen, was die mir angetan haben!«

Um seine Schulden an dieser verdammten Karre abzuarbeiten, hielt er noch immer bei Wonderly's Wonderful Wheels gebrauchten Eisenschrott feil, anstatt drüben bei der Mercedesvertretung in Palm Desert, dort, wo er hingehörte, das große Geld zu scheffeln ... Giselle brachte ihn wieder zum Thema zurück: erstens, die Fahrgestellnummer des Eldorados; zweitens, ob es möglich wäre, daß die Araber Zigeuner gewesen waren, die sich als Araber verkleidet hatten.

- Wie soll ich mir denn die Fahrgestellnummer eines Autos merken, Puppe?

- Nun könnte der Schnauzbart des Leibwächters nur angeklebt gewesen sein?

- Ich hab mir seinen Schnauzer nicht angesehen, Puppe, sein Messer hab ich angesehen.

- Was war denn mit den Haaren der Blonden? Vielleicht 'ne Perücke?

- Ich hab mir nicht ihre Haare angesehen ... (Ein fettes Lachen.) Zumindest nicht *diese* Haare, wenn du verstehst, was ich meine, Puppe ...

Geduldig blieb Giselle am Ball, und am Ende kam folgendes dabei heraus:

Die Fahrgestellnummer, die sich im Leihvertrag für Wonderly's HAPPY DAYS Promotion fand, war die des Eldorados auf dem Abstellplatz.

Die Frau - abzüglich der Perücke - *war* Yana.

Der Mann - abzüglich Schnauzbart und Messer - *war* Ramon ...

Und so stand auf dem Abstellplatz also der Wagen, den Yana für irgendeinen obskuren Zweck gestohlen hatte und den Ballard nun bei der DKA versteckte. Sie versteckte ihn vor *irgend* jemandem - und dieser jemand war mit an Sicherheit grenzender Wahrscheinlichkeit niemand anders als Rudolph. Ob Giselle Larry dazu bringen konnte, all die Warums herauszufinden? Wohl kaum. Er schwebte inzwischen in viel zu fernen Regionen, um seiner kleinen Zigeunerin noch mit dem Finger zu drohen.

Doch Giselle hatte jetzt ihren eigenen Zigeunerfreund, und das eine Ding, das Yana zu haben schien und er nicht, das war der pinkfarbene Eldorado. Und würde er ihr nicht folglich alles darüber erzählen, wenn sie nur bei ihm aufkreuzte - am Steuer eben dieses Wagens?

Aber sicher! Sie dachte gar nicht weiter darüber nach, sondern gab statt dessen darauf acht, daß Larry irgendwo anders war, dann sammelte sie alle Utensilien zusammen, die sie brauchte, um ein Auto kurzzuschließen, und machte sich auf in Richtung Hinterausgang.

Warum hatte Giselle beim Anblick des pinkfarbenen Eldorados nur so lässig aufgemerkt? Warum hatte sie bei den dank Yana so leicht geschnappten Wagen zornig aufbegehrt? Ballard stand an einem Fenster im ersten Stock, er machte eine Pause vom monotonen Tippen der SOFORTVERFÜGUNGEN, die er für die Zigeuner ausstellte, die ihm Yana genannt hatte, als das Cabrio mit geöffnetem Dach auf die Eleventh Street hinausschoß - Giselles unverwechselbarer Blondschopf hinterm Steuer.

Ballard nahm drei Stufen auf einmal, saß in seinem Ford, als sie ein paar Blocks weiter in die Ninth Street wechselte, verlor sie am Markt, sah sie für einen Moment, da sie den Larkin Hill hochfuhr und erhaschte noch einmal etwas Pinkfarbenes, das in die California einbog.

Soso. Dann fuhr sie also in Richtung der Luxushotels oben auf dem Nob Hill. Er verlangsamte seine Fahrt, als er die Cathedral Apartments passierte, in denen einst Brigid O'Shaughnessy Sam Spade an der Nase herumgeführt hatte; als Giselle zum St. Mark einbog, ließ er seinen Wagen in der Tiefgarage des Masonic Auditoriums gegenüber der Grace Cathedral stehen.

Ein paar Minuten später schlenderte er in das St. Mark und

gab sich ausdruckslos höflich. In der Lobby war sie nicht, ebensowenig im Café. Er ließ sich in das Granatzimmer treiben, an seinem purpurfarbenen Samtseil vorbei. Eines dieser scheppernden Klavierstücke von Scott Joplin erfüllte den Raum mit Melancholie, als er Giselles glänzendes blondes Haar und ihr feines Profil entdeckte, das sich konzentriert nach vorne beugte - zu dem gutaussehenden Kerl, der ihr gegenüber am Tisch saß.

In der Lobby fand Ballard einen Stuhl an diskreter Stelle, setzte sich und versuchte, die ganze Sache zu durchdenken. Der gutaussehende Kerl war dunkelhäutig und schwarzhaarig und sah aus wie ein italienischer Mafioso. Und so sicher wie das Amen in der Kirche stand fest, daß das jener Zigeuner war, der sich Angelo Grimaldi nannte, und dessen komplizierter Langzeitcoup - Gratulation an Kearny - anscheinend noch immer nicht beendet war.

Sein richtiger Name war offensichtlich Rudolph irgendwas.

Was zum Teufel trieb sie mit dem? Bearbeitete sie ihn, um herauszufinden, wo er die Limousine hatte verschwinden lassen? Oder bearbeitete sie ihn, um die anderen Zigeunercadillacs aufspüren zu können, und versuchte eben *nicht* herauszufinden, wo er seine Limousine stehen hatte? Oder ... Ballard scheute - sein eigenes Arrangement mit Yana angenehmerweise verdrängend - vor diesem gewissen *Oder* zurück.

Er fühlte sich ein wenig schäbig dabei, ihr nachzuspüren - Giselle, um Himmels willen! - aber er wurde von einem Gefühl getrieben, von dem er gar nicht wußte, daß er es fühlte, geschweige denn, daß es sich um Eifersucht handelte.

»Werden die mich nicht als die Frau des Zweiten Botschafters identifizieren, die zu blöd war, ihren eigenen Wagen zu erkennen?«

»Der Secret Service ist zusammen mit dem Präsidenten verschwunden.«

»Und wie steht's mit dem Hotelmanagement? Wenn einer von denen mich -«

»Die haben dich nie gesehen. Für die war jene Frau eine Terroristin, erinnerst du dich?« Rudolph Marino kicherte. Gott, was war er für eine schöne Bestie! Und er selbst war ganz bezaubert davon, einer *Gadjo-Frau* Dinge zu erzählen, die er einer *Roma-Frau* niemals erzählen könnte, nicht einmal Yana. »Nebenbei bemerkt, ich habe dir noch gar nicht erzählt, was mit dir geschehen ist . . .«

Giselle wurde langsam high - vom Cordon Rouge, und zwar nicht der ersten Flasche. »Was auch immer mit *ihr* geschehen ist, wenn die *mich* hier sehen –«

»Ich habe ihr das Licht ausgepustet.«

»Du hast *was?*«

Giselles entzückter kleiner Schrei ließ ihn ihre bleiche langfingrige Hand mit seiner kräftigen braunen bedecken. Er seufzte theatralisch.

»Leider, leider - sie ist jetzt irgendwo draußen im Pazifik mit einer Menge Eisenschrott an den Fußgelenken. Und wenn man mich also jetzt mit einer bezaubernden Blondine sieht . . .« Er küßte ihre Fingerspitzen. »*Cherchez la femme*.«

Giselle leerte den Champagner und legte streng die Stirn in Falten. Sie mußte ihn etwas fragen. Und ihm auch etwas sagen. Das hier war schließlich eine geschäftliche Besprechung. Nicht wie bei Ballard und seiner Trulla.

»Erstens: Rudolph, warum hast du diese ganzen Caddies über eine Bank abgewickelt? Wenn du zu unterschiedlichen Banken mit verschiedenen Zentralrechnern gegangen wärst, hättest du doch viel mehr Zeit gehabt, um . . .«

Sie hörte auf zu reden, da Marino verlegen in sich hineinlachte.

»Als ich den anderen *Roma* die Idee vorgestellt habe . . .« Wieder hielt er inne und schüttelte den Kopf. »Ich wollte vier Banken nehmen, das hätte die Sache einfacher gemacht, aber sie haben gesagt: eine Bank . . . vier Filialen . . .«

»Aber das macht doch keinen Sinn –«

»Die Sterne waren da anderer Meinung.« Ein Achselzucken. »Die *Roma* . . .«

Jetzt war die Reihe an Giselle, mit den Achseln zu zucken. Er tat so, als sei er nicht abergläubisch, aber er war darauf eingegangen. »Okay. Und jetzt will ich alles über das pinkfarbene 1958er Eldorado Biarritz Cabriolet wissen.«

Zum vielleicht ersten Mal in seinem Leben verschlug es Rudolph Marino die Sprache. Er öffnete seinen Mund, schloß ihn wieder, blinzelte, gähnte wie ein verwirrter Kater und starrte sie schließlich einfach nur an.

»Was hat dieser Wagen mit der Frage zu tun, ob die Zigeuner nun einen neuen König oder eine Königin bekommen?«

Devalesa! Diese Frau! Aber ... mit dem typischen Schulterzucken der Zigeuner erzählte er ihr vom Wunsch des sterbenden Königs in einem restaurierten 58er Eldorado Cabriolet beerdigt zu werden, da er in eben einem solchen 1958 zu seiner Krönungsfeier gefahren war. Sie lachte los, noch bevor er mit der Geschichte fertig war.

»Nee nee nee nee nee! Man braucht einen Sarg, einen Balsamierer und eine Bestattungserlaubnis und –«

»*Ihr* braucht das vielleicht. Wir nicht, wir sind *Roma*.«

Sie beugte sich plötzlich über den Tisch zu ihm hin, so daß sich ihre Gesichter beinahe berührten. »Würdest du mir alle Cadillacs geben, die ihr noch habt, im Tausch gegen diesen pinkfarbenen Eldorado?«

Halb verwischte sie die letzte Silbe von »Cadillacs«, so daß es einen schwachen aber deutlichen »sch«-Laut am Ende zu hören gab. Sogar hier, sogar jetzt, sogar beschwipst versuchte sie, ihn zu bearbeiten. Und das gefiel ihm gut. Wieder zuckte er die Achseln.

»Natürlich. Aber selbst wenn du ihn hättest und ich dir alles sagen würde, müßtest du wissen, daß die *Roma* sich nie lange an ein und demselben Ort aufhalten ...« Es sei denn, nächste Woche in Stupidville, aber von dem *Camp* würde sie nichts erfahren - niemals. »Wir Zigeuner sind wie der Wind –«

»Ich habe ihn«, sagte sie. Zum zweiten Mal an diesem Abend war er wie vom Donner gerührt. Und sie kicherte beinahe, als sie wie zur Bestätigung auf den Boden zeigte. »Da hab ich ihn hingefahren.«

Sie war nicht wie andere *Gadjefrauen,* nein, sie war ihm nicht einfach nur nützlich ...

Aber dennoch nützlich. Am Montag mußte er nach Stupidville aufbrechen, da ihn die Rückkunft des richtigen Grimaldi zur Abreise nötigen würde ... und irgendwie *mußte* er dann in diesem pinkfarbenen Cadillac sitzen.

»Dann laß uns mal runter in die Garage gehen und ihn anschauen.« Er konnte kaum die Gier in seiner Stimme unterdrükken.

Mit einem trägen Lächeln schüttelte Giselle den Kopf. »Ich hab nicht gesagt, daß er in der Tiefgarage steht. Wenn Lar-« Mit einem Ausdruck von Überraschung auf ihrem Gesicht hielt sie inne. Sie überspielte die Situation, indem sie sagte: »Küß mich.«

Was er auch tat. Mit Lippen und Zunge bearbeitete er zur Abwechslung nun sie ... *Devalesa*, vielleicht floß in den Adern dieser Frau ja doch Zigeunerblut. Allein ihr Kuß bescherte ihm einen Steifen.

Doch, wie war das noch gewesen. *Lar*? Larry irgendwas. Na freilich! Der große blonde Mann mit den Adleraugen. Yana mußte ihn gebeten haben, den Eldorado für sie in der Detektei zu verstecken, wo Rudolph niemals auf die Idee kommen würde, nach ihm zu suchen. Wie bewundernswert von ihr! Doch vor Giselle zuckte er bloß mit den Schultern.

»Es spielt ja auch keine Rolle. Wir können mit der Limousine zum Abendessen fahren.« Er sagte das so leichthin wie nur irgend möglich, aber sein Herz hämmerte wie damals, als er im Alter von elf Jahren seine Jungfräulichkeit verlor. Champagner, natürlich. Es konnte nichts anderes sein. »Oder ... wir könnten den Zimmerservice in Anspruch nehmen ...«

Das war es doch - oder? Giselle hatte, als sie sich küßten, gespürt, wie ihr Körper weich und willig wurde. Das war es doch, was sie hier hatte herausfinden wollen, gib's doch zu. Über sich. Über ihn. Alle Fragen waren beantwortet, sogar abseits der Spurensuche, die zu den Zigeunercadillacs führen sollte ...

Und Ballard war wahrscheinlich gerade jetzt bei Mrs. Schlampe.

»Mit mehr Cordon Rouge?« fragte sie beinahe herausfordernd.

»Für uns beide«, sagte er. »Und mit Austern für mich.«

Ballard beobachtete die Blondine mit dem Namensschild MARLA hinter dem Empfangsschalter, denn sie hatte eine schwache Ähnlichkeit mit Giselle, und sie war so offensichtlich zornig. Ihre Augen klebten am Eingang des Granatzimmers, der verzogene Mund derartig zusammengepreßt, daß die Lippen verschwunden waren. Dann straffte sich ihr Gesicht in kaum verhohlener Wut - und Giselle und der Zigeuner durchquerten die Lobby hin zu den Fahrstühlen, die Arme umeinander geschlungen.

Die Arme umeinander geschlungen! Giselle und dieser Schweinehund von Zigeuner! Und Ballard saß fest. Natürlich konnte er nicht zu ihnen in den Fahrstuhl steigen; und wenn er auf den nächsten wartete, dann wüßte er weder Stock noch Zimmernummer ...

Giselle mit diesem schmierigen Scheißkerl von Zigeuner, der doch garantiert alles fickte, was nur heiß und hohl ... Ihm wurde bewußt, daß er mit zusammengebissenen Zähnen und weißen Fingerknöcheln in seinem Sessel saß. Menschenskind, Larry, reiß dich zusammen. Giselle hatte sich niemals dafür interessiert, was er mit wem so trieb, genau wie er sich niemals dafür interessiert hatte, was sie mit wem so trieb. Außer als Freund. Klar, das war's. Freundschaft. Er verabscheute es, seine Freundin im Bett mit diesem ...

Scheißdreck. Eifersucht. Weißglühende, quälende Eifersucht. Unerwartet und völlig abwegig. Aber es *tat weh. Brannte.* Wie wenn man diesen verfluchten Drāno direkt aus der Pulle schluckte.

Doch Larry blieb noch immer sitzen.

Und warum? Um herauszufinden, wie taff er war? Oder aus irgendeinem anderen Grund ...

Die Blondine namens Marla hatte sich hinter ihrem Schalter inzwischen ein wenig beruhigt, und Ballard wußte mit einem Mal, welchen Grund er hatte. Erschrocken sah sie ihn an, als er sich ihr gegenüber ins Café setzte. Er zückte die eingeschweißte gelbe Karte des kalifornischen Bundesstaates, auf der sich in der rechten unteren Ecke sein Foto befand.

»Ich bin Privatdetektiv und arbeite an einem Fall, in den diese

Blondine verwickelt ist, die eben mit Mr. Grimaldi in den Fahrstuhl gestiegen ist«, sagte er im barschen Tonfall eines Profis. »Ich hoffe, Sie können mir weiterhelfen ...«

Konnte sie. Eine Stunde und vier Tassen Kaffee später wußte er alles über Angelo Grimaldi aus New York und die Drohungen von Terroristen und - auch wenn Marla davon keine Ahnung hatte - über einen Zigeuner namens Rudolph. Er hatte sich sogar ausmalen können, wie der Zigeuner in der Rolle von Grimaldi sie benutzt hatte, um sein verdammt kleveres Manöver gegen das Hotelmanagement - von dem Marla wiederum nichts wußte - durchzuführen.

Aber das kam später dran. Jetzt erst einmal ...

Er ging runter in die Tiefgarage. In dieser ganzen Geschichte spielte das 58er Cabrio eine wichtige, womöglich entscheidende Rolle, aber Giselle würde es ja zurückbringen; und außerdem stand es nicht auf seiner Liste mit SOFORTVERFÜGUNGEN. Im Gegensatz zu Rudolphs langer schwarzer Limousine. Und Larry Ballard war, egal wieviel Drāno er auch getrunken haben mochte, schließlich Profi.

Zum dritten Mal Glück: Marino und Giselle kamen absolut synchron und fielen japsend auseinander. Der Champagner war noch immer kalt, und so lagen sie freundschaftlich vertraut auf dem großformatigen Bett, schlürften Schampus und rauchten Zigaretten, während ihre Herzmuskeln sich beruhigten.

Nicht zärtlich sanft, sondern heftig wild hatten sie sich geliebt; und während der finalen, unfreiwillig rhythmischen Kontraktionen hatte Giselle die letzten ekstatischen Stöße Rudolphs nicht nur in ihrer Vagina gespürt, nein, auch in ihrem Herzen, ja, womöglich gar in ihrer Seele. Zum ersten Mal in ihrem Leben hatte sie ein Sukkubus sein wollen, um einen Mann mit ihrem ganzen Körper zu umschlingen, um den ganzen Saft, der in ihm war, aufzusaugen, alles, alles ...

Im warmen Schein der Großstadtlichter, die tief unter ihrem Horst erglommen, sah sie zu ihm hinüber und fühlte große Freude und Traurigkeit in einem, so als würde etwas in ihr den Verlust einer Ekstase beweinen, die ihr bislang unbekannt geblieben war, und aufgewühlt wollte sie diesem Mann etwas schenken, irgend etwas Einmaliges ...

Nun, vielleicht ein Königreich?

»Der rosa Cadillac«, sagte sie zu Rudolph. »Er gehört dir.«

Doch mit seinem höchst femininen Wahrnehmungsvermögen, das ihn für Frauen so unwiderstehlich machte, verstand er die Bedeutung des Geschenks und gab es zurück.

»*Cara mia*«, sagte Rudolph, »wenn du das tust, wird Larry wissen, daß du den Wagen genommen und ihn mir gegeben hast. Ich kann dir nicht erlauben -«

»Ich will, daß er es weiß«, sagte Giselle grimmig.

35

Larry erlebte einen strahlenden und frühen Montag morgen.

Er war zur DKA gegangen, um die Limousine gleich zur Bank zu fahren - doch statt dessen starrte er nur den leeren Parkplatz an, auf dem der pinkfarbene Cadillac gestanden hatte, als just in diesem Moment Giselle mit großen Schritten hereinspaziert kam. Durch das offenstehende Tor konnte Ballard das Taxi sehen, das sie hierhergebracht hatte. Sie hatte dieselben Klamotten wie am Samstag an.

Beim Anblick der glänzenden schwarzen Limousine blieb sie wie angewurzelt stehen, ihre Wangen erröteten; Larry war ihr am Samstag also zum St. Mark gefolgt, und wußte wohl auch, daß sie soeben von Rudolph kam, der noch auf dem großformatigen Bett seinen austerschwangeren Schlaf ausschnarchte.

»*Schwein!*« zischte sie in ihrer Scham.

Wie er es sich dachte: hatte SIE also das *ganze Wochenende* damit verbracht, diesen Zigeunerstiesel zu bumsen, und *dann* hat sie ihm auch noch Yanas rosa Cadillac rübergeschoben!

»*Schlampe!*« schnauzte er sie an - verletzt und verwirrt.

Es herrschte Krieg.

Nicht jedoch für O'Bannon. Er war gegen Mittag in Hawaii

angekommen – einem Mitglied von Rudolphs Clan namens Ral Wanko auf der Spur, der einen Tag nach dem großen Coup einen eleganten, langen, weißen De Ville nach Honolulu, seinem Heimatstandort, verschifft hatte. Das war alles, was O'B wußte, und so hatte Kearny für ihn den Kontakt zu einem Privatdetektiv in Oahu arrangiert.

»Ein kleiner Japse namens Shinji Ueda. Ich hab ihn letztes Jahr auf der Detektivkonferenz in Kaanapali Beach kennengelernt«, erläuterte er. »Er geht dir vielleicht nur bis zum Bauchnabel, aber er ist ziemlich gescheit – wahrscheinlich wird Wanko dich am Flughafen mit dem De Ville abholen.«

Ganz so war es nicht. Aber Mr. Ueda persönlich war da und hielt ein sauber beschriftetes Schild, auf dem O'Bannon stand, an einem Holzstock in die Höhe. Ueda war in der Tat recht kurz, so ungefähr eins-fünfzig, und wirkte wie eine Krähe unter Pfauen. Statt der üblichen *Aloha*-Hemden, Shorts und *Zori* trug er einen dreiteiligen dunklen Anzug, eine dunkle Krawatte und auf Hochglanz polierte schwarze Oxfords.

Er verbeugte sich. »O'Bannon-san. Shinji Ueda.«

O'B tat es ihm gleich. »Sagen Sie doch O'B-san, Ueda-san.«

Ueda hatte einen runden Kopf, faltige Wangen und schmale, leuchtende, wißbegierige Augen. Als sie den Ala Moana Highway vom Flughafen nach Waikiki fuhren, warf er O'B einen langen besorgten Seitenblick zu.

»Ich gewisse Untersuchungen habe angestellt.«

O'B hatte das Fenster heruntergeleiert, so daß die warme feuchte Luft, die betörend schwer vom Duft der Blumen war, sein rötliches Haar zerzausen konnte. »Und?«

»Die Sache ist sehr gefährlich. Ral Wanko ist wirklich sehr böser Mann mit sehr bösen Freunden. Sie klauen sehr schöne Autos auf Bestellung. Neu lackiert oder auseinandergenommen – für Ersatzteillager für andere Autos zu benutzen –«

»Schlächter«, sagte O'B.

Eine leichte Verneigung hinter dem Steuer. »Das auch.« Innehalten. »Sie ziehen Werkstatt mehrfach um im Jahr. Schwer zu finden.«

Ueda hatte beim Fahren seine Hände auf zehn vor zwei, so

wie es sich gehört. Wieder verneigte er sich ganz leicht. »Aber ich werde für Sie aufspüren.«

O'B nahm ihn beim Wort. Vor dem hochgebauten Hotel grub er mit seinen Zehen im blendend weißen Sand, er ging im Meer schwimmen, trank etwas an der Strandbar, bewunderte den Feigenbaum, und bei Sonnenuntergang schlenderte er die Alai Wai Promenade entlang und sah die Segelboote in der Dämmerung verschwinden. Als es dunkel war, ging er in die Stadt, konnte nur knapp einer handgreiflichen Auseinandersetzung in einem Billardschuppen entgehen, schlug die Vorzüge eines wahrlich umwerfenden *Hapa-Haole*-Freudenmädchens aus und ging allein zu Bett mit einem Gefühl der Reinheit und Tugendhaftigkeit und der Erkenntnis, seit den Tagen bei der Army nicht mehr so viel Spaß gehabt zu haben.

Das war am Samstag.

Am Sonntag nahm ihn Mr. Ueda mit hoch zu den unglaublichen grünen Klippen von Pali, wo viele tapfere Krieger in den Tod gesprungen waren, und dann weiter zu den exklusiven Straßen der Wohlhabenden abseits der Kahala Avenue. Kein Wort vom Geschäft. Mr. Ueda hatte seine Golfschläger auf dem Rücksitz und zählte heute zu den Pfauen: Er trug ein kurzärmeliges, geblümtes Hemd, das einen Brustkorb und zwei Arme zum Vorschein kommen ließ, die vermuten ließen, daß er eine ganze Menge im *Dojo* verbrachte, wo er wohl Ziegelsteine mit bloßen Händen zertrümmerte.

Sie fuhren um eine weite Kurve, an deren Ausgang man über die Schultern eines erloschenen Vulkans, der als Diamond Head bekannt war, eine atemberaubende Aussicht auf den Pazifik genoß. Blaugeränderte flaumige Wölkchen träumten am fernen Horizont. Ueda deutete auf einen langen, eleganten roten Jaguar XJ6, der am Straßenrand stand.

»Der da«, sagte er. »Heute abend.«

O'B verrenkte den Kopf, um den Wagen zu sehen. »Was ist mit dem heut abend?«

»Sie ihn klauen. Und Sie folgen zur Schlächterei. Der De Ville wird dort sein.«

Sie hatten den Krater des Diamond Head umrundet und waren jetzt dabei, den Kapiolani Park zu betreten. In der schweren feuchten Luft erscholl das Geschrei und Gekreisch der exotischen, heiseren, tropischen Vögel des Zoos aus der üppigen Vegetation.

»Woher wissen Sie den ganzen Kram über diese Typen?« fragte O'B.

Ueda lachte, hii-hii-hii. »Hatte ein paar Gefälligkeiten gut. Sam Spade, hä?« Er gab O'B in beinahe schockierender Vertrautheit einen Klaps aufs Knie. »Ich gebe Ihnen Auto, Sie überwachen Jaguar, Sie schnappen sie und sind großer Held.« Ein weiteres Hii-hii-hii, ein Knuff gegen den Arm. »Greif sie, Dano!«

Das Auto hielt unter den Frangipanibüschen, die den Parkplatz des Hotels umsäumten. Von der geteerten Straße, die von der Sonne erweicht worden war, stieg die Hitze geradewegs wieder nach oben. Die Balkone des Hotels waren eine weiße Leiter, die in den blauen Himmel führte. Sie hätten in Dallas sein können. O'B räusperte sich.

»Äh, Shinji, vielleicht wollen Sie ja, äh, heute abend mitkommen und sich den Ruhm mit mir teilen.« Er gestikulierte. »Ich möchte wetten, Sie können Judo, Karate, Kung-fu, Aikido, die ganzen Kampfkünste . . .«

Anzeichen von Alarmiertheit wanderten über Uedas Gesicht. »Oh nein nein nein nein. Nicht kann Kampfkünste. Spiele Golf.« Sein zerfurchtes Gesicht wurde von einem breiten Grinsen entzwei gespalten. »Knapp über 20°.«

Das war am Sonntag.

Nach Mitternacht, formal gesehen also am Montag, parkte O'B im Schatten der Hibiscussträucher, die das Anwesen eines Unbekannten begrenzten, als er das beinahe lautlose Heranhuschen eines Tandems vernahm, auf dem zwei schwergewichtige Gestalten in *Aloha*-Hemden saßen. Unten an der breiten, sich schlängelnden, vornehmen Straße rutschte der Hintermann vom Sattel und eilte zu dem XJ6. Sein Partner radelte weiter.

Ziemlich gewieft. Kein Wunder, daß noch niemand die Diebe gehört hatte.

Motor. Lichter. Das rote Gezwinker der Rücklichter, von denen eines mit dem »X« des schwarzen Klebebands, das O'B zuvor angebracht hatte, markiert war. Das half ihm, den Jag durch den nächtlichen, aber noch immer lebhaften Verkehr auf den Schnellstraßen zu verfolgen, über das Pali Autobahnkreuz, zur Ward Avenue und in das Gewerbegebiet hinein.

Dort mußte O'B sich so weit zurückfallen lassen, daß er ihn schließlich verlor; als er jedoch ein verlassen ausschauendes Lagerhaus passierte, sah er aus dem zweiflügeligen Tor einen breiter werdenden Lichtkeil nach außen dringen. Als der Jaguar hineinfuhr und die Türen sich wieder schlossen, glitt O'Bs kaum wahrnehmbare Silhouette im letzten Silberschein mit hindurch. Drinnen kauerte er sich neben einem BMW zusammen, keuchend vor Aufregung und, ja, vor panischer Angst.

Die beiden großen Männer sahen aus wie Hawaiianer. Aber als der eine aus dem Jaguar stieg, sagte der andere: »War was, Ral?«

Der schwergewichtige Fahrer war also der Zigeuner: Ral Wanko. Der schüttelte den Kopf und sagte: »Ging wie geschmiert.« Dann hielt er inne und starrte auf das Klebeband am Rücklicht. »Hey, Junge, wassen das zum Teufel?«

»Is doch schnuppe. Wir ham 'ne Menge zu tun.«

Ihre Oberkörper verschwanden unter der Haube des Jags. Hinter den Mitternachtsmechanikern stand der De Ville, hinter dem O'B her war, und dahinter befand sich - jenseits eines weiteren weit aufstehenden, zweiflügeligen Tores - ein umzäunter Parkplatz und eine schmale Gasse. Er hätte nur um den Block herumgehen müssen und hätte sich an den De Ville ranschleichen und ihn einfach schnappen können.

Jetzt jedoch saß er in der Falle. Das automatisch verriegelte Tor hinter ihm, die beiden Mitternachtsmechaniker zwischen ihm und dem De Ville und erst dahinter das offene Tor, das Sicherheit verhieß. Und es waren *riesige* Mitternachtsmechaniker. Er konnte nicht zurück, nicht vor und nicht herum.

Aber wie war's mit *oben drüber?*

Das Spitzdach stand auf breiten Balken, die in einem rechteckigen Muster aufgebaut waren und von schmaleren Kreuzverbindungen, die am oberen Ende mit waagrechten Balken verschraubt waren, zusätzlichen Halt bekamen. Wenn er dort hoch käme, dann konnte er vielleicht auf einem der horizontalen Balken bis zur gegenüberliegenden Wand balancieren, wo eine grobe Leiter aus Vierkanthölzern auf ihn warten würde.

O'B kroch zurück zur Wand hinter sich, an der sich eine identische Leiter befand. Er verbrachte zehn qualvolle Minuten, nahm eine Sprosse nach der anderen, ohne jede Deckung als Fliege an der Wand, erstarrte, wann immer einer von den Autoschlächtern unter der Haube hervorkam. Gerade als er rittlings auf einem Balken weit über ihren Köpfen saß, legte Ral Wanko seinen Schraubenschlüssel aus der Hand und wischte sich die Hände an einem ölverschmierten roten Lappen ab.

»Muß ma eine qualmen gehen.«

Einer weg. Also jetzt. Mit beiden Händen hielt er sich am Balken vor ihm fest. Beugte sich vor, alles Gewicht auf die Arme, und rutschte mit dem Hintern zwanzig, dreißig Zentimeter nach vorn. Und noch einmal. Und noch mal und noch mal und noch mal. Und dann noch einmal. Jetzt war er fast genau über dem Jaguar ...

»Hey, Bursche, du toter Mann.«

Herumfahrend verlor O'B die Balance und konnte sich nur retten, indem er sich an einer der Stützstreben festkrallte. Wanko war auf dem Balken unmittelbar hinter ihm, grinste grimmig-wild und hielt einen Hammer mit kurzem Griff, den sie dazu benutzten, Kotflügel auszubeulen, hocherhoben in der Hand, so daß er wie das Reflextesthämmerchen eines Doktors wirkte.

O'B hätte daran denken sollen, daß Wanko Zigeuner war, und also einer der definitiven Überlebenskünstler dieser Welt, und also einer der definitiven Paranoiker derselben. Das aufgeklebte »X« hatte ihn veranlaßt, aus einem Hinterhalt heraus nachzusehen, ob irgendein unvorsichtiges Vögelein aus seiner Deckung hervorlugte. Was der unvorsichtige O'B getan hatte.

»Hör mal«, sagte O'B mit einer Stimme, die zwischen Ernsthaftigkeit und *Bonhomie* changierte, »ich bin nicht von der Polizei, und ich habe auch nicht vor –«

Wanko holte mit dem Hammer aus. O'B duckte sich, der Hammer zersplitterte seinen hölzernen Halt, seitlich fiel er vom Balken herunter, wild ruderte er mit den Armen - doch vergebens: Mit den Füßen zuerst schlug er gegen das Dach des Jaguars. Glücklicherweise waren sie noch bewegungsfähig, und so sprang er von der rutschigen, verbeulten Fläche auf den Boden, just als der schwergewichtige Hawaiianer auf ihn losstürmte.

Geschickt wich O'B aus, und sein Angreifer krachte mit dem Kopf zuerst in die Seite des Jags. Und Wanko kam, ohne Gefahr zu laufen, sich die Knochen zu brechen, nicht schnell genug von dem Balken herunter, und so spazierte O'B gemächlich über die Torlinie und machte den Punkt. Er grüßte sie zum Abschied mit einem gewissen Finger und jagte mit quietschenden Reifen aus der Werkstatt.

Montag mittag war der De Ville durch den Zoll und wartete auf die Verschiffung gen Festland, die Zeitung hatte eine Kopie seines Berichts bekommen, und Mr. Ueda fuhr einen *bekränzten* O'B zum Honolulu International für den großen Satz nach Florida, wo ein weiterer Zigeunercadillac durch Yanas Infos gewissermaßen geoutet worden war.

Soviel Spaß hatte O'B nicht einmal bei der Army gehabt.

Am selben Morgen in Seattle parkte Bart Heslip - auf der Suche nach einem bißchen Spaß - seinen Mietwagen eine halbe Meile von BIG JOHNS GROSSEN BUNGALOWS entfernt. Er legte die Schlüssel oben auf das rechte Hinterrad und ließ die kompletten Papiere im Handschuhfach; wenn er Erfolg hatte, würde er AVIS anrufen und denen genau mitteilen, wo sie den Wagen abholen konnten.

Im gedämpften Licht, das sich einen Weg durch die Decke zorniger Wolken bahnte, schimmerten die geteerten Straßen auf Big Johns Bauland eben und schwarz. Bart hockte sich hinter die Reklametafel und dachte: Himmel, Arsch, schaut aus, als gäb's gleich Regen.

Und wenn es Regen gäbe, gäb's auch Spaß.

Ein zwei Jahre alter Chrysler Imperial hielt vor dem Verkaufsbüro an. Big John und Little Johnny stiegen aus. Big John hatte einen Schulranzen bei sich. Little Johnny sah über die schimmernden Straßen des Baugeländes und war ganz aus dem Häuschen.

»Pa, die Straßen sehen phantastisch aus! Die Leute werden hier rauskommen, eine Runde drehen und sofort die Scheine hinblättern!«

»Jaja, aber wo is dieser Nigger, der sich Adams vornehmen wollte?«

Little Johnny sah ein wenig verängstigt aus. »Pa, bist du dir sicher, daß du, ... äh ... Dieser Joe Adams sah ganz schön ... hart aus ...«

»Wir ham gar nichts damit zu tun, mein Sohn«, sagte Big John. »Der Mann von der Landesbehörde Washington tut schließlich nur seine Pflicht.«

Just in diesem Moment bog Josef Adamos Seville von der Autobahn kommend ein. Ächzend stieg der fette Zigeuner aus und ging um das Heck des Wagens herum – die Schlüssel ließ er stekken. Mit einem Blick tiefer Selbstzufriedenheit schwenkte er seinen Arm über die Bänder aus Teer, die sich über die geplättete Landschaft erstreckten.

»Was hab ich Ihnen gesagt? Haben Sie jemals etwas Besseres als das hier gesehen?«

»Es ist sagenhaft!« schwärmte Little Johnny.

Big John hatte 30000 Dollar im Schulranzen; für das Geld war die Sache absolute Spitze, aber noch verdammt viel besser wäre sie nun doch für einen Preis von Null, für *überhaupt nix*. Also so lange Zeit schinden, bis der Nigger endlich kam.

»Sieht ganz in Ordnung aus, aber dafür bezahlen wir Sie ja schließlich auch.«

»Da Sie gerade von der Bezahlung reden ...«

»Ja, nun, Sie haben schriftliche Garantien versprochen ...«

»Die liegen schon griffbereit im Auto.«

Und so gelang es Big John, ihn zwanzig Minuten hinzuhalten, indem er Dinge las, die ihm eigentlich schnurzpiepegal waren, denn alles, was er gebraucht hatte, waren geteerte Straßen – die hatte er – und den Nigger – der fehlte noch – aber dann fielen nur ein paar kleine Regentropfen, und Joe Adams wurde ungeduldig und nervös, ja beinahe ausfallend.

»Scheiße, worauf warten Sie denn noch, Charleston? Ich hab Ihnen Ihre kack Straßen geteert, jetzt geben Sie mir mein Geld!«

Widerwillig reichte Big John den Ranzen rüber, um wieder etwas Zeit zu gewinnen, denn Joe Adams mußte das Geld erst zählen. Aber dann begann es, richtig zu regnen - und noch immer kein Nigger - und Adams war unverhofft mit einem Schlag zufrieden. Er schüttelte den beiden die Hände, warf den Ranzen in den Seville und wollte gerade einsteigen, als ihn von hinten eine scharfe Stimme davon abhielt.

»Sind Sie Josef Adams?«

Unbeholfen richtete sich Adamo wieder auf und sah sich um. Ein gedrungener, sehr breitschultriger Schwarzer war im Regen aufgetaucht.

»Wer zum Teufel will das wissen?«

»Würden Sie bitte einen Schritt von dem Wagen weggehen?«

Adamo wirkte verwirrt. »Sind Sie von der Polizei? Ist das jetzt 'ne Razzia?«

Keinerlei Beachtung schenkte der Schwarze dem Regen, der jetzt wirklich runterhaute, in seinen festen schwarzen Locken munter glitzerte und in Bächen sein Gesicht hinunterlief.

»Er ist von der staatlichen Baubehörde!« brach es in hämischem Triumph aus Little Johnny heraus. »Und er kriegt Sie dran!«

»Bitte. Treten Sie vom ... dankeschön.«

Der Schwarze kam näher, während Adamo schwerfällig zur Seite schlurfte.

Unter Regenjacke und Kapuze fühlte sich Big John ganz wunderbar; sogar sein Kleiner war recht vielversprechend. »Sir«, sagte er voller Respekt zu dem Schwarzen, »ich hatte keine Ahnung davon, daß dieser Herr meine Straßen ohne gültige Erlaubnis teeren würde ...«

Er hörte zu reden auf, denn es passierte etwas äußerst Ungewöhnliches. Der Schwarze trat rechts neben Joe Adams, stieg in den Seville und knallte die Tür zu. Mit einem Klicken rastete die automatische Verriegelung ein. Und fort fuhr das Auto - um den Kreisel und zurück zur Hauptstraße. Mit einem Mal waren alle hellwach.

Adamo fing an, dem noch immer langsam dahinrollenden Fahrzeug hinterherzurennen.

»MEIN AUTO!« brüllte er. »MEIN AUTO!«

Auch Big John rannte plötzlich mit flatterndem Ostfriesennerz.

»MEIN GELD!« rief er. »MEIN GELD!«

Little Johnny starrte auf die schönen schwarzen Straßen.

»UNSERE STRASSEN!« schrie er. »PA! UNSERE STRASSEN!«

Beim Ruf seines Sohnes scheute Big John. Und sah sich um.

Seine wunderschönen blanken Straßen lösten sich im prasselnden Regen in Matsch auf, der Teer floß in den Gräben daneben davon. Genau wie es Bart Heslip vorausgesehen hatte, da Josef Adamo in Seattle das ganze wiederaufbereitete Motorenöl und den billigen Verdünner gekauft hatte. Ein Gemisch aus Verdünnung und Motorenöl, das man auf der Oberfläche einer im Werden befindlichen Straße aufträgt, sieht genauso aus wie erstklassiger Teer auf derselben - bis es zu regnen anfängt.

Dann schmilzt der glänzende neue Belag einfach dahin und verschwindet.

Schreiend vor Zorn warf sich Big John Charleston auf den fetten Josef Adamo.

Bart Heslips letzter Blick auf BIG JOHNS GROSSE BUNGALOWS fiel durch sintflutartigen Regen auf zwei kräftige Jungens voller Teer, die sich im Schlamm wälzten und ineffektiv, aber wild aufeinander einschlugen. Und als ihm der Wolkenbruch schließlich ganz die Sicht nahm, verlor die dritte Gestalt, die hin und her gesprungen war und mit den Armen fuchtelte, den Halt und purzelte den schlammigen Abhang hinunter - hinein in den Kampf.

Erst als er auf seiner Fahrt nach Chicago die Grenze zu Idaho passiert hatte, hielt Bart an, um nachzusehen, was sich in der Tasche befand, die Josef Adamo in den Seville geworfen hatte.

Dreißigtausend Dollar - in so einem Schweineranzen! Bart Heslip packte es nicht mehr. Wie es Jane Goldson mit ihrem englischen Akzent ausdrücken würde: Bei dem persönlichen Hab und Gut in diesem Schlitten würde Dan Kearny *wirklich* ein Mords-Tam-Tam machen.

36

Rudolphs Informationen für Giselle, die eigentlich recht spärlich gewesen waren, gingen zur Neige, und Yana hatte Ballard auch schon all ihre nicht minder spärlichen Informationen zukommen lassen. Die Jungs waren schon wieder unterwegs, um den zweiten Schwung Autos einzusacken, bevor auch nur vom ersten alle wieder zurück waren. Kearny verzichtete noch immer darauf, etwas an andere Agenturen im Land weiterzuleiten, nicht einmal die Zweigstellen der DKA wurden um Hilfe gebeten: Bevor er nicht den genauen Wagen, Name und Adresse wußte, wollte er keinen Auftrag weitergeben.

Sowohl O'B als auch Bart Heslip hatten sich telefonisch gemeldet.

Das Auto der lottospielenden und spanischsprechenden Zigeuner stand schon auf dem Hof, und Morales saß im Flugzeug nach Cabo San Lucas, wo ein Zigeuner, dessen Name sie nicht kannten, seinen Cadillac vermutlich dazu einsetzte, einen Segler mit einer in Vergessenheit geratenen Goldmine reinzulegen. In Baja war jedoch jemand, der des Spanischen mächtig war, ein Muß: ergo Morales.

Ken Warren fuhr mit Sarah Walinskis Dodge Charger mitten in den Sonnenaufgang hinein und fühlte sich wohl und zufrieden, wenn er auch noch immer nicht bei der Großen Zigeunerjagd mitmachte. Ihr Kunde in Sachen Charger war ein Gebrauchtwagenhändler aus Jersey City, der der Ansicht war, daß die drei Angebote, die die DKA für den Wagen hatte, allesamt zu niedrig lagen. Da er der Tatsache, daß die Autos von Trinkern sehr rasch nicht mehr sehr neu aussehen, nicht ins Auge blicken wollte, glaubte er, die DKA wolle ihn hinters Licht führen. Also wollte er, daß der Dodge zurück nach Jersey überführt würde, damit er ihn dort selbst wieder verkaufen könnte.

Was Dan Kearny derartig beleidigte, daß er Ken einschärfte, sich alle Kosten erst bar oder mit einem gedeckten Scheck erstatten zu lassen, bevor er den Charger übergab. Ken freute sich über die Sache. Auf nach Jersey City ...

In Wirklichkeit war der Punkt natürlich der: Dan Kearny hatte versprochen, ihm jeden Fall zu übertragen, der sich, während er unterwegs war, an der Ostküste in Sachen Zigeuner ergeben sollte.

Giselle Marc brauchte eine Dusche und frische Unterwäsche. Sie konnte Rudolph nicht anrufen - die Zentrale des Hotels würde mithören - aber sie mußte ihm sagen, daß Ballard - zur Hölle mit dem Kerl - daß Ballard die Limousine geschnappt hatte, von der sie ihm versprochen hatte, er könne sie behalten, bis die Sache mit dem Hotel über die Bühne war. Also hatte sie Jane Goldson gesagt, sie solle Mr. Grimaldi sofort durchstellen - aber niemanden sonst. Sie war derart außer Fassung, daß sie es nicht mitbekommen hatte, wie Ballard ihre Instruktionen zufällig hatte mitanhören können.

Das Telefon läutete. Giselle nahm den Hörer ab.

»*Cara mia.* Ich habe dich heute morgen beim Aufwachen vermißt.«

»Ich dich auch.« Sie hielt inne. »Rudolph, ich ... muß dir etwas sagen ...«

Im Krieg und in der Liebe ist alles erlaubt, nicht?

Und das hier war Krieg.

Und so drückte Ballard, als er das Lichtchen für Giselles Anschluß aufleuchten sah, auf den Knopf und nahm ohne jede Scham den Hörer ab.

Um zu hören, wie Giselles Stimme sagte: »Rudolph, ich ... muß dir etwas sagen ... ähm ... Larry hat sich, ähm, am Wochenende deine schwarze Limousine geschnappt. Er hat sie einfach aus der Tiefgarage des St. Marks gefahren.«

Das herzliche leise Lachen Rudolphs, das durch die Leitung

drang, ließ Ballards Hand den Hörer fester drücken, gerade so, als handele es sich um Rudolphs Hals.

»*Cara mia*, Einzige, das ist schon okay - laß deinen Larry nur sein Revier markieren, wenn seine Yana erst erfährt, daß ich den pinkfarbenen Cadillac habe, wird sie ihn schon abschieben. Mir ist er völlig egal.«

»Ich kann es kaum abwarten bis heute abend«, sagte Giselle mit verträumter Kleinmädchenstimme, die Ballard beinahe platzen ließ.

»Ganz wie ich, meine Liebe«, sagte Rudolph. »Ich werde die Stunden zählen, bis ich dich wieder in meinen Armen halte.«

Er machte ein paar Kußgeräusche und legte auf. Ballard tat es ihm gleich - ein ganz klein wenig unvorsichtig, aber er kämpfte mit seinem Würgereflex. Giselle hörte gerade noch, wie ein zweiter Hörer aufgelegt wurde.

Ballard! Der hörte ihren Anruf mit!

Sie sprang auf und wollte los nach oben, diesem Saukerl die Ohren abreißen, als sie sah, wie das Lichtchen für *seinen* Anschluß aufleuchtete. Da es erleuchtet blieb, setzte sie sich wieder, schaltete ihren Apparat in die Verbindung und nahm vorsichtig und leise ihren Hörer ab. Liebe und Krieg ...

Als sie den Hörer an ihr Ohr legte, war gerade Larry dabei zu sprechen.

»... mit dem rosa Caddy und mit heute abend.«

»Natürlich: heute abend!« rief eine Stimme, die nur Yana gehören konnte. »Aber dieser pinkfarbene Cadillac - den brauch ich vorher, die Gefahr ist vorüber, alles ist perfekt, um ... mein Geschäft mit Teddy White zu einem Abschluß zu bringen. Wir sollten uns in dem kleinen Café in North Beach treffen ...« Ballard schwieg so lange, daß Unruhe in Yanas Stimme trat und Giselle denken mußte, Miss Schlampe könne womöglich tatsächlich hellsehen. »Der Eldorado *ist* doch in Sicherheit, oder? Es ist entscheidend –«

»Aber klar, klaro, alles in bester Ordnung. Aber warum ist das denn so wichtig?«

»Das wird der Nachmittag zeigen, mein Lieber. Und heute abend ...«

Sie ließ ein kehliges Lachen hören und legte auf.

Als sie ganz sicher war, daß die Leitung tot war, ließ Giselle hämisch den Hörer auf die Gabel gleiten. Ballard und seine Zigeunerprinzessin hatten wohl langsam das Ende der Fahnenstange erklommen. Wenn er ihr heute nachmittag den pinkfarbenen Cadillac nicht würde liefern können …

Aber um auf Nummer Sicher zu gehen, würde sie heute abend, bevor sie zu Rudolph ins Bett schlüpfte, Teddy White observieren, und der würde sie zu Yana führen, und irgendwie würde sie dann Yanas Schwindel ruinieren – und Yana selbst gleich mit.

Ballard hatte Yana nicht erzählt, daß ihm der pinkfarbene Cadillac abhanden gekommen war, weil dies nicht nötig war: Heute morgen hatte er telefonisch etwas von Marla erfahren, das es ihm erlauben würde, Rudie-Baby zu zeigen, wo der Hammer hing.

Angelo Grimaldi zupfte seine Hemdsärmel zurecht, so daß man die alten güldenen Manschettenknöpfe an seinem Handgelenk glitzern sehen konnte, dann stieß er die Tür zu Gunnarsons Büro auf. Endlich hatte er Matchball in dem Spiel, dessentwegen er nach San Francisco gekommen war.

Delia, Gunnarsons schlaksige, aber nichtsdestoweniger vollbusige Sekretärin, sah mit glimmenden Augen zu ihm auf, mit Augen, die sich sehr von denen unterschieden, mit denen sie ihn angesehen hatte, als er das erste Mal nach ihrem Chef gefragt hatte. Allem Anschein nach hatte Gunnarson ihr im Bette liegend so manches über Angelo Grimaldi ins Ohr geflüstert, und ihr Blick verriet, daß sie die sexuelle Vereinigung mit einem schlanken und gefährlichen Mafiaanwalt womöglich weit aufregender finden würde als die mit einem drögen und übergewichtigen Hotelmanager. Jammerschade. Nie würde es geschehen.

»Sie werden drinnen erwartet, Mr. Grimaldi.«

Er nickte, liebkoste sie mit den Augen und schritt durch die Tür, die sie mit einem Summer öffnete. Gunnarson, Shayne und der verschrumpelte kleine Smathers waren in einer Reihe quer durch den Raum postiert, als gelte es, einen Angriff der Kavallerie zurückzuschlagen.

Grimaldi grinste sie an. Das war der Moment, auf den jeder professionelle Schwindler wartete, der Moment der Wahrheit. Wie immer es auch ausginge, das Spiel war es wert gewesen. Marino schleuderte Shayne dessen Worte ins Gesicht: »Ihr Treffen, Ihre Tagesordnung, Gentlemen. Aber machen Sie's kurz. Ich muß mein Flugzeug erwischen.«

Smathers mußte das kürzeste Streichholz gezogen haben. Er machte einen Schritt nach vorn und räusperte sich.

»Mr. Grimaldi, wir haben Ihr ... Angebot, die, äh –«

»Diese Arschlöcher umzulegen«, half ihm der taffe Angie Grimaldi in seinem Bronx-Stil aus, »bevor sie Euer schickes scheiß Hotel in Schutt und Asche legen. Aber Eure achtundvierzig Stunden sind rum, und deshalb habe ich mich auf den Weg gemacht ...«

»Verdammt noch mal, wir bezahlen Sie ja!« brach es aus Shayne mit heiserer Stimme hervor. »Okay? Wir zahlen!« Er trat näher, sein Gesicht scheußlich rot. »Aber wir wissen, wer Sie sind und wo Sie sind, und wenn Sie uns aufs Kreuz legen und die Saladin unserem Hotel etwas anhaben –«

»Wenn ich diesen Raum verlasse, Gentlemen«, sagte er mit völlig reglosem Antlitz, obwohl das Blut in seinen Adern johlte, obwohl sein Bauch bebte, so sehr wollte er lachen, »werden alle Vorhaben und Absichten der Saladin nicht mehr existieren. Ich garantiere Ihnen, daß Sie niemals wieder belästigt werden.«

Gunnarson stellte eine Tasche auf den Tisch.

»Fünfundsiebzigtausend Dollar. Außerdem müssen Sie uns garantieren, daß, was auch immer passiert, der Name des Hotels nicht in Verbindung gebracht wird –«

»In Verbindung gebracht wird womit? Mit wem? Ich bin niemals hier gewesen. Wir haben dieses Gespräch niemals geführt. Es wird niemals irgendeine Blondine gegeben haben. Wie ein Politiker es ausdrücken würde: Sie haben mein persönliches Ehrenwort.«

Gunnarson öffnete die Tasche, seine Kollegen drängten sich nach vorn, um einen liebevollen letzten Abschied von den Bündeln grüner Scheine zu nehmen, die in ihr steckten. Nicht so Grimaldi. Er beugte sich bloß über den Schreibtisch, um auf den Knopf der Gegensprechanlage zu drücken.

»Delia, würden Sie bitte reinkommen. Ohne Stenoblock.«

Als er den Knopf losließ, die Tasche verschloß und sie sich schnappte, begann Shayne überrascht: »Ja aber, wollen Sie denn gar nicht zählen ...«

Delia trat ein - sie wirkte ein wenig verwirrt ob der Tatsache, daß Grimaldis Stimme an der Gegensprechanlage gewesen war. Er drückte ihr die Tasche in die Hand.

»Sagen Sie Marla am Empfangsschalter, daß das hier in der Tiefgarage mit dem Rest meines Gepäcks im Kofferraum meines Cadillacs verstaut werden soll. Und lassen Sie den Wagen zum Haupteingang bringen.«

Delia sah zu Gunnarson, der kaum merklich nickte.

»Jj ... ja, Sir, Mr. Grimaldi.«

Grimaldi reichte ihr auch noch eine 20-Dollar-Note. »Für den Burschen, der das Gepäck runterbringt und mir den Wagen holt.«

Zögerlich nahm sie Tasche und Geldschein und verließ den Raum. Grimaldi redete jetzt wieder zu den drei Vertretern des Hotels - ganz so, als hätte es keine Unterbrechung gegeben.

»Sie wissen, wer und wo ich bin - aber ich weiß auch, wer und wo *Sie* sind. Also muß ich das Geld wohl kaum zählen, oder?« Sie antworteten ihm mit einem Chor der Zustimmung. Er nickte höflich. »Dann also: Die besten Abschiede sind die kurzen, Gentlemen.«

Und fort war er, zog die Tür hinter sich zu wie bei einer Totenwache und kämpfte gegen das Lachen an, bis er hinter Delias unbesetztem Schreibtisch war. Doch gerade als er im Begriff war, das Büro zu verlassen, kam sie herein und stieß hart mit ihm zusammen; er packte ihre Handgelenke, wirbelte mit ihr herum, preßte sie gegen den Türrahmen, um sein Becken an ihrem zu wetzen und sie respektlos auf den Mund zu küssen.

Schließlich gab er sie frei. »Schade drum, *Cara*«, sagte er. Dann ging er rasch zur Tür hinaus und durchquerte die Halle zum Empfangsschalter.

Er war so grob zu ihr gewesen, weil sie nicht Giselle war - und weil er Giselle niemals wieder sehen würde. Zwangsläufig, jedoch ... wenn er doch nur dieses eine Mal, *kein* Zigeuner hätte sein können ...

Aber er war nun einmal einer der ihren. Und zwar nicht nur irgendein Zigeuner, sondern bald der *König* der Zigeuner! Als er durch die schweren prunkvollen Türen zur Auffahrt draußen vor das Hotel ging, warf er Marla einen Kuß zu. Daß sie ihn nicht erwiderte, fand er interessant und gleichzeitig beunruhigend. Aber was machte es schon? Es war vorbei. Und er hatte gewonnen!

Am Bordstein winkte er dem Portier zu.

»Den pinkfarbenen Cadillac, guter Mann.«

Es war der erste Blick, den er auf ihn warf, jetzt, da er ihm ganz allein gehörte. Aufregend funkelte er im hellen Sonnenschein von San Francisco, das Dach offen, damit seine reinrassige edle Gestalt am besten zur Wirkung kam. Er war, im wahrsten Sinne, ein Königreich wert, und danach sah er auch aus.

Der große, gutgebaute Bursche, der für die Autos zuständig war, brachte den Caddy - das Gesicht von der Uniformmütze beschattet - beinahe zeremoniell zum Eingang. Rudolph ging um ihn herum zur Fahrerseite.

Aber der Bursche stieg nicht aus. Statt dessen rückte er seine Mütze auf den Hinterkopf, um Rudolph besser ansehen zu können. Blonde Haare. Adlerzüge. Adleraugen, die sich in Rudolphs bohrten. Dessen Mund klappte weit auf, als er schlagartig und zu seiner ärgsten Überraschung feststellen mußte, daß es Ballard war, der mit der 20-Dollar-Note lässig unter seiner entsetzlichen Nase wedelte.

»Danke fürs Trinkgeld, Rudie-Baby. Bis demnächst.«

Und er drückte auf die Tube. Der Caddy schoß von der Hotelauffahrt herunter und zischte vor der Nase einer erschreckten Straßenbahn über die Powell Street, um den California Hill hinunter zu verschwinden. Marino rannte ihm ein paar Schritte nach, die Fäuste geballt, das Gesicht gerötet, die Augen in Flammen. Verarscht! Aber volle Kanne! Von einem *Gadjo* auch noch. Mit der Hilfe eines anderen *Gadjo*, der so lässig abgelegten Empfangsdame Marla.

Rudolph blieb stehen. Atmete ein paarmal tief durch. Kicherte. Ballard war vernarrt, nicht? Also würde er Yana den Wagen abliefern, oder? Und Yana würde damit nach Stupidville fahren.

Wo Rudolph Marino ihn ihr wieder abnehmen würde.

Und die 75 000 Dollar, die er auf so superbe Weise den Hotelmanagern abgeknöpft hatte? Die waren auch weg. Und so wie Rudolph Yana kannte, würde wohl das meiste von diesem Geld in Yanas kleinen heißen Zigeunerhändchen landen. Und Rudolph war ein Meister darin, Yana Dinge abzunehmen.

Und inzwischen müßte ja wohl kein anderer *Roma* erfahren, daß er das Geld verloren hatte, nicht? Und so würde sein Schwindel einen Platz unter den besten der großartigen Zigeunerlegenden finden, die von Generation zu Generation mündlich weitergegeben wurden - und ihm helfen, König zu werden.

Mit einem reuigem Grinsen ging Rudolph zurück zu dem uniformierten Portier, um ihn ein Taxi zum Flughafen rufen zu lassen.

Larry Ballard schätzte, daß er noch nie so leicht Geld verdient hatte wie mit den 20 Dollar Trinkgeld von Rudolph. Freilich, er hatte einem der für die Autos beim St. Mark zuständigen Burschen 50 Dollar geben müssen, damit der beide Augen zudrückte und ihm seine Uniform auslieh - aber das war Geld von der DKA gewesen und nicht seins.

Nachdem er die persönlichen Habseligkeiten aus dem Wagen entfernt und katalogisiert hätte, würde er ihn Yana zurückgeben. Die niemals erfahren müßte, daß er ihn kurzzeitig aus den Augen verloren hatte, oder?

Und so würde sie in der Nacht willig zu ihm kommen.

Heute nacht.

37

Yanas Gedanken an die bevorstehende Nacht waren *au contraire* eher von kantig-kühler Natur. In ein paar Stunden würde sie sich mit Larry treffen, um den pinkfarbenen Cadillac zurückzubekommen; sie hatte ihn ihm gegeben, damit er ihn in Sicherheit verwahrte, nachdem sie gehört hatte, daß Rudolph sein Versteck gefunden hatte. Jetzt spielte seine Sicherheit keine Rolle mehr: Heute abend - nach ihrer letzten Paarung mit Teddys Bankkonto - wäre sie mit ihm unterwegs.

Weil sie ihn so hart rangenommen hatte, war Teddy vorgestern selbst gekommen, um lautstark seine Vernichtung zu fordern. Sein Anruf kam kurz nach sechs am Samstag morgen, als sie noch im Bett lag, welches Ballard keine Stunde zuvor verlassen hatte, um - die Schuhe in der Hand - die Treppe hinunterzuschleichen, damit Ramon nichts von ihrem rasenden Nahkampf erführe.

»Madame . . . Madame Miseria? Hier ist –«

»Theodore Winston White der Dritte.«

»Sie haben gewußt, daß ich es bin?«

»Ich weiß immer, wenn du es bist.« Ihre Stimme surrte wie eine angezupfte Harfe. Sie kannte ihren Pappenheimer, so wie sie die Umrisse ihrer geschätzten Kristallkugel kannte. Im warmen Nachglühen sexueller Sättigung war sie glänzend darauf eingestimmt, ihn auszunehmen. »Ich empfange gewisse Strahlungen von dir, wenn ich den Hörer abnehme.«

In Wirklichkeit war Teddys Stimme einfach unverkennbar, dünn, näselnd, zögerlich und unsicher, ganz so wie Teddy selbst. Sie ließ es darauf ankommen - was um 6 Uhr morgens kein sonderliches Risiko darstellt, nicht mit Teddy.

»Du rufst mich aus deinem Schlafzimmer an, und du bist kaum in der Lage aufzustehen, denn die Schlange ist tiefer in deinen Körper gedrungen.«

»Ja!« Der Eifer des Hypochonders, der seine Krankheit erörtert, beschleunigte seinen Redeschwall. »Es . . . es ist wie ein rotglühender Draht, der sich meinen Rücken hinunterzieht, bis in die Beine. Ich möchte . . . ich brauche . . .«

»Es ist so, wie ich es befürchtet habe«, sagte sie. »Als der Dämon aus dem Ei meinen Körper betrat, verriet mir mein furchtbarer Kampf, ihn zu vertreiben, wie schrecklich stark das Böse ist.«

Sie saß jetzt aufrecht im Bett, den Geruch starken aromatischen Kaffees in der Nase, Zigeunerkaffees, der in einer großen alten emaillierten Kanne gebraut war, in der sich der Satz und eine Eierschale befanden. Womöglich konnte Ramon Gedanken lesen; oder er hatte sie vielleicht telefonieren gehört, gehört, wie sie sich samstags morgens um sechs schon um die Geschäfte kümmerte. Es könnte sich jedoch sogar um seine Art des unnachgiebigen Einspruchs gegen ihr Liebesleben handeln.

Wenn auch, sie war froh, daß er Larry nicht die Treppe hatte hinunterschleichen sehen. Zwischenzeitlich jammerte Teddy weiter vor sich hin.

»Du weißt, was du zu tun hast«, sagte sie in schrillen apokalyptischen Tönen. »Und zwar rasch. Am Montag um Mitternacht.«

»Mitternacht? Montag?« Seine Stimme schauderte vor Schrecken.

»Es ist dein Stiefvater, den du beleidigt hast«, erinnerte sie ihn unerbittlich. »Es ist die einzige Chance.«

»O Gott«, stöhnte Teddy sanft.

Das war er, der Höhepunkt, der letzte Clou: Danach würde er sie niemals wiedersehen. Sie sagte: »An der Tam Junction. Am Montag um Mitternacht. Der Obststand, an dem die Tennessee Valley Road vom Shoreline Highway abzweigt. Alleine.«

Seine Stimme erbebte. »Wie . . . wieviel muß ich –«

»Fünfundsiebzig«, sagte sie abrupt und legte auf.

Montag war der früheste Tag, an dem er das nötige Bargeld beschaffen konnte, und so ging sie für den Rest des Wochenendes, um jedweden Rückzieher zu vermeiden, nicht mehr ans Telefon.

Jetzt war es Montag, und heute abend würde ihr Teddy 75 000 Dollar mitbringen – wenn er überhaupt käme. Eine genaue Summe zu nennen, stellte ein gewisses Risiko dar, denn wenn der Betrag seine Existenz gefährdete, dann würden die Herren Banker und Rechtsanwälte anfangen, Fragen zu stellen. Aber Fünfundsiebzigtausend, das wäre die bei weitem größte Beute, die Yana je gemacht hätte.

Und hinterher wäre sie auf und davon. Dem Staat entronnen, seiner Gerichtsbarkeit entronnen. Ihre Form des Betrugs war keine Bundesangelegenheit; wenn Kalifornien sie also je wegen dieser Angelegenheit verfolgen sollte, dann müßte man sie erstens identifizieren, zweitens finden und drittens ausliefern lassen. Was, berücksichtigend, daß sie eine schöne *bojoo* Zigeunersfrau war, in einer Zeit, in der aus Bürgerrechten Verbrecherrechte wurden, in der Tat nicht so ganz einfach sein würde.

Sie würde den pinkfarbenen Cadillac fahren, den ihr Larry heute nachmittag bringen würde, und Ramon würde ihren unzerstörbaren drei Jahre alten Jeep Cherokee nehmen, der ihnen heute dieselben Dienste leistete, die ihren Vorfahren vor einem Jahrhundert noch der Pferdewagen geleistet hatten. Im Morgengrauen würden sie sich in Sacramento treffen, um gemeinsam durch die Sierra gen Osten über die Großen Ebenen nach Stupidville zu reisen.

Systematisch räumten sie alles Zigeunerbrimborium aus dem *Ofica*, packten die Sachen vorsichtig ein, damit sie nach der Beerdigung des Königs andernorts wieder aufgestellt werden konnten. Obwohl das *Ofica* im trüben *bojoo* Licht exotisch und reich möbliert erschien, war dies eine einzige Illusion, hervorgerufen durch die schweren Vorhänge, ein paar alte Stühle, den speziell angefertigten Kristallkugeltisch und den leicht beweglichen Zierat und Nippes. Heiligenbilder, klirrende Lampen, Bücher über Prophezeiungen und Geisterbeschwörungen, Karten, Figurinen ...

Und es war Ehrensache, daß sie sich verzogen, ohne die Miete der letzten drei Monate bezahlt zu haben: Schließlich waren sie Zigeuner.

»Paß auf die Kugel auf«, sagte Yana, als Ramon die unschätzbare Kristallkugel in einen der großen Säcke seiner *Gonya* packte, eines schweren Ledergurts, an dessen Enden sich zwei Taschen befanden.

»Glaubst du, ich bin so ein Trottel wie dein *Gadjo*-Freund?«

»Er geht dich gar nichts an«, kläffte sie.

Als die Taschen so gefüllt waren, daß sie beide etwa dasselbe wogen, legte er den Gurt über seine Schulter und erhob sich. Sein Körper war gestrafft, und seine Muskeln traten unter dem Gewicht der gefüllten *Gonya* hervor. Unentwegt sah er ihr in die Augen.

»Ich weiß, daß er am Freitag abend mit dir geschlafen hat.«

Auch sie richtete sich zu ihrer vollen Größe auf, ihre Augen funkelten.

»Und wenn?«

»Yana ... er ist ein *Gadjo*, und du ... du –«

»Und ich werde seinetwegen Königin der Zigeuner werden, vergiß das nicht«, schnauzte sie ihn an. »Außerdem ist die Sache jetzt vorbei.«

Auf dem Romolo Place war jeglicher Autoverkehr untersagt; doch da die Straße für Feuerwehrautos zugänglich sein mußte, konnte man im Notfall die drei Pfosten abmontieren, die am Fuß der Straße im Betonboden steckten. Und irgendwie hatte sie irgendwer zur Seite gestellt: Der Cherokee stand unmittelbar vor Yanas *Ofica.*

Als Ramon mit seiner beladenen *Gonya* die Treppe runter ächzte, dachte Yana: Ja, Larry ist ein *Gadjo*, aber er ist auch der einzige Mann, der je mein Herz berührte.

Aus, vorbei. Ein Treffen noch heute nachmittag, dann würde sie ihn nie wiedersehen. Kleinmädchenhaft rieb sie sich die Augen, und dann schnauzte sie Ramon an, als dieser schnaufend das obere Ende der Treppe erreicht hatte.

»Wir müssen uns beeilen, in Marin müssen noch alle Vorbereitungen getroffen werden.«

Drüben in Marin war Teddy White mit *seinen* Vorbereitungen beschäftigt, die alle finanziellen Charakter hatten, die alle aus Barabhebungen bestanden. Er räumte sein Maklerkonto, verkaufte diese Aktien und Wertpapiere, plünderte jenes Sparkonto, setzte diese Staatsobligationen um und sah sich mit den immer selben Bemerkungen und Fragen der Finanzberater konfrontiert.

»Ist das denn in diesen Zeiten ein kluger Zug?«

»In einem Monat hätten sie durch die Freibeträge für Kapitalerträge, obwohl sie reduziert worden sind, einen Steuervorteil von . . .«

»Am Freitag wollte ich Sie noch bitten, die Anlage zu verlängern. Und jetzt . . .«

»Ich muß Ihnen in aller Deutlichkeit davon abraten, das ganze Bargeld . . .«

»Wenn ich wüßte, wofür sie es brauchen, dann könnte ich Ihnen besser . . .«

Jedem gab er die Antwort, die Yana ihm angeraten hatte: eine Investitionsmöglichkeit, die man nur einmal im Leben hat. Auch hatte sie ihm gesagt, von acht verschiedenen Konten stets weniger als 10000 Dollar in Zwanzigern, Fünfzigern und ein paar Hundertern abzuheben. Teddy war insgeheim entsetzt über die Summe, die sie genannt hatte, insgeheim erfreut, daß es nicht noch mehr war, und insgeheim hatte er ein schlechtes Gewissen ob der Tatsache, daß er sich freute, weil es nur um fünfzehn Prozent seines Vermögens ging.

Wie konnte er nur so kleinlich, so geldgierig sein? Hatte Yana nicht ihr Leben aufs Spiel gesetzt, damit er auch nur bis zum heutigen Tag hatte überleben können? War es nicht sehr gut möglich, daß er sie heute nacht wieder in Gefahr bringen würde?

Mit einem Fernglas überwachte Giselle die Straße vor seinem Haus und entdeckte Teddy, wie er mit dem Geld nach Hause kam. Zumindest nahm sie an, daß es sich um Geld handelte, als er den prall gefüllten, dunkelgrünen Müllsack vom Rücksitz holte.

Soviel Geld?

Sie wartete ab, beschäftigte sich zunächst mit der Rache an Yana und ließ dann ihre Gedanken abgleiten zu den seidenen Stunden später in Rudolphs Bett . . .

Beim Kaffee war Yana in sich gekehrt, nervös, sogar ein wenig traurig, aber wahrscheinlich bereitete sie sich einfach auf den

Coup mit Teddy White heute abend vor. Und so dachte auch Larry Ballard an die bevorstehende Nacht, wenn sie mit Theodore Winston White III fertig wäre und in ihrem Bett auf ihn dann wartete ...

Wohin würde es führen? Was würde geschehen? Er wußte es nicht. Es scherte ihn nicht. Er wollte nicht weiter denken als bis zu dieser Nacht mit ihr. Er war wahrlich aufs schönste besessen.

Zur gleichen Zeit hielt O'B an Floridas Gold Coast nach Kalia Uwanowich Ausschau, der mutmaßlich in einem der auseinanderplatzenden Vorstadtgebiete bei Fort Lauderdale, dem Finanz- und Geschäftszentrum von Broward County, welches zwischen Miami im Süden und Palm Beach im Norden eingeklemmt war, einen größeren Coup als Dachdecker laufen hatte.

Nur - in welchem der Vorstadtgebiete? O'B machte das, was O'B am besten konnte: herumfahren, Ausschau halten, plaudern, Kneipen und Salons besuchen, mit den guten alten Jungs den ein oder anderen Drink zu sich nehmen. Informationen aufsaugen - und Schnaps - gleich einem Schwamm.

In Baja in Cabo hatte Trin Morales schon mehrere Stunden damit zugebracht, in den schicken Touristenhotels herumzuschnüffeln, die hoch oben auf den Felsen mit Blick auf den Pazifik thronten oder sich an den weißen Sandstränden am Cortéz-Becken fläzten. Er hatte den alten klapprigen gelben VW Käfer, den er am Flughafen gemietet hatte, an der Hauptstraße von Cabo abgestellt und war dann einfach umherspaziert und hatte sich ein wenig umgehört. Auf und ab ging es die mit Schlaglöchern übersäten staubigen Straßen - Schwätzchen haltend mit Leuten, die in Baracken aus geplättetem Blech und morschem Holz ihr Zuhause hatten.

Das *Giggling Marlin*, so hatte er erfahren, war die Kneipe, in der die meisten Segler unter den *Gringos* ihre Zeit totschlugen. Dort würde er hingehen, einen gepflegten Drink zu sich nehmen und warten. Wo die Segler waren, waren vielleicht auch die Zigeuner.

Mit dem Cadillac, hinter dem Morales her war.

In Nebraska fuhr Bart Heslip ostwärts durch die Prärie - auf einem Highway, der bemerkenswert flach und gerade war. Er schnitt einfach durch die wogenden Ebenen und wallenden Hügel - wie eine Kettensäge durch Kiefernstämme.

Er hatte Kearny angerufen, um ihm von den 30000 Dollar in der Tasche zu erzählen, und Corinne, um ihr zu sagen, daß er sie vermißte und liebte. Der nächste Halt war Chicago mit Nanoosh Tsatshimos gefälschten Vergoldungen.

In Reno packten die Lovellis zusammen, um sich nach Osten aufzumachen. Es waren fast einhundert Zigeuner, Männer, Frauen und Kinder, und zweiundzwanzig Autos (inklusive sieben Cadillacs, die der Cal-Cit Bank gehörten) und zwei Pickups, die mit dem ganzen Brimborium beladen waren, das sie im Sommer für ihre Runde durch den mittleren Westen brauchen würden. Nach Osten durch Utah, Wyoming, eine Ecke von Colorado mitnehmend, dann weiter über die wogenden Ebenen Nebraskas Richtung Mississippi bis zum Lager in Stupidville.

In seinem Krankenzimmer in Stupidville plante Staley mit Lulu den Ruin des Barney Hawkins und seiner Democrat National Assurance Company - um 75000 Dollar würde es gehen. Staley war bereit, auf 50000 Dollar herunterzugehen; Lulu glaubte nicht, daß das nötig sein würde.

Bei der DKA war Dan Kearny im Begriff, den Hinterausgang hinauszugehen, als sein Privatapparat klingelte. Er seufzte, kehrte um, nahm den Hörer ab und vernahm Ephrem Poteets Stimme.

»Ich hab was für dich, Kearny.«

»Einen Cadillac?«

»Viel besser. Einen König.«

38

Giselle Marc mußte pinkeln. Es mag ja gut und schön sein, wenn die Schriftsteller in Kriminalromanen die roheren Seiten des Lebens bei einer stundenlangen Überwachung schamhaft übergehen. Außerdem haben Männer diesen natürlichen Hahn, der sich prima mit der leeren Tasse einer Warmhaltekanne koppeln läßt. Aber eine Frau hat damit gewisse technische Probleme. Und was die Sache noch schlimmer machte, es gab keinerlei Büsche in der Nähe; und wenn sie zur nächsten Tankstelle fuhr, dann würde sich Teddy sicherlich gerade diesen Moment aussuchen, um abzudampfen.

Also hielt sie es einfach aus und wartete auf die Dunkelheit; Yana war schließlich ein Geschöpf der Nacht. Und jetzt war es beinahe *Mitternacht*. Wenn er nicht bald aufbrach ... Da sah sie Teddy in ihrem Fernglas die Außentreppe herunterkommen, den schweren Müllsack über der Schulter.

Sie versuchte herauszufinden, wie sie mit übereinandergeschlagenen Beinen Auto fahren konnte, da sie ihn den Tiburon Boulevard hinunter zur Autobahnüberführung verfolgte, hinein ins Mill Valley, wo die Lichter von Sausalito von links über die weite stille Richardson Bay schienen.

Sie kamen schließlich auf dem Shoreline Highway in Tam Valley an, wo Teddy seinen kleinen roten Alfa neben dem altmodischen Obststand am schmutzigen Rand der Kreuzung zur Tennessee Valley Road parkte, der jetzt verlassen war. Elf Uhr fünfundvierzig. Offensichtlich ein Rendevous um Mitternacht. Und ein alter Friedhof lag auf dem baumbestandenen Hang über der Tennessee Valley Road. Jede Wette, eine Friedhofsgrabung. Sie ging ein paar Schritte weiter und fand ein Gebüsch, wo sie schließlich und endlich ihre Blase erleichtern konnte, dann kehrte sie zu dem Obststand zurück und bekam einen gewaltigen Schreck. Das pinkfarbene 58er Eldorado Cabrio hielt gerade eben neben Teddys Alfa! Und eine der schönsten Frauen, die sie je gesehen hatte, stieg aus. Schwarzhaarig und exotisch ... Yana! Sie mußte es sein!

Oh, dieser Schweinehund Larry! Irgendwie hatte er Rudolph den pinkfarbenen Cadillac abgenommen und ihn Yana zurückgegeben.

Damit würde ihn Giselle nicht durchkommen lassen. In einem 7-eleven-Shop kaufte sie eine Schachtel voll großer grüner Müllsäcke und drei Tageszeitungen, ging zur Tennessee Valley Road zurück und suchte sich einen leichten Weg den Hang zu ihrer Linken hinauf. Sie hielt an, als sie an eine sehr steile Stelle kam, die einst von strömendem Wasser erodiert worden war und die jetzt in dichtem Unterholz halb verborgen lag und von einer Eiche überragt wurde.

Giselle packte ihre Taschenlampe aus und füllte einen Müllsack mit Zeitungsschnipseln. Wenigstens hatte sie Laufschuhe in ihrem Wagen gehabt. Sie blickte in beide Richtungen und wünschte, sie hätte eine Hose statt ihres Kleids an; dann zog sie ihren Rock bis zur Taille hoch und fing zu klettern an - ihre Taschenlampe benutzte sie nur, um nicht gegen einen Baum zu rennen oder sich mit einem Ast ein Auge auszustechen.

Zehn Minuten später stieß sie verkratzt und außer Atem auf einen breiten und festen Pfad, der sich zu ihrer Linken den Hang hinaufschlängelte. Nach weiteren fünf Minuten auf diesem Pfad kam sie in der Haarnadelkurve einer geteerten Straße heraus. Neben der Straße stand eine verlassene Schubkarre, in der sich ein Rechen, eine Hacke und eine Schaufel befanden.

Auf dem braunen Schild mit dem grün aufgemalten Baum stand zu lesen:

IRONWOOD FRIEDHOF
UND LEICHENHALLE

Yana bog mit dem großen Auto links in den steil ansteigenden, geteerten Fahrweg ein. Das Verdeck war offen, Teddy fühlte sich körperlich und geistig unterkühlt. Auf dem Rücksitz lagen eine Schaufel und die $ 75 000 vom Geld seines Stiefvaters, nein, Unsinn, von seinem Geld - meinte er ja.

»Ich wünschte, Ramon wäre hier«, sagte er mit bebender Stimme.

Yana hielt knapp vor einem großen, schwarzen, eisernen Tor mit zwei Flügeln an, das von massiven, grauen Würfeln aus Beton mit einer Kantenlänge von rund sechs Metern flankiert wurde.

»Er wollte nicht mitkommen.« Ihre umwerfenden Augen brannten sich in die seinen. »Er hält nichts von dieser Sache. Wenn du es also lieber bleiben lassen willst . . .«

»Nein, ich . . . Der Fluch . . .« Seine Hände waren wie Eis, seine Stirn feucht von Schweiß. »Aber der Friedhof ist zu, das Tor scheint verschlossen . . .«

Yana machte mit beiden Händen eine seltsame, schnell ausgeführte, graziöse Geste in Richtung Tor und intonierte mit lauter Stimme: »*Nashti jas vorta po drom o bango.*« Was einfach das Zigeunersprichwort »Man kann nicht geradeaus gehen, wenn die Straße krumm ist« war – und darüber hinaus das vereinbarte Signal, weshalb auch das Verdeck des Cabrios geöffnet war.

Vor Teddys höchst erstaunten Augen rasselte das mit einer langen Haspe versehene Vorhängeschloß, das die beiden Torflügel miteinander verbunden hatte, zu Boden, und der rechte Flügel schwang weit auf. Yana fuhr mit dem Eldorado durch die Einfahrt. Die schmale geteerte Straße setzte sich neben einer langen, massiven, grauen Leichenhalle aus Beton fort, die wie ein Bunker in den Hügel gepflanzt war; ein paar einsame dürre Efeuranken kletterten sie hinauf.

Sich an ihr orientierend, ließ Yana den großen Wagen in die Dunkelheit gleiten.

Ramon trottete hervor, um für den Fall, daß eine Streife vorbeikäme, das Tor wieder zu verschließen. Vorhin hatte er erst das Schloß geknackt und es dann wieder unverschlossen am Tor angebracht, so daß es herunterfiele, wenn Yana das Signal gäbe und er an dem dünnen aber starken, schwarzen Draht zöge, den er am rechten Flügel befestigt hatte.

Wenn er Yanas Wagen zurückkommen hörte, würde er es wieder öffnen.

Im *Giggling Marlin* war es kurz nach Mitternacht, und Morales hatte sich verschätzt. Er hatte drei der goldfischglasgroßen Margaritas getrunken, die hier ausgeschenkt wurden, und seine Lippen waren taub. Ihm schwindelte. Jetzt schaufelte er *Refritos y arroz y pollo* in sich rein - aber es war viel zu spät. Er war vernichtet.

Und so ging es ungefähr allen an diesem Ort. Das *Giggling Marlin* war eine große Schachtel, in der Dutzende von Tischen standen, an denen sich lallende Gäste drängten, bei denen es sich meist um Segler handelte. Mexikaner, *Norteamericanos*, andere *Gringos* - Australier, Skandinavier, Deutsche, Engländer, Holländer, Franzosen, Italiener, Spanier ... Ein Dutzend Sprachen und hundert Dialekte fochten miteinander.

An der linken Wand befand sich ein schwerer Flaschenzug von der Art wie Sportfischer ihn benutzen, um die großen Fische, die sie gefangen haben, auch hochzuhieven und vorzuzeigen. In bunten Comicfarben war auf der Wand daneben das Bild eines zweieinhalb Meter großen Marlins gemalt, der auf der Schwanzflosse stand, eine Sonnenbrille trug und eine Rute zum Hochseeangeln hielt. Er lachte.

Morales drehte sich herum, um noch einmal den Raum zu inspizieren, und sieh an - da waren sie ja. Vier *Gringos* und zwei dunkelhäutige Männer, die wie Mexikaner aussahen, die aber Zigeuner sein mußten, denn einer von ihnen ließ einen Bund mit Cadillacschlüsseln in seine Tasche gleiten. Allesamt waren sie fröhlich und betrunken.

Morales kam taumelnd auf die Beine und torkelte zur Tür hinaus - *Madre de Dios*, was war er besoffen! Eine böse Fehlkalkulation war das gewesen. Eine Gruppe Mexikaner lachte und wechselte in einem Englisch mit starkem Akzent ein paar Worte mit den *Gringos*. Einer trug eine Lederweste ohne Hemd; ein beinahe meterlanger Leguan hockte auf seiner Schulter, sein langer biegsamer Echsenschwanz ringelte sich bis auf seine nackte Brust. Die Augen des Leguans spiegelten mit der lidlosen Verachtung einer Echse Morales' unermeßliche Verachtung der Menschheit wider.

»Ist er dein Freund?« fragte er den Mexikaner auf Spanisch.

»Mein Abendessen«, sagte der Mexikaner, und alle lachten.

Morales sagte: »Ich würde gern den Cadillac von diesem reichen Nordamerikaner sehen.«

»Den neuen Cadillac? Auf dessen Kofferraumdeckel das Wort »Brougham« steht? Mit den Speichenrädern und den Ledersitzen und der Wärmeverglasung und den Eckleuchten und –«

»Genau den«, sagte Morales ernst.

»Den hab ich nicht gesehen.«

Wieder lachten sie alle. Morales fand eine verkrumpelte 20 $-Note und sagte mit großer Zuversicht: »Aber du kannst ihn doch finden.«

Und der Brougham ward gefunden, aber er hatte die d'Elegance-Sonderausstattung, die eine Alarmanlage miteinschloß. Und Morales hatte keinen Schlüssel für den Wagen. *Caramba*, er wünschte sich, er wäre nicht gar so besoffen; er konnte sich nicht mehr so recht erinnern, wo sein eigener Wagen stand, und in dem lag die ganze Ausrüstung.

Selbst mit der Ausrüstung - und nüchtern - wäre es nicht ganz einfach gewesen, mit dem Caddy abzuhauen. Cabo war die äußerste südliche Spitze von Baja, dort, wo der Golf von Kalifornien in den offenen Pazifik übergeht. Und nur eine einzige befestigte Straße führte nach Norden Richtung La Paz, der Hauptstadt von *Baja del sud.*

Er mußte einen Weg finden, der ihm einen Vorsprung sicherte.

Morales kehrte zu seinem halbverzehrten *Frijoles* und zum letzten Margarita zurück, packte einen vorbeikommenden Kellner am Arm, um sich ernsthaft über den Zigeuner *ohne* die Autoschlüssel zu unterhalten. Ein paar Scheine wechselten den Besitzer. Der Kellner verschwand. Gleich darauf erschien eine Dreiergruppe von Kellnern. Einer trug ein Tablett mit einem gewaltigen bis an den Rand gefüllten Margarita. Der zweite trug eine große, schwarze Pfanne und eine schwere, eiserne Suppenkelle. Der dritte trug einen Trichter.

Plötzlich wurde das Licht schwächer, und es fing zu flackern an. Der Kellner mit dem Trichter faßte dem Zigeuner unters Kinn und drückte seinen Kopf nach hinten, um ihm den Trichter in den Mund zu stecken. Der zweite schlug voll Schwung die

Pfanne mit der Kelle. Der dritte schüttete den Margarita in den Trichter.

Als der Zigeuner würgte und japste und strampelte und mit den bewässerten, verdutzten Augen zwinkerte, da beklatschte, bepfiff und bejubelte jeder im Raum die mannhafte Vorstellung. Beim zweiten schaffte er es, noch mehr zu schlucken, und berauscht war er nicht nur vom Tequila, sondern auch von den Schmeicheleien der Menge, die seine über alles gehende Mannhaftigkeit bewunderte.

Einen erledigt. Morales aß seine Bohnen auf und zahlte, dann unterhielt er sich noch einmal ernstlich mit dem Kellner. Wieder wechselte Geld den Besitzer. Morales ging zur Seite und lehnte sich an die Wand in die Nähe von Flaschenzug und kicherndem Marlin.

Plötzlich ging sein Kellner mit ein paar Kollegen im Gefolge auf den zweiten Zigeuner los. An Armen und Beinen gepackt, wurde er von seinem Stuhl gezogen und eilends zum Flaschenzug geschleift. Die Lichter flackerten. Der Kellner schlug mit seiner Suppenkelle auf die Pfanne. Die Menge kreischte, klatschte, johlte. Der Zigeuner brüllte und schrie und kämpfte - vergebens.

Sie betteten ihn auf den Boden, legten um seine übereinandergekreuzten Knöchel eine gepolsterte Ledermanschette und zogen sie fest an. Dann hievten sie ihn ohne großen Aufhebens in die Luft, den Kopf nach unten, wie ein gefangener Marlin, der von seinem kichernden Artgenossen an der Wand gerächt wurde. Fotoapparate blitzten.

Für gewöhnlich gestatteten die Kellner ihren Opfern, sich zunächst die Taschen leeren zu dürfen, bevor es an den Haken ging, aber diesmal schienen sie es vergessen zu haben. Kleingeld, eine Brieftasche, Schlüssel, ein Taschenmesser, ein Geldscheinclip, all das regnete auf den Boden herab. Und mit der Blitzartigkeit des Betrunkenen ließ Morales sich schwer daneben plumpsen. Als die Knipserei ein Ende nahm, kämpfte er sich wieder auf die Beine und gab dem betrunkenen und völlig desorientierten Zigeuner höflich sein Hab und Gut zurück.

Alles mit Ausnahme der Cadillacschlüssel. Für die hatte Morales eine andere Verwendung.

Die Scheinwerfer des Cadillacs meißelten einen Tunnel in den Wald aus Eichen, Lorbeerbäumen und Akazien, in den sie eindrangen. Der schmale geteerte Fahrweg schlängelte sich den steilen Hang hinauf – jetzt bildeten Eukalyptusbäume an ihrer Seite ein Spalier großer, grauer, geisterhafter Wachen. Rechts von Teddy waren auf den weit entfernten Hängen jenseits der Tennessee Valley Road vereinzelte Lichter zu sehen.

»Immer ... immer n-nur der Straße lang ... Es ist fast ganz oben«, sagte er mit zitternder Stimme. Seine Zähne klapperten, und zwar nicht nur wegen des offenen Verdecks. »Auf der ... rechten Seite. Ich kenn ... die Stelle ...«

Eine scharfe Kurve und ihre Scheinwerfer zeigten einen erdigen aber befestigten Pfad, der sich den Hang hinunter wand, und eine verlassene Schubkarre mit Rechen und Hacke darin. Seltsamerweise keine Schaufel, aber Yana brauchte sie auch nicht; sie hatte ihre eigene auf dem Rücksitz.

Hinter der nächsten Kurve waren die Grabsteine, hügelan und hügelab, manche neu und manche uralt. Der Friedhof war gut gepflegt.

Teddy schnatterte: »Hie-hier. Halten Sie hier an.«

»Ist dir kalt?« fragte sie scharf, als sie den Wagen bremste.

»Ich hab Angst.«

Sie machte Licht und Motor aus, dann stiegen sie beide aus. Vom Rücksitz holte sie eine dreißig Zentimeter hohe Statue sowie eine altmodische Öllaterne mit einem Glaszylinder, der die Flamme vor dem Wind schützen sollte. Sie machte sich an dem kleinen Metallhebel zu schaffen, so daß sie das Glas abheben und den Docht mit einem Streichholz anzünden konnte.

Ein leises Stöhnen war zu hören, und Teddy mußte feststellen, daß es ihm entwichen war.

»Bist du krank?« fragte Madame Miseria.

»Ich hab immer noch Angst.«

»Gut so.« Dann fügte sie hinzu: »Hol die Schaufel und das Geld.« Dann ging sie los, den weichen grasbewachsenen Hang hinauf, die Statue in der Beuge ihres linken Arms gegen ihre Brust gedrückt, leuchtete sie sich ihren Weg mit der Laterne, die sie mit der rechten Hand hochhielt.

»Sie ... Sie wissen, wo meine ... Stiefeltern begraben sind?« wollte Teddy voller Ehrfurcht wissen.

Sie drehte sich halb, um über ihre Schulter auf ihn hinabzusehen. »Es gibt nur weniges auf dieser Welt, was ich nicht weiß.«

Sie erzählte ihm nicht, daß sie und Ramon zuvor den ganzen Friedhof abgesucht hatten, um das Grab der Whites schließlich in einer jüngst angelegten Ecke in der Nähe des Waldes zu finden. Als Teddy seine Jacke auszog, einen angsterfüllten Blick um sich warf und zu graben anfing, stellte sie die Statue an den Kopf des Grabes und die Laterne auf den Grabstein. Die Laterne warf einen schwachen Lichtschein auf ein Christusbild und einige der Wörter, die in den Stein graviert waren:

Die geliebten Eltern von ... In liebender Erinnerung ...

Yanas Statue stellte die Jungfrau Maria dar, die das Jesuskind in der Beuge ihres linken Armes trug, so wie Yana die Statue getragen hatte. Maria hatte ein sehr dunkles Antlitz; ihr blaues Gewand und sein rotes waren mit Juwelen und Gold und zauberhaftem Stickwerk überzogen. Auf ihren Köpfen saßen juwelenbesetzte goldene Kronen, und dahinter waren Heiligenscheine, die aus gehämmertem Gold gemacht zu sein schienen.

»Die Schwarze Jungfrau«, erklärte Yana, als sie sah, daß Teddy die Statue mit offenem Mund anglotzte. »Um uns zu beschützen. Grab, mein Kind - grab.«

Und Teddy grub. *Grub im Grab seines eigenen Stiefvaters!* Einen Moment lang verspürte er panische Angst und Ekel. War das nicht ein Sakrileg? Madame Miseria jedoch stand am Fuß des Grabes, die Arme zur Seite gestreckt, den Kopf zurückgeworfen, die Augen geschlossen, die Züge ihres Gesichts so unbewegt streng wie der kalte Stein selbst. Ihre Pose äffte jenen Christus nach, der in die rötliche Marmorplatte graviert war und der seine Arme sehr weit nach links und rechts ausgestreckt hatte. Das fahle Licht betonte noch ihre überwältigende Ähnlichkeit mit der Schwarzen Jungfrau.

»*Te avis yertime mander, ter yertil tut o del*«, hob sie zu singen an. Wenn du mir alles vergibst, was ich dir angetan habe, vergebe ich alles, was du mir getan hast. »*Te avel angla tute, tai kodo khabe tai kado pimo tai mange pa sastimaste.*«

Dieser Zigeunergottesdienst für die Toten würde ihren Geist beruhigen und ihn im Grabe bleiben lassen. War doch besser, man ging auf Nummer Sicher, oder?

Teddy schwitzte und war von der weichen lehmigen Erde ganz verschmiert. Seine Hände hatten Blasen geworfen, seine rechte Wade schmerzte, während er mit dem Fuß die Schaufel in den Boden trieb. Glühend wand sich die Schlange sein linkes Bein hinauf.

»Es ist tief genug«, sagte Madame Miseria unverhofft. »Leg das Geld hinein und decke es ab.«

Das Grab wieder vollzuschaufeln war leichter als es auszuheben.

»Niemand darf die Ruhe dieser Stätte noch einmal stören«, sagte sie ihm. Eine schreckliche, definitive Endgültigkeit lag in ihrer Stimme. »Wenn es doch geschieht, dann wirst du mit Sicherheit sterben.«

Da die braunen Klumpen den grünen Plastiksack bedeckten, stellte sich Teddy vor, wie die 75 000 Dollar in der dunklen Erde lagen und schließlich wie seine Stiefeltern verrotten und sich auflösen würden. Nein, er würde die Ruhe dieses Grabes nicht stören. Niemals.

Als sie zurück zu dem pinkfarbenen Cadillac gingen, wandte sich Teddy für einen letzten Blick um. Er glaubte, einen Schatten zu sehen, der sich hinter ihnen am Waldesrand bewegte. Er war froh, hier wegzukommen.

Vorsichtig tastete sich Ramons Cherokee die Straße entlang nach oben. Er parkte, wo der Caddy gestanden hatte, stieg aus und ging mit Schaufel und Taschenlampe in Richtung Grab. Zwanzig Minuten später wuchtete er den großen Müllsack auf seine Schulter und rannte fast nach unten, zurück zum Auto. Er mochte es nicht, des Nachts allein auf einem Friedhof zu weilen.

Giselle fuhr mit dem Fahrstuhl hoch zu Rudolphs Penthousesuite. Eine triumphierende Giselle, obwohl sie schmutzig war und zerzaust und ihr die Haare ins Gesicht hingen, trotz des aufgeschürften Knies, der durchnäßten Unterhose und den Laufschuhen an ihren Füßen. Erst mal eine heiße Dusche in Rudolphs großem gefliesten Bad; dann, wenn sie nach den teuren Seifen und Parfums des Hotels duften würde, die Paarung mit ihrem wilden Liebhaber in dessen großem Bett ...

Er war nicht da. Ernst schenkte der Nachtportier ihrem Problem seine Aufmerksamkeit. »Mr. Grimaldi ist ausgezogen, Ma'am. Schon früh am heutigen Morgen. Er hat keine neue Adresse hinterlassen. Aber Sie können natürlich mit den Kollegen reden, die tagsüber hier sind – vielleicht ...«

Doch Giselle war schon fort. Sie hatte die ganze Zeit gewußt, daß es zu Ende gehen würde, aber ... aber ... doch noch nicht *jetzt*. Und nicht *so* ... Ungebeten formte sich ein einziges Wort in ihrem Kopf.

Zigeuner.

Als Ballard, drüben in North Beach, auf den Klingelknopf neben Madame Miserias Tür drücken wollte, hielt er unversehens inne. Die gefurchte Zigeunerhand und Madame Miserias Schild waren verschwunden. Er stieß mit dem gepolsterten Ellbogen das Glas entzwei.

Von allem Zigeunerbrimborium befreit, enthüllte die unscheinbare Wohnung wieder ihren wahren Charakter: zwei winzige Schlafzimmer, ein Wohnzimmer mit einem Fenster im Erker, eine Küche und ein Minibad mit Wasserflecken an der Decke, die von einer lange zurückliegenden Überschwemmung in der darüber liegenden Wohnung stammten. Nacktes Parkett, nackte Gipswände, die einen Anstrich nötig hatten und in denen noch die Nägel steckten, an denen die Drähte befestigt gewesen waren, die die schweren Vorhänge gehalten hatten. Von Yana keine Spur.

Er hatte gewußt, daß es einmal zu Ende gehen würde. Aber nicht *so*. Nicht *jetzt* ... Ungebeten kam ihm ein einzelnes Wort in den Kopf.

Zigeuner.

Als Yana und Ramon in Sacramento mit weit geöffneten Augen

an der offenen Ladeklappe des Cherokees einander anstarrten, da lag zwischen ihnen ein ausgeleerter grüner Müllsack, sein Inhalt daneben aufgetürmt.

Zerrissene Zeitungen, freundlicherweise zur Verfügung gestellt von Giselle Marc. Ungebeten formte sich gleichzeitig dasselbe Wort auf ihren Lippen.

Gadjo.

39

Es wurde heiß. Trinidad Morales leckte über seine verkrusteten Lippen und verzog sein rundes braunes Gesicht, um gegen das außerordentliche Gewitter in seinem Schädel anzukommen, dann nahm er allen Mut zusammen und öffnete die Augen. Und SCHRIE.

Kein halber Meter entfernt stand ein monströser Drache, der ihm züngelnd und mit kalter Verachtung, ohne auch nur einmal zu blinzeln, in die Augen starrte. Er versuchte, sich von dem grauenerregenden Monster fortzustoßen, doch er wurde von der Hand eines Giganten gepackt, die ...

Oh. Das war der Sitz der Brougham. Und der stand auf einer schmalen steinernen Straße inmitten der Wüste und fing unter der Einwirkung der Morgensonne an zu kochen. Als er losgeschrien hatte, war der ein Meter lange Leguan an das andere Ende des Armaturenbretts geflohen, auf dem er sich gesonnt hatte. Jetzt kauerte er da und zischte Angst und Kampfesmut bezeugend, während sein langer biegsamer Schwanz vor Kummer und Sorge hin und her peitschte.

Morales stöhnte. Er machte die Tür auf und taumelte nach draußen in die Sonne. Auf einer Seite der Straße erstreckte sich eine beinahe vertikale Steilwand. Er schickte einen scheinbar endlosen gelben Strahl hinab auf die rostigen Schmalspurschienen unter seinen Füßen ...

Schienen?

Auf rauhen Schwellen einst handverlegt, liefen sie auf die Steilwand zu und verschwanden im schwarzen Maul eines Tunnels, neben dem sich noch eine baufällige Hütte der Bergleute befand. Mit glaslosem Fenster und klaffender Tür lümmelte sie sich wie eine verbrauchte Nutte schamlos in der Wüstensonne.

Er schüttelte ihn, steckte ihn zurück, schloß den Reißverschluß vor ihm. Fetzen und Bruchstücke vom letzten Abend kamen wieder zum Vorschein. Das *Giggling Marlin.* Margaritas. Betrunkene Zigeuner. Der Zigeuner auf dem Kopf. Der Cadillac. Mexikaner, die einen Leguan essen wollten. Eine Kuh, die durch die Windschutzscheibe schaute, *eine Kuh?*

Er erinnerte sich daran, wie er an die Schlüssel gekommen und rausgegangen war, wie er den Leguan *gekauft* und ihn im Wagen mitgenommen hatte. Die Fahrt nach Norden durch die warme, schwarze Nacht in Richtung La Paz, die kurvende, steigende, fallende Fahrbahn, das Scheinwerferlicht, das immer wieder auf Freilandvieh in der Wüste fiel, die Straße ... Und beinah im Graben. Die Kuh, die durch die Windschutzscheibe schaute, die Stoßstange nur ein paar Zentimeter von ihren Beinen entfernt. Muh.

Morales ging mit knirschenden Schritten über die Schwellen des Bergwerksbähnchens zur Hütte hin. Ein Stuhl ohne Beine, ein Tisch mit nur dreien, etwas, was früher eine Bank gewesen sein mochte, auf der man sein Bettzeug hatte ausrollen können. Und ein mexikanischer Comic. Eine Liebesgeschichte, zuckersüß ohne jede Scham. Er ließ ihn für den nächsten Pilger liegen und knirschte zu seinem Brougham zurück.

Nach der Kuh die Berge. Angst. Betrunkenheit. Er hatte diese steinige Fahrbahn gesehen, die zu seiner Linken abzweigte, und war in sie eingebogen, war so weit auf ihr gefahren, bis die Straße außer Sicht geraten war; dann hatte er den Motor abgestellt und war weggetreten. Ende der Story.

Der Leguan saß auf dem Fahrersitz. Er starrte ihn an.

Schmackhaft. In Mexiko lieferten sie wohl in jedem zweiten *Pollo* das Hähnchenfleisch. Sie schmeckten wie Hähnchen. Man sagte hier, daß beinahe alles ... von Klapperschlange bis Affenfleisch vermutlich ... wie Hähnchen schmeckte.

Morales hatte den Leguan gekauft, weil der Mexikaner ihn essen wollte und weil ihm das nicht gefiel. Zwischen ihm und der Echse gab es eine emotionale Beziehung – eine der wenigen, die er seiner Erinnerung nach je mit irgendeinem lebend Ding eingegangen war. Er öffnete die Wagentür.

»Okay, Kleiner«, sagte er auf Englisch, »hau ab.« Der Leguan starrte ihn ohne jedes Zwinkern an. Morales machte mit seiner Hand husch-husch. »*Vamooose, muchacho.*«

Der Leguan wartete einen kleinen Moment, dann ließ er sich die Sitzkante hinuntergleiten und krabbelte ein paar Meter über das steinige Gelände seiner natürlichen Umgebung. Dann hielt er an und drehte Kopf und Rumpf, um Morales mit seinen alterslosen Augen zu betrachten.

»*Vaya con Dios*«, sagte Morales.

Mit einer plötzlichen Schwanzbewegung war der Leguan auf den Beinen und sprintete mit trockenem Trappeln graziös über die Felsen – außer Sicht, für immer fort.

Morales stieg in den Brougham, ließ den Motor an und fuhr rückwärts zur asphaltierten Straße zurück. Er würde auf ihr gen Norden nach La Paz fahren, um schließlich weitere tausend Meilen nördlich den Grenzübergang bei San Diego zu nehmen.

Unterdessen hatte Trinidad Morales die erste gute Tat seines ganzen Erwachsenenlebens vollbracht.

Giselle Marc stürmte in Larry Ballards Zimmerchen im zweiten Stock, einen schweren grünen Müllsack über der Schulter. Dumpf ließ sie ihn an der Ecke seines Schreibtischs auf den Boden fallen, ihre Augen blitzten, die Finger hatte sie unbewußt zu Krallen geformt, bereit zu kratzen.

»Was hast du ihm angetan?« wollte sie wissen.

»Wem?« fragte Ballard lässig und stand zur Vorsicht auf, um ausweichen zu können, wenn sie mit ihren Krallen käme. Was sich in ihrem Blick ankündigte.

»Du weißt genau wem – Rudolph! Du hast ihm den rosa Cadillac abgeluchst und –«

»Vorrangig gehörte der Yana.«

»Tatsächlich gehört er einem Restaurator in Palm Springs,

also laß diese Yana-Scheiße. Wenn du ihn nicht geklaut hättest, wäre Rudolph niemals abgehauen, ohne mir ein Wort zu sagen und -«

»Ach nein?« Suggestiv beugte sich Ballard vor. »Wie glaubst du denn, habe ich herausgefunden, wie ich ihm den Wagen abnehmen könnte?«

»W ... wie denn?« Giselle spürte, wie sich ihr Gesicht straffte, wie es sich erhitzte.

»Marla, die Empfangsdame, die er vor dir gebumst hat -«

»Du lügst!«

Ballard packte ihre Handgelenke, bevor sich ihre Nägel in sein Gesicht bohren konnten. »Klar. War 'n billiger Versuch. Tut mir leid.« Sie hörte auf, sich zu wehren, und er ließ sie los. »Wie auch immer, sie hat mir gesagt, daß er am Abend zuvor seine Rechnung beglichen hat und dann gestern am Vormittag abreisen wollte. Ich habe mir für ein kleines Handgeld von einem der Burschen, die für die Autos zuständig sind, die Uniform ausgeliehen und ihm den Wagen hochgeholt.« Selbstgefälligkeit tönte er. »Nur, daß ich dann selbst damit weggefahren bin. Was ich ihm schön unter die Nase gerieben habe!«

Giselle leerte ihren Müllsack über seinem Schreibtisch aus. Heraus fielen gewaltige Mengen kleiner Geldscheine, einige gebündelt, andere lose, strömten sie nur so heraus und wirbelten zu Boden. Auch fielen ganze Dreckklumpen heraus, als sie ihn trotzig anstarrte.

»Die Beute von Teddy White - die habe ich deiner kostbaren Yana abgenommen, was ich *ihr* hübsch unter die Nase gerieben habe!«

Ballards Brauen waren furchtbar anzusehen. Wie ein Berserker der altnordischen Mythologie schaute er aus. Da standen sie, Aug-in-Aug, nur Zentimeter zwischen sich, zitternd vor Zorn und Schmerz, ihre Stimmen ein einziges Crescendo.

»Du hast sie mir weggejagt!«

»Sie hat mich nicht gebraucht, um dich zu verlassen!« brüllte sie. »Sie war ohnehin schon mit ihrem Bruder unterwegs, um die Stadt zu verlassen - ihr Jeep war bis obenhin mit ihrer ganzen billigen Zigeunerscheiße beladen.«

Ballard schnappte sich Marinos Tasche, die hinter dem Schreibtisch gestanden hatte. Klickte sie auf. »*Ja? Ja, schau dir's nur an!*«

Die Tasche war bis obenhin mit ordentlich gebündelten Scheinen vollgestopft. Giselle starrte sie mit großen Augen an.

»*Rudolph hat drei Wochen damit verbracht* -«

Vom Flur her brandete Dan Kearnys Stimme wie eine Sturzwelle auf glücklose Schwimmer herab.

»HÖRT ENDLICH AUF, EUCH WIE SCHEISS KINDER ZU BENEHMEN - ALLE BEIDE!«

»*Er* -«

»*Sie* -«

»*Heult, wenn ihr Feierabend habt.*« Als er jedoch an ihnen vorbei ins Zimmer marschierte, hielt er inne, um offenen Mundes das Geld auf Ballards Schreibtisch anzuglotzen. Stockend sagte er: »Was in drei Teufels Namen . . . läuft hier eigentlich ab?«

Sie sprachen über den jeweils anderen wie Geschwister, die um die Aufmerksamkeit der Eltern buhlten; mit düsterem Blick hörte Kearny zu.

»Was für ein pinkfarbener Cadillac?« fragte er schließlich unheilverkündend ruhig.

»Der pinkfarbene Cadillac, in dem der im Sterben liegende König begraben werden will.«

Giselle fügte hinzu: »Rudolph will König werden -«

»Und Yana will Königin werden«, vollendete Ballard.

»Ein im Sterben liegender König, wie?« sagte Kearny mit einem plötzlichen Leuchten in den Augen, zu kurz, als daß die beiden es hätten bemerken können. »Ein pinkfarbener Cadillac. Yana. Rudolph.« Er blickte von einem zur anderen. »Was zum Teufel, weiß ich eigentlich sonst nicht?«

»Nichts«, antworteten sie etwas zu rasch im Chor, wobei sie ihm nicht in die Augen schauten. Dann sagten sie ihm, daß sie nicht einmal wußten, wo der König im Sterben lag.

»Steubenville, Iowa.« Die Antwort fesselte all ihre Aufmerksamkeit: Wo der König war, da waren auch Rudolph und Yana. Plötzlich brüllte er sie mit Donnerstimme an: »*Packt das verdammte Geld in den Safe, bis ich herausgefunden habe, was da-*

mit zu machen ist! Treibt O'B in Florida und Bart in Chicago auf und sagt ihnen, daß wir uns in Steubenville treffen. Den aus Baja gestern abend mitgezählt, haben wir erst elf Wagen wieder aufgetrieben, bleiben noch zwanzig - einundzwanzig, wenn wir den pinkfarbenen dazuzählen. Und die meisten sollten wir wohl in Steubenville finden.«

Sie setzten sich in Bewegung, griffen nach der Tasche und stopften die losen Scheine in den Müllsack zurück.

»Und ihr zwei paßt da wunderbar hin.« Er grinste so breit wie eine gut geschmierte Bärenfalle, die unter trockenem Laub ihrem nächsten Opfer harrte. »Die Leute dort nennen das Kaff Stupidville.«

Unter den Steilhängen eine Meile flußabwärts von Stupidville wuchs das Lager der Zigeuner auf dem weiten welligen Feld eines Farmers, der das Geld gut gebrauchen konnte. Wohnwagen, Wohnmobile und Pick-ups mit Zelten auf der Ladefläche sowie Transporter und Laster und Dutzende von neuen und zerbeulten und verdellten Cadillacs sowie verschmutzte Autos verschiedenster anderer Fabrikate und unterschiedlichster Baujahre. Sogar ein Dutzend Pferde gab es und drei oder vier der altmodischen Zigeunerwagen. Man hatte sie hierhergebracht, um den im Sterben liegenden König zu ehren, der zu Beginn des Jahrhunderts geboren worden war, als die knarrenden, von Pferden gezogenen Planwagen noch das einzige Transportmittel der Zigeuner gewesen waren.

Hunderte *Roma* - jede Stunde wurden es mehr - und sie trugen jede Art Kleidung, die man sich nur vorstellen konnte. Zu ihren Füßen und aller Gehör attackierend, streunten unzählige Hunde und Katzen und Kinder, sogar etliche Hühner. Über ihren Köpfen eine Dunstglocke süßlichen Rauchs verbrennender Apfelbaumstämme, der von ihren Feuerstellen kam.

In der Stadt konnte man die Existenz des Lagers bereits bemerken. Christus selbst - Sie erinnern sich - hatte den Zigeunern schließlich seinen Dispens erteilt, den *Gadjo* zu bestehlen; und so wurde Stupidvilles Vergnügen, so viele Besucher willkommen heißen zu können, binnen Stunden in Bestürzung verwandelt.

Aus Klingers Werkstatt waren alle Werkzeuge verschwunden.

Die Regale in Ben Franklins Gemischtwarenladen waren so leer, als wären sie von allesfressenden Heuschrecken heimgesucht worden.

Beim Deli Ice Cream Shoppe sah man sich veranlaßt, alle Waffeltüten aus der Auslage zu nehmen, und dachte darüber nach, die Gefrierschränke mit Schlössern zu versehen.

Aus Sylvia's Dresse Shoppe waren alle Sommerkleider - samt Puppen, die sie getragen hatten - über Nacht aus dem vorderen Schaufenster verschwunden. Sylvia hatte ihre Versicherung informiert, die Türen verschlossen und war losgefahren, ihre Schwester in Dubuque zu besuchen.

Himmler Clothing (»Kleidung, die die Jugend überdauert«) konnte dasselbe Problem nur deswegen vermeiden, weil Doug Himmler persönlich einst Abwehrspieler bei den Ohio State Buckeyes gewesen war und jedem, der ihn zum Narren hätte halten wollen, sämtliche Knochen gebrochen hätte. Und Zigeuner hatten eine Schwäche für ihre Knochen.

Bei Kay Wenzel's Jewelers (»Schulden bei Kay? - Ist doch okay!«) gab es eine ausgetüftelte Alarmanlage, und über Nacht wurden alle Bestände im Safe eingeschlossen, so daß sie bislang keine Probleme mit abhanden gekommenen Schmuckstücken hatten. Freilich war Immaculata Bimbai noch nicht in der Stadt angekommen.

Ebenso noch unbehelligt waren das Krankenhaus von Steubenville, der angrenzende *Hansel and Gretel Park* (»Mit öffentlichem Strand«) sowie der einen guten Block lang sich erstreckenden Yachthafen (»Ihr Boot im Lot«), auf den man vom Krankenhaus aus hinabsehen konnte.

Aber das hatte seine Gründe. Barney Hawkins bemerken zu lassen, daß Staley Zigeuner war - ja, gar *König* der Zigeuner - wäre fatal gewesen. Bis die Democrat National Geld wegen Karl Klenhards furchbarem Falls die Rolltreppe hinab rausrückte, mußte Lulu die *Roma* vom Krankenhaus noch fernhalten.

Die Szene ist vertraut: Staley, der auf dem Rücken liegt, die Augen geschlossen; Margarete in ihrem Stuhl neben dem Bett, die vogelscharfen Augen auf den pummeligen Hawkins gerichtet; Hawkins, der auf dem engen Raum in der Mitte des Zimmers auf und ab marschiert.

»Okay, ich hab mich das letzte Mal ... ein bißchen aufgeregt«, sagte er. »Aber *verdammte Scheiße* ...« Er gewann wieder die Kontrolle über seine Stimme. »Aber ich muß diese Sache jetzt endlich regeln.« Er wandte sich an Lulu. »Mrs. Klenhard, Sie müssen meine Position verstehen –«

»Fünfundsiebzigtausend Dollar«, sagte Staley mit Grabesstimme. Lulu schwieg.

»Das ist völlig unangemessen, Mr. Klenhard. Jetzt schaun Sie mal, das Angebot, das ich Ihnen das letzte Mal unterbreitet habe, fünfundzwanzigtausend, obw–«

»Fünfundsiebzigtausend Dollar«, sagte Staley.

»In Ordnung, weil ich die Sache hinter mich bringen muß, dreißig–«

»Fünfundsiebzigtausend Dollar«, sagte Staley.

Hawkins' Adern und Augen traten ihm wieder hervor. Er war stehengeblieben und blickte auf Staley in seinem Bett. Obwohl Staley die Augen geschlossen hatte, ging es *Mano a Mano*. Lulu war ganz aus dem Häuschen und freute sich. *Mano a Mano* hatte Staley in seinem ganzen langen Leben noch nicht verloren.

»Fünfunddreißig –«

»Fünfundsiebzigtausend Dollar.«

»*Vierzig*, und das ist mein letztes –«

»Fünfundsiebzigtausend Dollar.«

»Gehen Sie doch zum Teufel - fünfzig, aber wenn Sie glauben –«

»Fünfundsiebzigtausend Dollar.«

»Fünfundfünfzig –«

»Fünfundsiebzigtausend Dollar.«

Hawkins war so rot wie der Kehllappen eines Truthahns. »Sechzig –«

»Fünfundsiebzigtausend Dollar.«

»Du Hurensohn, fünfundsechzig –«

»Fünfundsiebzigtausend Dollar.«

Geschlagen warf Hawkins seine Hände empor. Gern hätte er

den dürren alten Mistkerl zu Tode gewürgt, aber dann würde das Weibsstück wahrscheinlich ihn umbringen, und die Firma müßte seine Beerdigung zahlen.

»In Ordnung!« jaulte er. »In Ordnung in Ordnung in Ordnung! Sie haben gewonnen! Fünfundsiebzig ...«

Endlich öffnete Staley die Augen. Gab es da ein Funkeln tief in ihren dunklen Tiefen? »Akzeptabel«, sagte er.

Binnen sieben Minuten nach seiner demütigenden Kapitulation verließ Barney Hawkins das Krankenhaus. Als er am Fluß entlang gen Süden aus der Stadt fuhr, lachte er über all die Gammler und Besoffenen, die Tippelbrüder und Obdachlosen, die sich unter den Steilhängen auf dem Feld irgendeines hinterwäldlerischen Farmers versammelt hatten ... Jesses, vielleicht war er selbst bald einer von denen. Er hatte einen Vergleich über 75 000 Dollar abgeschlossen, und sein Büro hatte mit 15 000 Dollar gerechnet! Geschlagen von irgend so einem siebenundsiebzigjährigen Furzer, der gerade noch mal von der Schippe gesprungen war.

Jener alte Furzer tanzte just im selben Moment mit seiner Dame Polka; zur Humpa-Humpa-Musik aus dem Radio ging es in einem atemberaubenden Wirbel durchs Krankenzimmer, und beide kicherten wie Teenager, bis der Klang von Dr. Crichtons Schritten auf dem Flur sie eiligst wieder ihre jeweiligen Plätze in dem kleinen selbst inszenierten Drama einnehmen ließ – für ihn das Bett, für sie den Stuhl.

Fünfundsiebzigtausend Dollar.

Jawoll!

40

Der feiste Jude mit dem Scheitelkäppchen nahm dem Schwarzen das angelaufene Metallding aus der Hand und sagte auf Jiddisch zu seinem jungen Angestellten, der auffallend strahlende Augen hatte: »*Vi heyst dos?*«

»Vaz.«

»*Yo, yo, vaz*«, sagte er ungeduldig. Er drehte die Vase. »*Zilber?*« Der Angestellte zuckte mit den Schultern. Er gab sie dem Schwarzen zurück. »Sie möchten wissen, ob das eine Silbervase ist?«

Der Schwarze grinste. »*Yo?* Klingt gut.« Er deutete auf die verschrammte Vase. »Was kostet es denn, sie wieder aufzubohnern, oder wie das heißt?«

Der Jude hielt die Vase etwas schräg und sah mit forschenden Blicken auf. »Altes Erbstück, vermute ich?«

»Ja. Klar. So was in der Art. Ey, Mann, wenn Sie sie nicht haben wollen -«

»Und Sie glauben, sie ist aus Silber.«

»Ist sie's etwa nicht?«

»Nein.«

»Bah, scheiße Mann, was verschwendest dann meine Zeit?«

Der Schwarze schnappte sich die verbeulte Vase und mischte sich unter die Horden, die an diesem Ende des South Drexel Boulevards - in der Nähe der Universität von Chicago, in einem Viertel, in dem die Gebrauchtwarenlädchen der Juden dem Geschmack der Schwarzen etwas bieten konnten - die Straße bevölkerten. Er hörte gerade noch den Satz, in dem das Wort *Zilber* vorkam und der mit Gelächter und dem Ausdruck *narish Schvartz* endete. *Zilber* mußte Silber heißen, und er wußte, daß *Schvartz* Schwarzer hieß. Und *narish* meinte wahrscheinlich dumm oder blöde - und so kam er sich keineswegs vor.

Also kehrte er noch mal zurück, um ein »Afro-Amerikaner, du Jud« loszuwerden; dann machte er sich mit der wertlosen Vase, die er eine Stunde zuvor in einem anderen Lädchen erworben hatte, auf den Weg, weiter die Straße hinunter.

War der Jude mit dem Scheitelkäppchen wirklich ein Jude, fragte sich Bart Heslip, als er auf seinen Kaffee pustete, um ihn ein wenig abzukühlen, oder war er ein Zigeuner, der sich nur als Jude ausgab. Die Chicagoer Schwarzen mochten Juden ja nicht allzusehr, aber Zigeuner konnten sie schon gar nicht ab. Und ein Scheitelkäppi und ein paar Brocken Jiddisch machten noch keinen Juden; und über den dummen Schwarzen zu lachen, der nicht wußte, daß die Vase, die er irgendwo gestohlen hatte, nicht aus Silber war, sah eher den Zigeunern denn den Juden ähnlich.

Jetzt war er schon seit fast zwanzig Stunden in der Stadt und hatte auch nicht die geringste Spur des flüchtigen Tsatshimo und seines gleichfalls flüchtigen 4,5-Liter-V-8 Fleetwood mit vier Türen und elektronischer Einspritzung. Die Metallverarbeitungs- und Galvanisierungsbetriebe hatten Null gebracht, und vor lauter Verzweiflung hatte er angefangen, diese Lädchen abzuklappern, um nach Typen Ausschau zu halten, die versilberte und vergoldete Gegenstände zu Preisen verkauften, die das Versprechen beinhalteten, es handele sich um massives Edelmetall. Bislang dasselbe: Null.

Bart seufzte und stürzte seinen Kaffee runter. Immer noch hatte er den Eindruck, daß mit dem alten Juden von eben irgend etwas nicht stimmte. Vielleicht sollte er heute abend noch mal vorbeischauen ...

O'B war drunten im Land der Sonne, und auch er war verzweifelt. Herausgefunden hatte er, daß (a) die Bautreibenden in Florida die besten Feuchtgebiete zerstören durften und daß (b) die Behörden in Florida den Ausverkauf noch schneller betrieben als ihre Kollegen in Kalifornien. Nicht herausgefunden hatte er, wo sich ein Zigeuner namens Kalia Uwanowich samt seinem neuen Cadillac Allante mit Hardtop aufhielt.

Und jetzt hatte er einen Anruf von Giselle erhalten, die ihm gesagt hatte, er solle alles stehen- und liegenlassen, aus Florida verduften und nach Iowa zu einem Zigeunercamp kommen. Deshalb die Verzweiflung, denn O'B hatte seinen Stolz. Er wollte einfach nicht ohne Kalia Uwanowichs Allante zurückkommen. Was hatte einst dieser treffliche Franzmann geschrieben? Daß Genie keine Gabe sei, sondern sich darin zeige, was einem in verzweifelter Lage einfiel? Aus seiner Verzweiflung heraus kam ihm ein wunderbarer Einfall, es war eine gänzlich neue Art, sein Problem zu betrachten.

Bislang hatte er sich an die Vorstellung gehalten, Uwanowich hätte *wirklich* einen Dachdeckerbetrieb. Er hatte sich vorgestellt, Uwanowich wollte größere Mengen Material *einkaufen*. Uwanowich trieb einen Zigeunerschwindel. Er hatte nicht vor, irgendwas zu kaufen. Er plante, ein ganzes Wohnviertel auszunehmen.

Also mußte O'B sich in *bestehenden* Wohnvierteln umsehen, in denen es Hausbesitzervereinigungen gab. Diese Vereinigungen organisierten Patrouillen, teilten einem mit, in welcher Farbe man sein Haus zu streichen hatte und wie oft man den Rasen mähen mußte. Warum sollte eine solche Hausbesitzervereinigung - pflichten Sie ihm hier bitte bei - nicht auch beschließen, daß alle Mitglieder zur selben Zeit ihr Haus neu decken lassen müßten. Und warum sollten sie nicht gemeinsam mit einem Unternehmen verhandeln, was die Sache doch billiger machte, als wenn sich jeder selbst darum kümmerte?

Es war einen Versuch wert.

Und im Westen von Tamarac, auf einem Streifen zwischen dem West Atlantic Boulevard und dem Sawgrass Expressway, fand O'B dreißig Dächer ohne Schindeln, ja sogar ohne die Dachpappe, die unter die Schindeln kommt. Und was noch besser war: Die abgedeckten Schindeln lagen überall in den Gärten verstreut, auf den Gehsteigen, ja sogar auf den Straßen!

Vor einem der Häuser war ein großer Mann in den Vierzigern mit rötlichem Haar und einem langen, unscheinbaren, rosa Gesicht gerade dabei, die heruntergeworfenen Schindeln wieder aufzusammeln. O'B schlenderte zu ihm hin, als der Mann eine Ladung auf den Stapel neben seiner Einfahrt fallen ließ. Der Mann streckte sich, die Hand ins Kreuz gestützt, dann wischte er sich mit dem Hemdsärmel über die Stirn.

»Sie lassen Ihr Dach neu machen«, sagte O'B.

»Jo.« Zusammen mit O'B schielte er hoch zum Dach und referierte eloquent: »Ted's Roofers hatte heute sechzig Mann hier draußen, die haben von allen Häusern die ganzen Schindeln runtergerissen.«

»Ich dachte immer, Dachdecker würden die alten Schindeln auch wieder beseitigen.«

Der Mann lachte leise vor sich hin. »Bei dem Preis, den wir bekommen, müssen wir se erst aufsammeln und die fahren se dann ab.« Man hörte den mittleren Westen in seinen Sätzen. Wie nannte man die wohl hier in Florida? Eisvögel? »Is alles vertraglich vereinbart.«

»Die haben Ihnen wohl einen wirklich guten Preis gemacht, was?«

»Den besten. Er kommt mit 'ner Riesenmannschaft, erledigt die Sache und ist am selben Tag fertig.«

»Aber er ist heute doch gar nicht fertig geworden«, meinte O'B.

»Ein Tag fürs Runterreißen, ein Tag fürs Decken. Die Hausbesitzervereinigung bezahlt, nachdem die alten Schindeln runter sind. Ted hat darauf bestanden, daß niemand sagen kann, er bezahlt für was, was er nicht kriegt.«

»Daß er darauf bestanden hat, möcht ich wetten«, sagte O'B. Ein netter Zug, das.

Der Mann schaute ihn clever an. »Wenn Sie Dachdecker wären, Teds Preise könnten sie nicht schlagen.«

»Wo kann ich Ted denn treffen?«

»Im Sekretariat der Vereinigung, ein Bursche namens Hank Sawtell, er wohnt unten an der Straße, siebenundzwanzig achtundsechzig, er hat alle Infos. Er hat die Unterlagen der Vereinigung direkt im Haus. Sagen Se, wollen Se etwas Eistee. Meine Olle . . .«

O'B lehnte dankend ab und eilte fort. Das Problem lag nämlich darin, daß die Dächer schon runter waren, und Ted's Roofers würden am nächsten Morgen nicht wiederkommen, um sie neu zu decken. Weder morgen früh, noch überhaupt irgendwann. Er jagte die breite, kurvige Vorstadtstraße hinunter, wich dem Spielzeug der Kinder aus und achtete auf die Hausnummern an den Briefkästen – seine einzige Hoffnung war, daß Ted, der mit Sicherheit Kalia Uwanowich hieß, noch nicht abkassiert hatte und dementsprechend noch nicht ausgeflogen war. In weiter Ferne so fern.

Er hätte sich keine Sorgen machen müssen: Ballard hätte dasein sollen, um über das Glück der Iren zu lästern. Vor Hausnummer 2768 stand ein funkelnagelneuer roter Allante mit Hardtop und Nummernschildern aus Florida.

O'B parkte außer Sicht hinter der nächsten Ecke, stieg aus und holte den Schlüssel vom Händler und den Auftrag heraus, auf dem die Fahrgestellnummer des Wagens stand. Er überprüfte die Fahrgestellnummer, stieg ein und ließ den Motor an. Im Rückspiegel sah er gerade noch, bevor er um die nächste Kurve der Vorstadtstraße fuhr und außer Sicht geriet, wie ein dunkelhäutiger Mann Sawtells Gehweg entlang sprintete, mit seinen Armen winkte und gellend schrie.

Bis die Tage in Stupidville, Baby.

O'B warf Schlüssel und Papiere seines Leihwagens in einen Briefkasten, informierte die Polizei von der Aktion, zog aus seinem Hotel aus und machte sich auf gen Nordwesten nach Iowa.

Nanoosh Tomeshti hatte in seinen Zwanzigern mit einer betrügerischen Sofortverchromung angefangen, einer Technik, die er von einem Großonkel gelernt hatte, der von einem reichen und mitfühlenden *Gadjo* einst in sein Haus aufgenommen worden war und von diesem auch eine gute Ausbildung bezahlt bekommen hatte. Solche Männer, die die Zigeuner *Rai* nannten, waren für sie halb Vater, halb Kaffer.

Wie auch immer, der Großonkel war gut in Chemie gewesen und hatte Nanoosh gezeigt, wie man Quecksilber in einer schwachen Salpetersäure auflöst, und diese Mischung dann auf ein Stück Kupfer aufträgt. Die Salpetersäure frißt ein wenig vom Kupfer, und so entsteht ein Amalgam mit Quecksilber. Das gab dem Kupferstück eine leuchtende Oberfläche, die aussieht wie verchromt oder gar versilbert.

Aber man hatte sich bei diesem Schwindel zu beeilen, denn die Salpetersäure frißt natürlich munter weiter, und nach ein paar Stunden hat sie auch das Quecksilberamalgam wieder zerstört, und das Kupfer sieht wieder aus wie Kupfer. Als Nanoosh älter wurde, begab er sich auf die Suche nach einem Trick, bei dem weniger Eile geboten war. Und er fand einen auf dem Gebiet der Galvanisierung.

Schon bald verkaufte er Besteck aus »massivem Silber«; und bald danach dann Bleiplatten (die in etwa dasselbe wogen wie massives Gold), auf denen sich eine mikrometerdünne Schicht echten vierundzwanzigkarätigen saudiarabischen Gelbgoldes befand. Mit den richtigen Verbindungen konnte man das in Saudi-Arabien billig auftreiben, und die Platten konnte man prima als Massivgold verkaufen.

Nun konnte er sich niederlassen und die ganze Saison über an ein und demselben Ort verkaufen - er hatte beinahe auf den Tag genau ausgerechnet, wann die Gold- oder Silberschicht durch wäre und das Metall darunter zum Vorschein käme.

Heute abend hatte er im Lincoln Park eine Verabredung mit einem Mann, der ein komplettes Service für zwanzig Personen aus massivem Gold haben wollte. Das Opfer war ein 26jähriger, der mit Futures und Optionen herumspielte, gerade die Zulassung zur Börse erhalten und eine Eigentumswohnung mit Blick auf den Lake Michigan bezogen hatte. Das Opfer plante, den alten Juden mit seinem Käppi, der koscher aß und den Sabbat ehrte, gnadenlos über den Tisch zu ziehen - davon, daß der alte Jude in Wirklichkeit Nanoosh Tomeshti war und daß dieser vorhatte, ihm das Mark aus den Knochen zu saugen, ahnte er freilich nicht.

Nanoosh nahm den Lake Shore Drive nach Norden, um ihn sich vorzuknöpfen.

Bart Heslip hatte das Fenster heruntergelassen, und im Radio lief das Spiel der Cubs, als er auf dem Lake Shore Drive nach Süden fuhr. Der alte käppchentragende Jude, der womöglich gar nicht jüdisch war, verdiente eine kleine Nachprüfung.

Wie immer, wenn er Auto fuhr, achtete er genau auf die entgegenkommenden Fahrzeuge - irgendein im Hintergrund des Hirns werkelnder Computer checkte sie durch und würde jetzt nur Meldung erstatten, wenn einer der wuchtig großen, dunklen Wagen, der ihm entgegenkam, Nanoosh Tsatshimos Fleetwood war.

Lincoln Continental ... Acura Legend LS ... Mercedes-Benz 300 ... Buick Riviera ... Chrysler Imperial ... Lexus LS400 ... Infinti Q45 ... BMW 750i ... *Cadillac Fleetwood Sixty Special ...*

Und sein alter käppitragender Jude hinterm Steuer! Bart war

auf der Überholspur: im selben Moment, in dem er Auto und Fahrer bemerkte, riß er das Lenkrad herum und latschte auf die Bremsen, um den Seville rallyemäßig zu wenden. Bumms! pengs! krach! über den grasbewachsenen Mittelsteg, auf die Tube drücken, über die Randsteine, quietschende Reifen, *geschafft*, er war wieder auf dem Highway – jetzt jedoch auf der Fahrbahn nach Norden.

Acht Autos hinter dem Fleetwood. An der Kreuzung zur 31st Street noch ein Wagen zwischen ihnen. Mit der Nase in seinem Heck, wo sich bei Cermak der Lake Shore Drive teilt. Unweit vom Aquarium hielt er an.

Nanoosh, sein Neffe und zwei junge Zigeunerschnösel waren schon aus dem Wagen, als Bart den Seville hinter ihnen anhielt, sie kochten vor Wut.

Nanoosh brüllte: »WAS ZUM TEUFEL GLAUBST DU EIGENTLICH –«

Bart röhrte: »ICH BIN VON DER BANK, UND ICH WERDE JETZT IHR AUTO SICHERSTELLEN!«

»Von der Bank? Der California Bank?«

»Von der Cal-Cit, genau.« Bart spürte den Adrenalinstoß und hob ab. *Es war der richtige Wagen!* »Nehmen Sie Ihren Scheiß aus dem Wagen –«

Das war der Moment, in dem Nanooshs Neffe einen folgenschweren Fehler machte. Er versuchte es bei Bart mit einem Faustschlag. Bart wich ihm aus, plazierte mit der Linken drei kurze Geraden an seinem Kopf, von denen die zweite des Neffens Nasenbein zertrümmerte, und schlug ihn dann mit einem guten rechten Haken, um sich seiner zu entledigen.

Nanoosh hielt sich aus allem raus, friedlich lehnte er sich gegen den Kotflügel des Caddys und sah zu, wie seine jungen Zigeuner versuchten, Bart auseinanderzunehmen. Doch als die Polizei eintraf, bluteten sie und taumelten nur noch herum, während Bart nur einige Kratzer an der Wange und eine dicke Lippe hatte. Die Polizisten waren eines dieser Pfeffer-und-Salz-Teams und hatten nur Schlagstöcke dabei – was wohl probat erschien.

Nanoosh setzte schnell sein Scheitelkäppchen wieder auf.

»Wir waren unterwegs zur Synagoge, da hat mich der Schwarze von der Straße gedrängt und versucht, mir mein Auto zu klauen. Meine Söhne haben mich verteidigt . . .«

Das war der Moment, in dem Nanooshs Neffe einen zweiten furchtbaren Fehler machte. Noch immer halb blind von den Tränen, die er der gebrochenen Nase wegen vergossen hatte, und sich dieser Tränen schämend, ging er auf den dunkelhäutigen Polizisten los, da er ihn wohl mit Bart verwechselte. Schwarz ist schließlich schwarz, richtig?

Falsch. *Dong!*

Schlagstock auf Schädel. Er klappte zusammen.

»Friedliche Sicherstellung«, keuchte Bart. »Die sind Zigeuner.«

Der schwarze Polizist fing an zu lachen, als er dem still daliegenden Neffen Handschellen anlegte. »*Friedliche* Sicherstellung?« Er lachte wieder. »Sie haben aber einen verdammt guten rechten Haken.«

»Hab mal mein Geld mit Raufen verdient.«

»Wir werden die ganze Bagage mitnehmen«, sagte der weiße Polizist.

Bart überredete den schwarzen Polizisten, den Neffen höchstens wegen Ruhestörung anzuzeigen, dann verbrachte er eine halbe Stunde auf der Polizeistation, Seite an Seite mit Nanoosh auf einer harten hölzernen Bank.

»Sie sind der von heute nachmittag«, sagte Nanoosh schließlich.

»Jo«, sagte Bart.

»Woher haben Sie gewußt, daß ich in Chicago bin?«

Bart zuckte nur mit den Schultern und gab sich weise.

»Das waren diese scheiß Lovellis, stimmt's?«

In Barts Erscheinung mehrte sich die Weisheit noch.

»Ich hab's gewußt! Diese Schweinehunde! Na, ich werde Ihnen jetzt mal was über *die* erzählen . . .«

Bart setzte sein Schweigen fort. Er wirkte so weise wie Salomon, und wie es sich herausstellte, schien er das auch zu sein: Nanoosh erzählte ihm *alles* über die Lovellis.

Schließlich gestanden die Polizisten ein, daß Bart Bart war, der Fleetwood ein Fleetwood, die Cal-Cit Bank eine Bank und daß Bart tatsächlich als ihr Bevollmächtigter handelte.

»Ich möchte mich bei euch Jungs aufrichtig für eure Hilfe bedanken«, sagte er. »Ich hol dann meine Autos, und –«

»Wie steht's mit der Urkunde?« fragte der weiße Polizist.

Bart, der nun mal kein Chicagoboy war, sagte: »Was für 'ne Urkunde?«

»Die Urkunde, die Urkunde, *die große grüne Urkunde!*«

Bart war nicht in Chicago geboren, aber auf den Kopf gefallen war er auch nicht. Einen Fünfziger für die beiden des Pfeffer-und-Salz-Teams, dann steckte er sich eine Reihe Zwanziger aus dem Spesenbündelchen wie Spielkarten auf die Hand, einen für jeden Polizisten auf der Wache. Zehn Polizisten, zehn Zwanziger. Ziehen Sie eine Karte - ganz gleich welche.

Zurück in seinem Motel, das auf der anderen Seite des Loop on South Canals lag, fand er Larry Ballards Nachricht bezüglich Stupidville. Er ließ Larry eine noch dringendere Nachricht von sich zukommen, besorgte sich die Nummer des Motels in Jersey, in dem sich Ken Warren aufhielt, und suchte schließlich einige LKW-Verleiher raus, die er am nächsten Morgen anrufen wollte.

Bart Heslip hatte einen PLAN.

41

Ken Warren hatte in Jersey City das Licht der Welt erblickt, weniger als eine Meile vom Journal Square entfernt; sein Vater hatte bei Colgate gearbeitet. Er war also, was diese Stadt betraf, frei von jeglichen Illusionen. Bevor er Sarah Walinskis Charger zu Andy Anhut's A-One Autos am Kennedy Boulevard zurückbrachte, steckte er sich einen klobigen Gegenstand in den Mantel und rief ein Taxi. Dem Taxifahrer gab er eine Adresse in der Nähe von Anhut's und ausreichend Geld, damit er dort wartete.

Ken wartete indes auf der anderen Straßenseite, bis die beiden stämmigen Verkäufer, die aussahen, als hätten sie für den Rest ihres Lebens ausgesorgt, das Gelände zum Mittagessen verlassen hatten. Dann erst fuhr er rüber.

Auf der Rückseite des Geländes erklomm er drei hölzerne Stufen, die in ein kleines aus Holz gebautes Büro führten, das kläglich glitzernde Girlanden zierten. Drinnen war ein zerkratzter hölzerner Schreibtisch, auf dem sich ein Telefon, ein bisamrattengroßer Haufen lockiger schwarzer Haare und die Schuhe eines Mannes befanden, der in einem Fleischbeschauerheft las. Als er den Mann ansah, entsann sich Ken eines Satzes über Jakobs Bruder Esau, den er einst in der Sonntagsschule aufgeschnappt hatte: *Er war ein haariger Mann.*

Andy Anhut war in beinahe jeder Hinsicht ein haariger Mann. Die Haare waigelten über seinen Augen, sprossen ihm aus Nasenlöchern und Ohren, bewuchsen seine affenartigen Finger und Handgelenke, ringelten sich übersprudelnd im weiten V seines Hemdausschnitts und machten dem goldenen Medaillon auf seiner Brust ein lauschig Nest.

Haarig, in *beinahe* jeder Hinsicht. Denn er war so kahl wie eine Billardkugel. Eine etwas unförmige Billardkugel, in deren Mitte jemand eine Zigarre geschraubt hatte. Er sprang auf und stülpte sich die Bisamratte über den Kopf, als Kens Schatten auf seine Lektüre fiel.

»Was zur Scheiße schleichst du denn hier rum?« kreischte er.

Mit einer kurzen Drehung aus dem Handgelenk ließ Ken die Rechnung der DKA über den Schreibtisch kreiseln und beugte sich vor. Er war größer und breiter als Anhut, und er sah gefährlicher aus; kein Mann, der sich sein Toupet zurechtrückt, ist im Stande, taff auszusehen.

»Iin pbar«, stieß Ken aus.

»Bar? Was zur Scheiße soll das heißen?« Das schien also Anhuts Lieblingsausdruck zu sein. Er kam mit der Rechnung hinter dem Schreibtisch hervor und ging zur Tür. »Laß mich das scheiß Ding ma sehen.«

Ken wartete. Draußen kniff und biß Anhut dem Charger in die Beine wie der Terrier, der bei Sonnenuntergang die Kuh in den Stall treibt. Dann kam er zurück und schüttelte die Ratte auf seinem Kopf.

»Nee, nee, nee, die scheiß Karre ist in 'nem fürchterlichen Zustand. Ich geb euch fünfzig Scheine für eure Auslagen und -«

Ken trat einen Schritt vom Schreibtisch zurück und steckte eine Hand in seine Manteltasche. Die Hand sah darin größer aus, als sie es eigentlich dürfte, es sei denn, sie wäre um einen klobigen Gegenstand gelegt. Anhut unterbrach sich für einen Moment, starrte ihn an, musterte ihn. Dann schüttelte er wieder die Billardkugel.

»Nee«, murmelte er mehr zu sich selbst. Er bleckte die Zähne in einem todesverachtenden Grinsen. »Meine Jungs kommen gleich vom Essen zurück, und dann werden sie -«

Ken riß seine Hand aus der Tasche samt dem Ding, das in ihr verborgen war. Instinktiv wich Anhut einen Schritt zurück. Kens Hand legte den Gegenstand auf Anhuts zerkratzten Schreibtisch - es war ... eine reife rote Tomate.

Anhut wurde so bleich, als hätte ihn jemand in kochendes Wasser getunkt und pellte ihn jetzt wie ... tja, wie eine reife Tomate. Für den Mob bedeutete eine Tomate Sprengstoff, und zwar im wahrsten Sinn des Wortes. Ein saftiges rotes Exemplar, schon ein wenig überreif: Das war ungesichertes Dynamit. Die Tomate auf der Schreibtischkante bewies, daß die DKA, obwohl sie an der Westküste saß, ihre Verbindungen an der Ostküste hatte.

Beweis oder Bluff? Nun, Ken ging auf die Tür zu.

»Warten Sie!«

Anhut fluchte laut und zückte ein dickes Bündel Bargeld, zählte ausreichend viele Hunderter ab und warf sie auf den Schreibtisch. Ken fragte erst gar nicht, ob Anhut eine Quittung haben wollte. Er fuhr mit dem Taxi zurück ins Motel, um zu packen, doch dort wartete eine Nachricht der DKA auf ihn. Gemäß Ephrem Poteet drehte eine Zigeunerin namens Pearso Stokes ein Ding mit Banken in Manhattan, und zwar mit einem silberfarbenen Eldorado mit Nummernschildern aus Maryland.

Warren zahlte für eine weitere Nacht im voraus, denn die Preise in Jersey waren ein gutes Stück niedriger als die in New

York, dann mietete er sich einen kleinen roten Toyota und fuhr in Richtung Manhattan. Mann, gerade hatte er einen Gebrauchtwagenhändler aus Jersey City abgezockt und das, fast ohne ein Wort zu sprechen und ohne die offene Androhung körperlicher Gewalt! Das mußte eine Premiere gewesen sein! Und jetzt war er dabei, Zigeuner zu jagen - wie der Rest der Mannschaft!

Im selben Moment, in dem Ken am westlichen Ufer des Hudson die Maut für den Holland Tunnel entrichtete, stellte Giselle ihren Firmenwagen vor Teddy Whites Grundstück in Tiburon ab. Seine 75 000 Dollar hatte sie in einem Kunststoffkoffer dabei, aber fürs erste ließ sie das Geld im Auto eingeschlossen, wenigstens solange, bis sie Teddy über Madame Miseria behutsam die Augen geöffnet hätte.

Sie drückte auf den Klingelknopf, und Teddy machte die Tür auf, und derselbe getigerte Kater schoß zwischen ihren Beinen hindurch und sprang die Stufen hinab. Und Teddy fing wieder dasselbe Sprüchlein an: »Das ist okay, das macht er stän ...« Dann rief er: »Oh! Miss Marc! Hallo.«

»Ich, äh, wollte Ihnen sagen ... das heißt, ich habe etwas, was ...«

Teddy wirkte fünf Jahre jünger und vier Zentimeter größer, und aus seinem Gesicht waren all die Züge von Leid und Schmerz gewichen. Er kam zu ihr auf die Treppe und ließ die Haustür auf.

»Setzen wir uns doch auf die Treppe, in der Sonne ist es so schön.«

Giselle setzte sich, die Füße sittsam nebeneinander, und zog beinahe nervös ihren Rock über die Knie glatt.

»Ich ... muß Ihnen etwas über Madame Miseria erzählen. Sie hat ihren Namen gekannt und alles über ihre Stiefeltern gewußt und auch alles über ihre verstorbenen richtigen Eltern, weil ...« Sie räusperte sich. »... sie alles von ihrem Bruder erfahren hat. Er hat Ihnen in dieser Kneipe damals die Brieftasche geklaut, und -«

»Unmöglich«, sagte Teddy. »Aber bitte, fahren Sie fort ...«

»Die blutende Dollarnote - als Sie losgegangen sind, die Schüssel mit Wasser zu holen, da hat sie den Schein, den Sie auf den Tisch gelegt hatten, einfach gegen einen anderen ausgetauscht, der mit rotem Färbemittel getränkt war.«

»Das hat sie natürlich nicht gemacht«, sagte er, völlig ungerührt. »Aber selbst wenn sie das getan hätte, das hat mich letztlich davon überzeugt, daß auf meinem Geld ein Fluch lastet.«

Der große Kater kam nach oben, schmiegte sich gegen Giselles Wade und fing zu schnurren an. Abwesend streichelte sie ihm über den Kopf und kraulte ihn hinter den Ohren. Sie kochte.

»Das vergiftete Ei - das war reine Fingerfertigkeit. Sie hatte den Teufelskopf in der Hand, als sie das Ei entzweigebrochen hat. Sie hat ihn einfach in die Schüssel fallen lassen, und -«

»Wohin soll das alles führen, Miss Marc?«

»Das war eine Abfolge von glatten Betrügereien«, sagte sie scharf. »Ich möchte wetten, sie hat an jenem Abend auch noch einen ganzen Haufen Geld verbrannt, nicht wahr?«

»Ja. Fünftausend Dollar.«

»Fünf . . .« Giselle erlangte wieder die Herrschaft über ihre Stimme. Mit äußerster Pedanterie sprach sie weiter: »Sie hat das Geld nicht verbrannt. Sie und ihr Bruder haben einfach einen anderen Umschlag genommen, in dem sich . . .«

»Es war eine Papiertüte.«

» Wie bitte?« Ihre Stimme klang schrill.

»Es war eine *Papiertüte* voller Geld, die sie verbrannt hat. Aber . . .« Wieder schenkte er ihr dieses dämliche Grinsen vollkommener Zufriedenheit. »Aber selbst wenn sie das Geld behalten hätte, sie hätte das Recht dazu gehabt.«

»Ich . . . verstehe Sie nicht. Wenn sie Sie *reingelegt* hat, und . . .«

»Sie hat mich geheilt. Besser als jeder Arzt es vermocht hätte.«

Giselle seufzte. Draußen tuckerte zwischen Angel Island und Alcatraz ein großer schwerbeladener Öltanker herein, den ganzen Rumpf voll Rohöl für die Standard Oil Raffinerie bei Richmond.

»Okay«, sagte sie forsch. »Sie hat Sie geheilt. Aber sie hat Sie auch vor zwei Nächten zum Friedhof nach Tam Valley geschleppt, und Sie haben eine erhebliche Summe Geld im Grab Ihres Stiefvaters verbuddelt. Fünfundsiebzigtausend Dollar, um genau zu sein.«

Teddy stand abrupt auf. Mit einem Mal lag Panik in seinem Blick. »Sie haben es doch nicht etwa, wieder *ausgegraben* ...«

Giselle wollte schon »doch« sagen, beherrschte sich dann aber. Auch sie stand auf. Sanft legte sie ihre Hand auf Teddys Arm.

»Ramon Ristik hat es getan.«

Seine Reaktion kam vollkommen unerwartet. Er fing zu lachen an.

»Hat er nicht. Sie müssen sich irren.«

»Ich habe *gesehen*, wie er es ausgegraben hat!«

»Das kann gar nicht sein«, sagte er vollkommen überzeugt, »denn ich bin ja noch hier.«

»Sie sind noch ... Ich verstehe nicht ganz.«

»Wir haben das Geld dort für die Dämonen vergraben. Wenn jemand es wieder ausgräbt, dann muß ich sterben. Und da ich noch am Leben bin ...« Unbeholfen flatterte er auf den Stufen herum, wie ein Betrunkener, der Hühnchen spielt. »Und *geheilt* ...«

Schließlich kapierte Giselle, wie der Hase lief. »Wenn Ihnen also jemand fünfundsiebzigtausend Dollar zurückgeben wollte –«

»Dann würde ich das Geld nicht nehmen. Weil es nicht meines sein kann. Meins liegt im Grab meines Stiefvaters.« Ein plötzliches verschmitztes Grinsen. »Außerdem, wenn Ramon das Geld genommen hat, wie sind Sie denn dann da rangekommen?«

»Vielleicht habe ich den Müllsack zuerst ausgegraben und ihn dann durch einen zweiten voll kleingerissener Zeitungen ersetzt?« Es war eine Frage, keine Feststellung.

»Ramon wäre mit kleingerissenen Zeitungen aber gar nicht zufrieden gewesen«, sagte Teddy amüsiert. »Und wenn Sie also irgendwelches Geld in Ihrem Auto haben, dann gehört es nicht mir. Meins hat der Dämon.« Er kicherte. »Und ich, ich bin geheilt.«

Giselle bemerkte, daß sie alleine mit der Katze auf den Stufen stand. Es war eine liebe Katze. Sie kraulte sie hinter den Ohren. Es war ein schöner Tag. Teddy war ein netter Mann. Yana war keine nette Frau. Aber dann war auch Giselle keine besonders nette Frau. Sie erinnerte sich an eine Zeile aus dem Lieblingsbuch ihrer Kindheit. Es war das Buch über einen Goldfisch und wie er die Welt sah.

»Sunny Sunfish wackelte mit der Flosse und dachte nach.«

Als sie die Treppe nach unten zum Auto ging, dachte Giselle darüber nach, ob sie wohl mit ihrer Flosse wackelte.

Dan Kearny fragte sich, ob er in diesem Land gelandet war, in das sich Peter Pan einst begeben hatte - *Never-Never-Land*, das war's - anstatt in den Räumlichkeiten der Geschäftsführung des St. Mark Hotels. Auf der anderen Seite des Schreibtischs saßen sie aufgereiht wie drei Heinis: der Hotelmanager, der Firmenanwalt und der Sicherheitschef. Und das einzig, weil er die Tasche mit ihrem Geld auf den Schreibtisch hatte plumpsen lassen.

»Hier haben Sie sie zurück, meine Herren: die fünfundsiebzigtausend Dollar, die ihr Gast, der sich Angelo Grimaldi genannt hat, ihnen abgepreßt hat, und –«

»Das ist aber eine Menge Geld«, sagte der Schwergewichtigte, Gunnarson, der Manager.

Der kleine verhutzelte Kerl, Smathers, der Firmenanwalt, räusperte sich. »Ja. Eine Menge Geld, Mr . . .« Er warf einen Blick auf die Visitenkarte in seiner Hand. »Mr. Kearny.« Er lächelte ein zähnebleckendes Lächeln. »Aber unsere Gäste lassen ihre Wertsachen für gewöhnlich im Safe an der Rezeption - und nicht hier im Büro der Geschäftsleitung.«

»Aber das ist nicht mein Geld«, sagte Kearny betont vernünftig. »Es ist *Ihr* Geld.«

Der große Rothaarige mit der Pistole unterm Arm, Shayne, sagte plötzlich: »Ich weiß ja nicht, welche Art Spielchen ihr Jungs in Washington spielt, Kearny, aber bei uns –«

»Washington?« Kearny zeigte mit dem Daumen auf seine eigene Brust. »Ich bin, wie Sie auf meiner Karte lesen können, Daniel Kearny, lizensierter Privatdetektiv hier in San Francisco . . .«

Gunnarson brachte ihn mit einer Handbewegung zum Schweigen, beinahe lächelte er süffisant.

»Sie sind lizensierter Privatermittler aus Kalifornien. Das glauben wir Ihnen ja.« Er breitete seine Hände auseinander und strahlte ihn an. »Also warum glauben Sie uns nicht, daß wir niemals einen Gast namens Angelo Grimaldi in diesem Hotel hatten? Geschweige denn hat jemals ein Angelo Grimaldi versucht, uns Geld abzupressen. Und natürlich –«

»Sein richtiger Name ist Rudolph.«

»Aber bitte. Und natürlich haben wir auch niemals irgendeinem Angelo Grimaldi fünfundsiebzigtausend Dollar gegeben.« Er drehte sich um, um seine beiden Kollegen anzuschauen, und kicherte. »Nun, wir würden unsere Jobs wahrscheinlich nicht mehr allzu lange haben, wenn wir jedem, der durch diese Tür kommt, einen Haufen Bargeld auftischen würden, oder, Kameraden?«

Auch die anderen lachten. Dan Kearny schaute von einem zum anderen. *Never-Never-Land?* Alice im Kaninchenloch, um Himmels willen!

»Grimaldi hat Ihnen gesagt, daß eine blonde Terroristin den Präsidenten in die Luft jagen wollte und daß er sie umgebracht hat und ihre Leiche im Meer hat verschwinden lassen . . .« Ausdruckslos starrten sie ihn an. In einem Anfall von Verzweiflung fügte er hinzu: »Die Blondine ist nicht tot – sie ist meine Büroleiterin, um Himmels willen! Ich kann sie hierherholen –«

»Sie haben eine Terroristin als Büroleiterin?« Aus Smathers' Schnabelmund entwichen Laute der Mißbilligung. »Ich weiß nicht, ob das hier eine Wette ist oder ein Streich oder was sonst, Mr. Kearny, aber wir haben alle viel zu tun . . .«

Shayne nahm die Tasche, klickte sie zu und knallte sie gegen Kearnys Brust, so daß dieser sie entweder schnappen oder zu Boden fallen lassen mußte. Und mit einem Mal hatte er verstanden.

Sie hatten die Behörden über Marinos Drohanrufe nicht in Kenntnis gesetzt! Und so durften sie niemals auch nur irgend etwas irgendwem gegenüber eingestehen!

Als er ins Büro zurückkam, saß Giselle Marc auf seinem

Schreibtisch, ließ müßig die Beine baumeln und rauchte eine Zigarette.

»Er wollte die fünfundsiebzigtausend Dollar nicht wiederhaben«, sagte sie.

Kearny stellte seine Tasche neben ihren Kunststoffkoffer.

»Dasselbe mit denen.« Er zündete sich eine ihrer Zigaretten an und zuckte mit den Schultern. »Aber ich werde über Seattle nach Steubenville fliegen, um wenigstens diesem Burschen *dort* die dreißig Mille zurückzugeben, die Bart gefunden und uns geschickt hat.«

»Nein, Sir, ich weiß nichts von dreißigtausend Scheinen, die ich einem Straßenbauunternehmer gezahlt haben soll.«

Finster sah ihn Big John Charleston von der gegenüberliegenden Seite des Schreibtischs an, der in dem Büro an der Queen Anne Ave in der Nähe des Seattle Centers stand, in dem Büro, für das Big John nicht mehr die Pacht bezahlen konnte.

»Er war ein Zigeuner«, sagte Dan Kearny und versuchte, cool zu bleiben. Es ging schon wieder los! »Er hat mit Verdünnung gemischtes Altöl auf die Straßen Ihres Baugeländes gekippt –«

»Ich hab kein Baugelände«, knurrte Big John.

»Weil ihr Kerle vom Straßenbauamt es ihm weggenommen habt!« schaltete sich Little John von seinem kleineren Schreibtisch in der Ecke aus ein.

»Ich bin nicht vom Straßenbauamt! Ich bin Privatermittler –«

Big John richtete sich auf.

»Dann ermitteln Sie mal, wie Sie aus meinem Büro raus und in die Hölle kommen, bevor ich Sie durchs Fenster schmeiße! Erst ruiniert ihr mich und dann versucht ihr mir noch Fallen zu stellen, damit ich irgendwelche gefährlichen Sachen sage . . .«

Was bedeutete, daß Dan Kearny *zurück* nach San Francisco fliegen mußte, um die 30000 Dollar wieder zu deponieren, bevor er einen Flug gen Osten noch Iowa nehmen konnte. Er hatte keine Ahnung, was er sonst damit tun sollte – wenigstens im Augenblick. Aber das ganze Geld brachte ihn auf allerlei Gedanken ...

Der Flug zurück nach San Francisco sollte jedoch dafür sorgen, daß er in Stupidville erst ankam, nachdem das Feuerwerk schon lange gezündet war.

Dort – und in Nebraska.

Und in New York City.

42

Pearso Stokes war eine wunderschöne Zigeunerin von 26 Jahren, die es fertigbrachte, wie eine unangepaßte iranische Studentin von 19 auszusehen. Ihr schimmerndes, schwarzes Ringelhaar war nach hinten zu einem Knoten festgesteckt, der von einem Gummiband gehalten wurde; dicke Brillengläser vergrößerten ihre wahrlich erstaunlichen Augen zu Angst einjagenden Käferaugen. Unterm Arm trug sie ein Lehrbuch der Chemie und eines der Physik, dabei konnte sie weder lesen noch schreiben.

Aber Junge, was konnte sie zählen! Sie betrat die vierte Bank in der Innenstadt heute, um ihren Schwindel abzuziehen, der angeblich von dem legendären Tene Bimbo vor fünfundsiebzig Jahren erfunden worden war. Der Trick war so alt, daß sich seiner niemand mehr entsann, schon gar nicht die gepeinigten Kassierer Manhattans, zu deren Schaltern sie schlurfte. Dort legte sie ihre Lehrbücher ab und fixierte den Kassierer mit ihren furchterregenden Käferaugen.

»Mein Vadder hat mir Geld von Teheran geschickt.«

Der Kassierer beugte sich vor. *»Was?«*

Ihr Akzent war wahrlich grauenhaft, ihre Stimme klang kehlig und belegt, noch dazu sprach sie sehr leise. Er konnte kaum verstehen, was sie sagte. Während sie ihn wieder ankrächzte, wühlte sie in ihrer voluminösen Handtasche nach einer verkrumpelten $ 500-Note, die sie ihm wie ein Fragment des Korans überreichte.

»Was?«

- »Ich hab gesagt, ich brauche fünf Einhundert-Dollar-Scheine.«

Doch sobald sie diese in den Händen hielt, überlegte Pearso es sich anders.

- »Nein, nein, ein Moment. Ich brauche dreihundert in Fünfzigern und zweihundert in Zwanzigern.«

Der Kassierer fing noch einmal von vorn an, diesmal mit Fünfzigern und Zwanzigern. Die Schlange ungeduldiger Kunden hinter Pearso wuchs. Sie nahm das Geld und legte es wieder zurück.

- »Machen Sie doch aus den Fünfzigern Zehner und aus den Zwanzigern Fünfer.«

Jemand hinter ihr muckte laut auf: »Oh, um Himmels willen!«

Pearso blieb unverzagt. Der Kassierer war schon ganz nervös. Gerade hatte er es ihr vorgezählt, als sie es ihm auch schon wieder zurückgab.

- »Nein. Ich brauche vier Fünfziger, zehn Zwanziger, neun Zehner, zehn Dollar in Quarters und fünfzig Zehncentstücke.«

Das mußte er sich aufschreiben. Die Schlange hinter ihr grollte wie ein Gewitter. Zweimal verlor er beim Zählen den Faden.

Und als er es endlich geschafft hatte, tauschte sie das Silbergeld gegen zwei $ 5-Noten, ließ sich noch einen Zehner und vier Zwanziger geben und nahm den Rest in Hundertern. Die Kunden hinter ihr fingen an zu klatschen, als sie den Schalter verließ. Pearso war's egal: Sie konnte immer noch *vor* der Bank lachen. Auf der Fahrerseite ihres silbernen Eldorados mit den Nummernschildern aus Maryland war die Sonnenblende heruntergeklappt, so daß man den Aufdruck NOTFALL - ARZT IM EINSATZ lesen konnte, und so kam es, daß der Wagen keinen Strafzettel hatte, obwohl er im absoluten Halteverbot gestanden hatte.

Sie hatte einen der ersten Hunderter im Ärmel versteckt.

Dann einen Fünfziger und einen Zwanziger.

Danach zwei Zehner und einen Fünfer.

Beim letzten Wechseln dann einen Fünfziger, zwei Zwanziger und einen Zehner.

Sie hatte dem Kassierer 500 Dollar gegeben und hatte 500 Dollar wiederbekommen, und zusätzliche 295 Dollar hatte sie in ihrem Ärmel verschwinden lassen. Deren Fehlen würde der Kassierer nicht eher bemerken, bis er am Abend seine Abrechnung machen mußte.

Es war Zeit für einen Tee in der Wahrsagerbude ihrer Schwester, die sich im Village befand. Doch ein umherkutschierender Ken Warren entdeckte sie an der Kreuzung Seventh Ave/West 14th und setzte sich hinter sie. Alles paßte. Eldorado. Silberfarben. Marylandnummern. Eine Frau am Steuer, die ganz wie eine Zigeunerin aussah.

Wie hieß es noch? Folge ihm solange, bis er auf einem Ästlein schläft, und wirf dann ein Netz über ihn.

Abgesehen von dem schicken Schild an der Tür LESUNGEN UND BERATUNGEN handelte es sich um eine stinknormale Wahrsagerbude. Ken parkte an der schmalen, geschäftigen Straße einen knappen Block weiter weg und wollte gerade aussteigen, als ein drahtiger kleiner Bursche mit spitzer Nase, der keinem Zigeuner glich, den Ken je gesehen hatte, in den Caddy stieg.

Er fuhr den Toyota wieder aus der Parklücke und verfolgte ihn. Wenn der Kerl anhielt, würde Ken sich den Caddy schnappen. Bloß lud der noch zwei Kerle samt Gepäck in den Wagen. Einer war groß und knochig und mittleren Alters, da würd's nicht so heiß hergehen, wenn's denn zur Sache ging. Aber der andere war ein Elefant in Klamotten. Und nicht einmal ein verfetteter Elefant.

Nicht gut. Gar nicht gut. Mann gegen Mann würde Ken mit dem nicht fertig werden, ganz zu schweigen mit den zwei anderen Typen am Hals.

Und dann fuhren sie, um die Sache noch schlimmer zu machen, auf dem West Side Highway Richtung Norden, raus aus der Stadt. Er hatte zwar vollgetankt, aber der Caddy hatte mit seinem Riesentank eine viel größere Reichweite als er – falls es jetzt über mehrere hundert Meilen ging.

Ging es nicht. Zwei Stunden später bog der Cadillac in die Oak Street ein, in einen kleinen Vorort namens Dudson Center, und hielt auf einer geschotterten Auffahrt neben einem Maschendrahtzaun, hinter dem ein altertümlich verschaltes, zweistöckiges Haus mit der Nummer 46 stand. Gut. Keine Garage.

Ken steuerte den roten Toyota am Caddy vorbei, bog in die nächste Straße rechts und gleich die nächste links und stellte dort den Wagen ab. Vielleicht waren es ja doch Zigeuner; der große Bursche, der aussah wie zwei Profiringkämpfer in einem, hatte während der Fahrt auf dem Rücksitz mit einem Tamburin herumgefuchtelt.

Egal. Zwei Minuten und der Caddy gehörte ihm. Zu Fuß ging er die letzten Meter zurück, die Schultern ausgestellt, den Unterkiefer vorgeschoben trottete er entlang wie ein gefährlicher, übellauniger Bär.

Der Eldorado war nicht abgeschlossen. Ken setzte sich hinters Steuer. Mann, war das Ding ausgestattet: Tempomat, Kassettenrecorder, Leselämpchen, arg nach Holz aussehende Zierleisten am Armaturenbrett. Als er den Schlüssel in die Zündung steckte, fuhr hinter ihm der Kleintransporter eines Großbäckers in die Einfahrt - den ganzen Rückspiegel füllte er aus - und versperrte ihm den Weg.

»Hey«, sagte Ken. Er lehnte sich aus dem Fenster, um nach dem Fahrer des Transporters zu schauen. Das war aber auch ein grandioser Zeitpunkt, etwas anzuliefern. »Pfah weg!«

Statt dessen stellte der Fahrer den Motor ab, zog die Handbremse an, stieg aus und rief in Richtung Haus: »Andy! Mayday!«

Und verdammt, da kam ja noch einer über den Fahrersitz geklettert, um auf derselben Seite auszusteigen. Das machte dann also fünf. Der neue sagte: »Wer ist denn das, Stan?«

»Keine Ahnung.«

»Was hat der denn vor?«

»Keine Ahnung.«

Ken drückte auf den Knopf, der alle vier Türen verriegelte und probierte seine Schlüssel aus. Wenn der Caddy erst einmal lief, dann würde er den Transporter aus dem Weg rammen und weg wäre er.

Leute stürzten aus dem Haus; zuerst die beiden, die auf der Herfahrt die vorderen Plätze des Caddys eingenommen hatten, dann eine gar-nicht-so-schlecht-ausschauende Frau, die einige unkontrollierte Bewegungen machte, so wie jemand, der sich mit der Kippe eines anderen eine Zigarette anzündet, dann der Große und schließlich ein wirklich fies aussehender alter Knabe. Er und die Frau blieben am Hauseingang. Die drei, die er schon kannte, kamen her und gesellten sich zu den beiden des Bäckerwagens. Alle schauten sie ihn an. Er konnte sie durch das geschlossene Fenster miteinander reden hören.

»Was geht denn hier ab?« fragte der Bursche, den Stan Andy genannt hatte.

»Keine Ahnung«, sagte Stan. Er wandte sich an den Kerl aus dem Transporter. »Wally?«

»Der Mann da saß im Auto«, sagte Wally in großer Aufregung, »als wir hier angekommen sind.«

»Er sitzt immer noch drin«, sagte Andy, klopfte an die Scheibe auf der Fahrerseite und rief Ken zu: »Hey! Was ist denn los?«

Ken fand den richtigen Schlüssel, und der Motor fing zu schnurren an. Er blickte in den rechten Außenspiegel, um zurückzustoßen und den Brottransporter aus dem Weg zu rammen, als er sah, wie ein schwerbeladener Pick-up in die Auffahrt hinter dem Transporter bog und nicht nur die Auffahrt, sondern auch den Bürgersteig blockierte. Ein fescher, blonder Bursche in abgeschnittenen Jeans und einem T-Shirt, auf dem *Arbeit ist was für Leute, die nicht surfen* stand, kam heraus und trollte sich neugierig zu ihnen.

»Um was geht's denn?« fragte er.

»Keine Ahnung, Doug«, sagte Stan.

Das wurde langsam verwirrend. All diese Leute auseinanderzuhalten. Ob er den Transporter *und* den Pick-up wegrammen konnte? Er mußte es versuchen, bloß weg hier. Er legte den Rückwärtsgang ein und ... sah ein grünweißes Taxi, das am Straßenrand hielt und quer hinter dem Pick-up parkte. Eine schlecht gelaunte, kleine Frau mit wollener Männerkappe auf dem Kopf stieg aus dem Taxi und gesellte sich zu der Gruppe um den Cadillac.

»Was liegt an?«

»Keine Ahnung, Mama«, sagte Stan. »Dortmunder, hast du ...«

Der andere Kerl, der noch mit im Cadillac gewesen war, schüttelte nur den Kopf. Ken dachte über den Maschendrahtzaun nach. Keine Chance: Die Eisenpfosten waren in Beton eingelassen. Und wenn der Elefant erst mal ausrastete, dann nahm er womöglich den Cadillac und schüttelte ihn solange, bis Ken herauspurzelte.

Die schlecht gelaunte, kleine Taxifahrerin ging ins Haus. Andy beugte sich nahe an die Scheibe, die ihn von Ken trennte.

»Wir stecken eine Kartoffel in deinen Auspuff!« schrie er. »Wir werden dich vergasen!«

Ken war ganz daneben, aufs ärgste verwirrt. Zum ersten Mal besah er sich die Horde um den Cadillac herum genauer. Irgend etwas stimmte mit denen doch nicht. Hatte er vielleicht einen Fehler gemacht? Aber das Auto paßte doch: Marke, Modell, Farbe. Die Nummernschilder aus Maryland stimmten. Und er hatte ihn vor einer Wahrsagerbude erspäht, mein Gott! Und auf dem Rücksitz lag sogar ein Tamburin.

Dennoch, *irgendwas* war verkehrt. Tamburin hin, Tamburin her, diese Leute da waren einfach keine Zigeuner. Als die Taxifahrerin mit einer großen Ofenkartoffel aus dem Haus zurückkam, öffnete Ken das Fenster zu seiner Seite einen Spalt breit, gerade so, daß man miteinander reden konnte. »Iihr fseid gnkeine Ttsigeuna!«

Andy blökte zurück. *»Was?«*

»Kgeina pfon heuch is Tsigeuna!«

»Er ist Ausländer«, entschied Stan. »Er spricht kein Englisch.«

Ken starrte ihn an. »Bmachst tu ddich hüber pmich klustig?«

»Was ist denn das für ’ne Sprache?« fragte Stans Mama, die Kartoffel in der Hand. »Polnisch?«

»Könnte Litauisch sein«, knurrte der Elefant zweifelnd.

Dortmunder drehte sich zu ihm um und stierte ihn an. »*Lit*auisch!«

»Ich hatte mal einen Zellenkollegen aus Litauen«, erklärte der Elefant. »Der hat genauso gesprochen wie –«

Ken hatte genug. Auf das Lenkrad trommelnd, schrie er durch den Fensterschlitz: »Ghich schbreche Ängklisch!«

Was auch nicht half. Dortmunder sagte zu dem Elefanten: »Kleiner, dann sag ihm, daß das unser Auto ist. Sag's ihm auf Litauisch.«

Kleiner. Wie passend. Er sagte: »Aber *ich* spreche doch kein Lit –«

»Tas Autso keföhrt gnich *heuch*!« schrie Ken. »Tas Hauto keföhrt ter *Pank*!«

»Ein Moment mal, ein Moment«, sagte Andy. »Das hab ich verstanden.«

Stirnrunzelnd sah ihn Dortmunder an. »Hast du?«

»Er hat gesagt: Das Auto gehört der Bank.«

»Hat er?«

»Ja, *fuck*!« schrie Ken.

Stans Mama zeigte mit der Kartoffel auf ihn. »*Das* war Englisch«, sagte sie anklagend.

»Er ist ein Autodetektiv«, sagte Stan.

»Ich pin ein *Greifer*!« prahlte Ken.

»Genau, ein Autogreifer«, sagte Stan.

Wally sagte: »Stan? Was geht hier ab?«

Stan erklärte es Wally: »Er ist ein Bursche, der dir dein Auto wieder abnimmt, wenn du mit den Raten nicht nachkommst.« Und sich an Andy wendend, sagte er: »Du hast ein geklautes Auto geklaut. Der Kerl will es für die Bank zurück.«

Ken nickte derart heftig, daß er mit der Stirn gegen das Fenster schlug. »Gknau. Tie Pank!«

»Oh!« Andy breitete seine Arme aus und grinste den Autodetektiv an. »Warum hast du uns das denn nicht gesagt?«

Mißtrauisch lurte Ken zu ihm rüber.

»Nein, im Ernst, Kumpel«, sagte Andy und beugte sich näher zum Fenster. »Kein Problem. Nimm den Wagen. Wir brauchen ihn eh nicht mehr.«

Doug die Kartoffel in die Hand drückend, sagte Stans Mama: »Ich fahr mein Taxi weg.«

Stan die Kartoffel in die Hand drückend, sagte Doug: »Ich fahr den Pick-up weg.«

Wally steckte die Kartoffel ein und lächelte zu Ken hinüber, als hätte er noch nie im Leben einen Autodetektiv gesehen.

Äußerst skeptisch sah Ken zu, wie die ganzen Fahrzeuge aus dem Weg gefahren wurden. Alle lächelten ihn an und nickten ihm zu. Die andere Frau und der fiese Alte kamen vom Hauseingang. Die Frau lächelte und tat wieder so, als wollte sie sich eine imaginäre Zigarette mit einer anderen anzünden.

Der fies aussehende Kerl sagte: »Bringt ihn um.«

Wie auf Kommando wandten sich ihm alle zu. »Hä?«

Der Alte fuchtelte mit den Armen. »Zieht ihn durch den Spalt da im Fenster durch. Vergrabt ihn hinterm Haus in einem braunen Umschlag. *Er weiß über uns Bescheid.*«

»Er weiß was über uns?« fragte Dortmunder voller Vernunft.

Alle nickten sie und wandten sich wieder Ken zu - noch immer lächelnd. Der fies dreinschauende Alte verfiel in verdrossenes Schweigen.

Ken leierte die Fensterscheibe um den Bruchteil eines Zentimeters weiter nach unten und sagte: »Pfollt tihr mnit mnir schtreiten?«

Voller Liebenswürdigkeit grinste ihn Andy an. »Streiten - mit so 'nem schlagfertigen Kerl wie dir? Das würde ich nicht wagen. Is schon in Ordnung. Und komm gut nach Hause.« Dann beugte er sich und sagte in vertraulicherem Ton: »Paß mal auf: Die Bremsen sind 'n bißchen weich.«

Die anderen Fahrzeuge waren jetzt alle aus dem Weg, aber die ganzen Leute tappten dahinten noch umher. Der Fahrer des Transporters kam zurück, beugte sich zu Kens Scheibe herunter und sagte: »Du fährst zurück in die Stadt? Dann nimm am besten die Palisades. Vergiß den Tappan Zee.«

Ken ertrug das nicht länger. Vergeblich versuchte er, die Macht über sein Schicksal zurückzugewinnen, starrte um sich, grapschte das Tamburin vom Rücksitz und drückte es dem Fahrer des Transporters in die Hand.

»Da«, sagte er, »das gähört nicht der Pank.« Aus welchem Grund auch immer - wahrscheinlich war das der klarste Satz seines Lebens gewesen.

Der blonde Bursche stand unten am Gehsteig und gab Ken

Zeichen, damit dieser auf die Straße zurückstoßen konnte. Ken legte erneut den Rückwärtsgang ein, da kam die Frau vom Hauseingang zu ihm und sagte: »Möchten Sie ein Glas Wasser, bevor Sie fahren?«

»Gnein!« kreischte Ken. »Gnein! Laßt bmich gnur hier pfeg!«

Ließen sie ihn auch. Drei vier von ihnen winkten ihn von der Auffahrt auf die Straße, und acht von den neun winkten ihm zum Abschied nach - so was war keinem Autogreifer je zuvor passiert. Nur der alte Kerl wußte, wie man sich benahm.

Ken hatte seinen Cadillac, aber als er losfuhr, konnte er sich gar nicht so recht darüber freuen. Der eigentliche Spaß der Sache war da doch irgendwie verlorengegangen. Man konnte Dinge richtig und falsch anpacken. Ein Autodetektiv jedenfalls *griff* sich den Wagen, und die momentanen Besitzer *wehrten* sich. So war es immer gewesen, so würde es immer sein.

Nur diese Schafsnasen mußten die Dinge auf den Kopf stellen.

Aber wie auch immer: Auf halbem Weg zurück in die Stadt, den Toyota an der Abschleppstange, heiterte sich Kens Gemüt wieder auf. Es war seine erste Zigeunerbeute gewesen, oder nicht? Er schaltete das Radio ein und trommelte mit den Fingern im Takt der Musik gegen das Lenkrad. Ihm war am Ende doch noch aufgegangen, was mit diesen verrückten Typen, die ihm den Caddy ohne jeden Streit einfach *gegeben* hatten, nicht in Ordnung gewesen war.

Sie waren Ganoven, und auf Ganoven war einfach kein Verlaß. Ganoven taten niemals, was anständig und korrekt war. Nur der Alte, der ihn hatte umbringen wollen, der hatte sich angemessen verhalten.

Zurück in Jersey fand er eine Nachricht von Bart Heslip vor. Er sollte so schnell wie irgend möglich zu ihm und Ballard nach Nebraska kommen. Den ganzen Tag, die ganze Nacht sollte er durchfahren wenn nötig.

Ken packte und zahlte und war zwanzig Minuten später in Pearso Stokes neuem silbernen Eldorado wieder auf der Straße. Was für ein großartiger Wagen, um so viele Meilen abzuspulen!

43

Spät am selben Abend, als Ken durch die mondbeschienene Dunkelheit gen Nebraska jagte, wurde O'B auf einer Klippe südlich von Stupidville, von der aus man den Mississippi übersehen konnte, verhaftet.

Und das kam so.

Am Nachmittag war er aus Florida angekommen, Giselle hatte für alle im Bide-A-Wee Motel Zimmer reserviert.

Aber Dan Kearny war noch nicht angekommen.

Bart Heslip war noch nicht angekommen.

Ken Warren war noch nicht angekommen.

Larry Ballard war tags zuvor angekommen, war dann aber wieder abgefahren und hatte gesagt, er wäre »in ein oder zwei Tagen« wieder zurück.

Giselle Marc war angekommen, aber nirgends aufzutreiben. Und keinerlei Nachricht. Und so entschied sich O'B, allein gelassen wie er war, das zu tun, was er am besten konnte.

Im Pirate's Landing (»Prima Steaks & Cocktails«) spielte er Lügenpasch - »Darauf trink ich einen« - im Blue Moon Cafe (»GF - Gestippter Fisch - Unsere Spezialität«) spielte er *Horse* - »Darauf trink ich einen« - in Kreuzer's Sportsman's Hall (»Ihr spielt - Wir kochen«) spielte er eine Runde Poolbillard - »Darauf trink ich einen« - im Gallery (»Wo die Spitze speist«) spielte er *Shuffleboard* - »Darauf trink ich einen« - und im Marina Mooring (»Essen auf Deck von Mai bis September«) aß er gegen Mitternacht einen Hamburger - »Sogar darauf trink ich einen.«

Leider schien es O'B mit all den Drinks im Bauch eine gute Idee zu sein, die große Zigeunerkonklave auf dem Feld von Dieter Braun, das eine Meile südlich der Stadt lag, auszukundschaften. Die Kids aus dem Ort, so hatte er erfahren, stiegen gern auf die Klippen, um das Feld beobachten zu können, aber die Polizei hatte sie verscheucht - wegen des »skandalösen Treibens«, das Berichten zufolge im Lager vor sich gehen sollte.

O'B, der wußte, daß die Gesellschaft der Zigeuner zu den

züchtigsten auf Erden zählte, hatte das sichere Gefühl, daß die Geschichten von spärlich bekleideten, dunkelhäutigen Frauen, die um Lagerfeuer tanzten, mehr dem Wunschdenken Heranwachsender entsprangen als irgend etwas anderem. Die Bürgerversammlung, die am nächsten Abend im Elks Lodge stattfinden würde, würde sich viel eher die unaufhörlichen Diebstähle als irgendein skandalöses Treiben vornehmen – da war er sich sicher.

Jedenfalls torkelte O'B zum Motel zurück und stieg in seinen Wagen, und ein paar Fehlversuche in Kauf nehmend, fand er die schmale unbefestigte Straße, die sich durch den Wald hoch auf das Aussichtsplateau schlängelte, von dem aus man den vom Mondlicht versilberten Mississippi sehen konnte. Andere Autos waren nicht oben.

In kniehohem, süßlich duftendem Gras stehend, betrachtete er mit einem Fernglas, das er im Handschuhfach gefunden hatte, das Lager unterhalb der Klippe. Das Camp war von Lagerfeuern und dem Mond so gut ausgeleuchtet, daß er neben den Zelten und Wohnwagen mehrere neue Cadillacs ausmachen konnte. Leichte Beute für die DKA am nächsten Tag …

Scheinwerfer spießten ihn auf, eine scharfe Stimme schnauzte los: »Bleiben Sie, wo Sie sind, Mister!«

O'B drehte sich um, blinzelte gegen das Licht und hielt die Hand mit dem Fernglas hoch, um seine Augen zu bedecken. Zwei stämmige, uniformierte Polizeibeamte kamen von beiderseits der Scheinwerfer auf ihn zu.

»Willst wohl 'nen Blick auf die Zigeunerinnen werfen?« wollte einer der Polizisten wissen.

O'B hob an, ihnen eine Antwort mit Drive zu geben – wie: Und wofür haben Sie *Ihre* Ferngläser mitgebracht, Officers? – erinnerte sich dann jedoch, wieviel er getrunken hatte. Brr! Langsam, Pferdchen!

»Ich glaub, wir sollten uns den Dreckskerl vorknöpfen, Lloyd?«

»Komm, diesmal lassen wir ihn noch abhauen, Frank …«

Sie warteten, während er zurück zum Auto ging – dem lieben Herrgott war zu danken für den unebenen Boden, gut diente der als Grund für jedes leichte Schwanken seines Gangs - und einstieg und davonfuhr. Um dann auf einen Pfad zu rollen, der auf eine nahegelegene Viehweide führte, dort das Auto im Schatten des Waldes zu parken, Licht und Motor abzustellen und zu warten.

Ihn sich vorknöpfen, aber klar doch! Den Dreckskerl laufenlassen, aber klar doch! Die hatten angefangen, die Geschichten der Kids, die sie vetrieben hatten, selbst zu glauben, das war's, und ihn wollten sie da weghaben, damit sie statt seiner die Zigeunerinnen heimlich beobachten konnten. Er aber hatte einen *dienstlichen Auftrag*! Das Ganze ließ sein irisches Temperament zum Vorschein kommen, *bei Gott!* Er würde *seinen Auftrag ausführen*!

Freilich war gewisse Vorsicht angebracht. Ein wenig Tarnung, darauf kam's an. Und er wußte auch, wo es die gab. Kalia Uwanowich, dieser Spaßvogel von Zigeuner, mußte noch einen Nebenerwerb gepflegt haben, wohl für jene Zeiten, in denen die Dachdeckerei nur schleppend lief. O'B hatte, als er Uwanowichs Hab und Gut für seinen Bericht über den Allante inventarisierte, einen Kofferraum voll diverser Artikel zur »Intimhygiene« und »Partnerschaftspflege« entdeckt.

Zehn Minuten später fuhr das Polizeiauto vorbei, zurück in Richtung Stadt. Eine kleine nüchterne Stimme tief in ihm drin flüsterte, O'B solle doch einfach ins Motel zurückkehren und sich schlafen legen - morgen wäre auch noch ein Tag. Aber der Schnaps grölte in seinen Ohren: *Action! Action!*

Kichernd öffnete O'B den Kofferraum mit seiner Flut von wirklich einfallsreichen - wenn teilweise auch grotesken - Gegenständen, die man in Zigarettenanzünder oder verschiedene Körperöffnungen stecken konnte und so. Es gab zwei Kartons sehr offenherziger Fotomagazine aus Australien (»XXX Gewaltlos Erotika, Alle Modelle über 18«). Und - wie geschaffen für O'Bs Zwecke - zwei in Schachteln verpackte *anatomisch tadellose, lebensgroße, aufblasbare Sexpuppen* (»Nie mehr mußt Du's Dir alleine machen«), hergestellt, jawoll, in den U.S. von A. Eine Blondine, eine Brünette.

O'B wählte die Blondine.

Mit der Zeit gelang es ihm auch, sie aufzublasen, er war ganz rot im Gesicht und schnaufte; beinahe hätte er die Sache in den Wind geschrieben. Aber aus drei Metern Entfernung sah sie, wie sie so auf der Beifahrerseite bei geöffneter Tür im Schein der Innenbeleuchtung saß, äußerst lebensecht aus, von den Spitzen ihrer roten Gummizehen bis zur champagnerblonden Haartracht aus Polyester auf ihrem aufgeblasenen Latexkopf.

Und äußerst *unbekleidet*. Äußerst *nackt*.

Tja, schließlich hatte er ja vor, ein Liebesnest aufzusuchen. Aber seine Jacke würde er ihr schicklich um die Schultern legen. Und wenn er breitseits und sehr nahe am Rand der Klippe parkte, dann könnte er sich über seine anatomisch tadellose Gefährtin beugen, seine Ellbogen auf die Kante des heruntergeleierten Fensters legen und das Lager mit dem Fernglas beobachten. Alles, was jemand von ihr sehen könnte, wäre ihr Haar. Bei flüchtigem Hinschauen: nur ein Bursch, der sich an sein Mädel kuschelt.

Doch dann fing der Schnaps an, seine Wirkung zu verlieren, sein Kopf fing an zu schmerzen, eine ausgesprochen kühle Brise wehte vom Fluß herauf, und fast alle Lagerfeuer waren erloschen. Nichts konnte er sehen. Zur Hölle damit.

Er wand sich wieder in den Wagen, stieß sich die Fingerknöchel am Fensterrahmen und ließ das Fernglas zu Boden fallen. Als er sich bückte, um nach ihm zu tasten, zog er der aufgeblasenen Nackten, ohne es zu merken, die Jacke vom Leib.

Verdammt! Das Fernglas war unter den Sitz gerutscht. Er bückte sich noch tiefer, preßte sein Gesicht fest auf den ebenfalls mit Polyester verzierten, anatomisch tadellosen Schoß der Puppe und tastete mit der anderen Hand nach dem Türrahmen. Durch einen bitteren Zufall legte sie sich um eine der beiden äußerst lebensechten, dreidimensionalen Brüste der Puppe.

Und just in diesem Moment schlichen sich die beiden Polizisten an seinen Wagen heran und leuchteten mit ihren Taschenlampen durchs Fenster.

»Bis auf den Arsch hat er sie ausgezogen, und sein scheiß *Gesicht* auf ihrer *Pussi*, Lloyd!«

»Und er begrapscht ihre *Titten*, Frank!«

O'B versuchte sich aufzusetzen und krachte mit seinem Kopf schmerzhaft gegen das Armaturenbrett.

»Das ist gar keine Frau, Lloyd! Das is 'ne Sexpuppe!«

»Das ist so 'n scheiß *Perverser*, Frank! Erst begafft er die Weiber da unten auf dem Campingplatz, und dann erwischen wir ihn hier oben mit seinem Gesicht auf –«

Urplötzlich waren zwei Pistolen auf ihn gerichtet.

»OKAY, DU - RAUS AUS DEM WAGEN! HÄNDE HINTER DEN KOPF!«

»SIE HABEN DAS RECHT ZU SCHWEIGEN . . .«

Und hopp war er genommen.

Dämmerung in Nebraska. Ächzen vor Anstrengung, das Kratzen von Werkzeug an Stein - drei kniende Figuren graben ein Loch in steinigen Boden, groß genug, um einen kleinen Menschen oder einen großen Hund darin der Erde zu überantworten.

»So ist's gut«, schnaufte einer. »Sie werden bald kommen.«

Die drei Männer in den schwarzen Overalls zogen sich schwarze Skimützen über, griffen zu ihren Waffen und verteilten sich auf die ihnen zugewiesenen Posten.

Die aus zweiundzwanzig Fahrzeugen bestehende Karawane der Lovellis rollte auf einem zweispurigen Highway über die weiten Ebenen nach Osten. Die aufgehende Sonne blendete ihre Augen und zeigte das noch immer grüne und saftige Büffelgras des frühen Maien, das niemals mehr von seinem Namenspatron gefressen werden würde. In einem Monat würde es dürr und silbrig sein. Vor ihnen war ein kleiner Hügel zu sehen; die Straße stach geradewegs durch ihn hindurch, eine Schlucht, auf beiden Seiten Felsen aus Schiefer, von den seichten Gewässern, die einst die Region bedeckt hatten, hier angeschwemmt. Die Lovellis näherten sich dem Hügel.

Die schwarzgekleidete Figur, die auf der abgeflachten Spitze des Hügels lag, nahm das Fernglas von den Augen. Sie sprach in ihr Walkie-Talkie: »Da kommen sie, Jungs. Geschätzte Ankunft in drei Minuten.«

Als sie am Ende der schmalen Schlucht ankamen, die so lang gewesen war wie drei Gevierte in einer großen Stadt, mußte das Führungsfahrzeug der Kolonne mit quietschenden Bremsen halten: Quer über der Fahrbahn stand ein Sattelschlepper von der Art, wie man sie für gewöhnlich benutzt, um Neuwagen bei Händlern auszuliefern. Vollständig blockierte er die Straße. Als die Karawane ruckelnd zum Stehen kam, fuhr ein zweiter Sattelschlepper aus einem in geologischer Neuzeit aufgeschwemmten Versteck heraus und blockierte den Highway auch hinter dem letzten Zigeunerwagen.

In der Falle.

Yojo Lovelli, der fünfundfünfzigjährige Patriarch des Clans, stieg steif aus dem Führungsfahrzeug aus - einem neuen Cadillac Coupe de Ville der Cal-Cit Bank, wie es sich fügte - ging kurz in die Knie, streckte sie wieder und sah sich um. Es war ein Moment relativer Stille, nur das Brummen der Motoren und das Brausen des Steppenwinds erfüllte die Luft.

Dann war der unverwechselbare, kalte, metallische Klang einer Schrotpatrone zu vernehmen, die in ihre Kammer geschoben wird. Ein Mann in schwarzem Overall und mit schwarzer Skimütze über dem Kopf kam um den vorderen Sattelschlepper herum, in der Hand eine abgesägte Schrotflinte, Kaliber 12.

Yojo, der sich noch nicht hatte einschüchtern lassen, rief: »Hey, was zum Teufel hast du -«

Und wurde von einem Megaphon übertönt, das von oben herab schallte.

»ACHTUNG! ACHTUNG! SIE SIND UMSTELLT!«

Eine zweite Schrotpatrone wurde in eine zweite Kammer geschoben, und ein zweiter Mann, der wie der erste angezogen und bewaffnet war, kam auf der Böschung über ihnen mit dem Megaphon zum Vorschein. Und hinter ihnen wurde auch noch an einer dritten Schrotflinte herumhantiert, um sie mit einer dritten Patrone zu laden.

»BLEIBEN SIE IN IHREN FAHRZEUGEN!« befahl das Megaphon. Die unbewaffneten Zigeuner, die begonnen hatten, ihre Pkws und Pick-ups zu verlassen, krabbelten in ihre Wagen zurück. »MIT AUSNAHME DERER, DIE EINEN NEUEN CADILLAC FAHREN!«

Yojo balancierte auf dem schmalen Grat zwischen Aufgabe und Widerstand: Er wollte seinen Coupe de Ville nicht verlieren. Er wollte dem Clan gegenüber nicht das Gesicht verlieren. Aber er wollte auch keinen seiner Männer im Kugelhagel dieser Verrückten verlieren. Doch der Augenblick, in dem er etwas hätte tun können, war vorüber.

»Scheiße«, sagte er, als er einen Schritt von seinem Cadillac zur Seite trat.

Nach zwanzig Minuten standen die sieben Autos der Cal-Cit auf dem Seitenstreifen, einer hinter dem anderen, ohne Besatzung und Besitztümer, mit flüsternden Motoren. Der Mann auf dem Gipfel blieb oben, um nach etwaigen Polizeistreifen Ausschau zu halten. Es kamen aber keine. Zu ihrem großen Glück kam aus beiden Richtungen überhaupt kein Fahrzeug – freilich, es war früh morgens, und die Zigeuner hatten diese Route ihrer geringen Frequentierung wegen gewählt.

Der Fahrer des Trucks, der den Weg nach Osten versperrte, stieg in sein Führerhaus und fuhr den Sattelschlepper vor, so daß jetzt eine Spur des Highways wieder frei war. Der Mann auf dem Gipfel konnte nicht widerstehen, noch einmal sein Megaphon zu benutzen.

»OSTWÄRTS ... HO!«

Die Karawane zog weiter. Yojos Frau Vera verfluchte die Autodiebe im Vorbeifahren durch ihr offenes Fenster.

»Die Hoden sollen euch verdorren! Nie mehr sollt ihr einen hochkriegen! Eure Frauen sollen euch betrügen! Eure Kinder sollen Totgeburten sein!«

Als sich der letzte Wagen in Bewegung gesetzt hatte, wendete hinter ihm der zweite Truck auf dem Seitenstreifen. Der Fahrer sprang heraus und ließ die klirrende Metallrampe des Lasters herunter.

Da nun hin und wieder doch Autos aus beiden Richtungen vorbeikamen, hatten die drei Männer rasch ihre Overalls und Skimützen ausgezogen, um sich als Bart Heslip (Sattelschlepper vorn), Larry Ballard (Gipfel) und Ken Warren (Sattelschlepper hinten) zu entpuppen. Ihre Kampfanzüge warfen sie samt der abgesägten Schrotflinten ins Gebüsch neben dem Seitenstreifen. In nur fünfzehn Minuten waren die Autos verladen, zusammen mit den beiden Cadillacs, die Bart und Ken in einem ausgetrockneten Flußlauf versteckt hatten.

»Glaubt ihr, die Zigeuner melden die Sache der Polizei?« fragte Ballard ein klein wenig nervös.

Ken Warren schüttelte den Kopf. »Gnein.«

»Ich schätze auch nicht, daß das so läuft: ›Hey Officer, jemand hat uns unsere gestohlenen Autos gestohlen!‹«

»Und die nächste Stadt ist zwei Stunden entfernt«, sagte Bart Heslip. Er war mächtig stolz auf den Coup, den er organisiert hatte. Es hätte eine Menge schiefgehen können, von der Polizeistreife, die plötzlich aufkreuzt, bis hin zum Zigeuner, der sich auf eine der Flinten stürzt. Nichts war passiert. Er fügte hinzu: »Ken und ich werden in weniger als *einer* Stunde jenseits der Grenze auf der Autobahn sein.«

Bevor sie losfuhren, schüttelte Larry ihnen die Hand und rief hinterher: »LOS BÄREN - GREIFT SIE EUCH!« Das war Kathy Onadas unabänderliche Anweisung gewesen, wenn sie einen von ihnen losgeschickt hatte - und nach ihrem Tod war es zu einer Art Schlachtruf der DKA geworden.

Als die gemieteten Sattelschlepper im Westen verschwunden waren und noch immer keinerlei Verkehr in Sicht war, warf Ballard die ausgezogenen Overalls und die Schrotflinten in das Loch, das sie noch vor der Dämmerung gegraben hatten. So war bei ihnen auch für den unwahrscheinlichen Fall, daß die Zigeuner sie anzeigten, kein belastendes Beweisstück mehr zu finden.

Als er das Loch zuschaufelte und ein entwurzeltes Büschlein kunstvoll wieder einsetzte, war sein einziger Zeuge ein rostroter Greifvogel, der, als er in wogendem Flug gute zwanzig Meter über Ballards Kopf vorübersegelte, zu ihm hinunter *kwii-ieiehte*.

Schließlich holte er seinen Mietwagen, der unter einem Haufen Reisig in jenem ausgetrockneten Flußbett gestanden hatte und wendete gen Osten in Richtung Mississippi, in Richtung Stupidville - und hoffentlich in Richtung Yana.

Die Erfolgsquote in der Großen Zigeunerjagd war soeben von vierzehn auf einundzwanzig Zweiunddreißigstel gestiegen.

44

In denselben Stunden vor Morgengrauen, in denen die Jungs der DKA das Loch für die schwarzen Schmuggleroveralls und die kunstfertig abgesägten Schrotflinten gruben, übte Lulu Zlachi im Krankenhaus von Steubenville etwas von ihrer Kunstfertigkeit an Staley aus. Wenn es dämmerte, würden die *Roma* hier einfallen, und der König mußte bereit sein, sie zu empfangen.

»Hey - das Zeugs fühlt sich gut an«, rief Staley.

»Es *ist* gut«, sagte sie selbstzufrieden. »Eine Mischung aus St. Ives Swiss Formula Gesichtsmaske und Johnson's Baby Oil. Mineralischer Lehm - damit du gut und hübsch aussiehst.«

»Damit ich gut und tot aussehe«, grinste Staley.

Lulu strich nur mehr von der Mixtur auf Staleys Hände und Gesicht. »Gut und *beinahe* tot«, verbesserte sie ihn.

»So beinahe, daß sie glauben werden, daß ich jede Minute von ihnen gehen werde?«

»Aber nicht so beinahe, daß es nicht eine wunderbare Genesung geben könnte.«

Ja, es war wirklich ein schmaler Grat der Kunstfertigkeit, auf dem Lulu sich bewegte. Oder vielmehr schmierte.

Um neun Uhr früh wurde O'B mit gräßlichem Kater und verschwommenen Erinnerungen an die Ereignisse der letzten Nacht vom örtlichen Gefängnis, welches über vier Zellen verfügte, ins Bezirksgericht gebracht und wegen Lüsternheit, lasziven Betragens und Besitzes pornographischen Materials vor Richter Konrad Spitz gestellt.

Gott sei Dank war Dan Kearny da, der einen Anzug, eine Krawatte und eine saure Miene trug. Worüber mußte der sich denn ärgern? O'B hatte schließlich die Kopfschmerzen, oder etwa nicht? Und verschiedene juckende Stellen, die eine gründliche Ausräucherung des Gefängnisses ratsam erscheinen ließen.

Richter Spitz war ein weißhaariger Mann mit Backenbart und Brille mit Drahtgestell. Er schielte zu ihnen rüber - erst zu O'B, dann zu den beiden beschwerdeführenden Beamten.

»In Ordnung, was haben wir denn hier?« fragte er.

Lloyd und Frank bezeugten, was in der Nacht zuvor geschehen war. Als sie fertig waren, bog sich der komplette Gerichtssaal vor Lachen - die meisten Zuhörer waren Betrunkene aus dem Knast, die mit ihren Anwälten gekommen waren.

Dan Kearny räusperte sich und sagte: »Euer Ehren, darf ich mich an das Gericht wenden?«

»Und Sie sind, Sir?«

»Daniel Kearny aus San Francisco, Euer Ehren. Dieser Mann ist mein Angestellter. Wir sind hier in dieser Stadt, um einige Automobile wiederzuerlangen, die sich im unrechtmäßigen Besitz von Zigeunern befinden, von Zigeunern, die sich in dem Lager südlich von Steubenville aufhalten. In seiner Eigenschaft als Privatdetektiv hat Mr. O'Bannon einem Zigeuner in Florida ein Auto abgenommen ...«

Kearny erläutete, wie es zu dem pornographischen Material in O'Bs Kofferraum gekommen war. Und O'B war auf der Klippe gewesen, nicht etwa, um Zigeunerinnen, sondern um Cadillacs zu erspähen. Es war reines Pech, daß ...

Und so fort.

O'B erklärte daraufhin, daß er die Puppe aufgeblasen hatte, um mehr nach harmlosem Galan als nach taffem Privatdetektiv auszusehen, aber dann war ihm das Fernglas runtergefallen, und ...

Richter Spitz hob an: »Wenn ich Ihnen so in die Augen sehe, Sir, –«

»Sie sollten sie einmal von hier sehen können, Euer Ehren.«

Kearny wirkte hitzig, aber Richter Spitz genehmigte sich ein kleines Grinsen. Dann wandte er sich an Frank und Lloyd.

»Meine Herren«, sagte er mit äußerst sanfter Stimme, »mir ist kein Gesetz bekannt, das es untersagt, mit aufblasbaren

Plastikpuppen zu parken. Vor allem, da Sie Mr. O'Bannon außerhalb der Stadtgrenzen verhaftet haben.« Er beugte sich vor und brüllte: *»Außerhalb Ihres Zuständigkeitsbereichs!«* Er KNALLTE seinen Hammer auf den Tisch. *»Entlassen.«*

Schweigend überquerten Kearny und O'B die Straße zum Dew Drop In Coffee Shop (»Werden Sie mit unserer bodenlosen Tasse wach!«), wo die Bedienung eine Ecknische für sie fand, so daß durch O'Bs Sonnenbrille kein helles Licht dringen konnte. Er versuchte es mit einer kleinen Frivolität.

»Was ich wirklich brauche, Hochwürden, das ist eine Bloody Mary.«

»Kauf dir eine in deiner scheiß Freizeit«, schnauzte Kearny ihn an.

»Wissen Sie, Hochwürden, ich habe letzte Nacht eine Menge Cadillacs da draußen gesehen. Wenn die Mannschaft erst mal komplett ist –«

»Heute morgen wirst du keinen mehr sehen. In der ganzen Stadt wird es sich schon rumgesprochen haben: ein rothaariger Ire, der von sich behauptet, Autodetektiv zu sein, und der auf den Kliffs festgenommen worden ist, als er das Zigeunerlager beobachtet hat. Die Autos der Cal-Cit sind alle weg.«

»Wo weg?« fragte O'B ein wenig begriffsstutzig. Seinem Kopf ging es immer schlimmer.

»Warum zum Teufel hast du gestern Abend nicht einfach dein Maul gehalten? Du hast doch genau gewußt, daß ich hier sein und dich rausholen würde.«

»Ich ... ich kann mich nicht an das erinnern, was ich gesagt habe«, gab O'B belämmert zu.

»Nun, du wirst eine Menge Zeit haben, dir es wieder in Erinnerung zu rufen, und zwar auf dem Rückflug nach San Francisco«, sagte Kearny.

»Was willst du damit sagen?«

»Hau ab. Zieh Leine. Mach deinen Scheiß woanders.« Mit einem Mal stand er auf und warf für ihren Kaffee ein paar Münzen auf den Tisch. »Und ich meine es, wie ich es sage, O'B. Ich hab deine gottverdammte Sauferei satt.«

Allein gelassen in der Nische, schlürfte O'B seinen Kaffee

weg und probierte etwas Toast. Ein Biß war alles, was er runterkriegte.

Himmel, Arsch, seine Trinkerei war *so* schlimm nicht. Geselligkeit, mehr nicht. Er konnte es auch sein lassen ... oder etwa nicht?

Als O'B niedergeschlagen zum Hotel zurückmarschierte, damit nach ausführlichem Schlaf die Gespenster verschwänden - Kearny würde ihn doch nicht *wirklich* nach Kalifornien zurückschicken, oder? - versuchte Kearny einen Weg zu finden, die ganze Situation doch noch zu retten. Er wußte, was er tun wollte, er wußte nur nicht, wie es zu arrangieren wäre ... Aber einmal mehr gebar die Not das Genie. Kearny hatte eine Idee. Und vielleicht war sie sogar brillant.

Er begab sich auf die Suche nach Alvin Crichton, Doktor der Medizin.

Bis Kearny zu ihm kam, dachte Doc Crichton, er würde wahnsinnig. Das Gelände des Krankenhauses, die Parkflächen, Gänge und Fahrstühle - alles war mit Zigeunern vollgestopft. Zigeunern in hellen Scharen, die sich nicht um Besuchszeiten scherten, die tranken und aßen, wo sie wollten, die Getränke und Essen im Kreis wandern ließen und auf den Boden verschütteten, die Personal wie Patienten vergrätzten.

Dunkelhäutige, bunt bekleidete, lärmende *Zigeuner*. Der Lärm war ohrenbetäubend, quälend und Kopfschmerz verursachend. Und das in einem *Krankenhaus! Seinem* Krankenhaus! Was *machten* die hier nur?

Tja ... klauen.

Und zwar alles, was beweglich, tragbar und verkäuflich war, Möbel wie Ausrüstung. Ein paar von ihnen hatte man gerade noch aufgehalten, als sie versucht hatten, den Röntgenapparat abzubauen und mitzunehmen. Gestellt, zuckten sie nur mit den Schultern, grinsten und gingen weg - um auf der Stelle in den Zigeunermassen unterzugehen.

Und im Zimmer seines Patienten Karl Klenhard schienen sich ständig rund fünfzig *Roma* aufzuhalten - wenn auch in abwechselnder Besetzung. Staley lag auf dem Bett, die Augen meist geschlossen, gespenstisch sah er aus, seine aufgeblähte Haut hatte beinahe einen leuchtend grünen Ton angenommen, ganz so, als wäre er schon dabei zu verfaulen.

Mit großer Mühe gelang es ihm, die Augen aufzuschlagen. Seine Stimme krächzte aus seinem Hals. »Das ist ... so gut von euch ... euch allen«, kriegte er heraus. »So gut ... so loyal ...«

Lulu schaltete sich ein. »Eure Geschenke - wenn ihr bitte so freundlich wärt, sie in die Riverview Avenue 347 zu bringen, dorthin, wo wir gewohnt haben, als Staley ... als Staley ...«

Sie brach ab und fing zu schluchzen an. Ein Dutzend Zigeuner half ihr zu ihrem Stuhl neben dem Bett ihres Mannes. So viel Lärm gab es, so laut war das Stimmengewirr, daß niemand hörte, wie die Tür hinter ihnen aufging, und niemand sah, wie Dr. Crichton kam.

»Mr. Klenhard!« platzte Crichton los. »Mrs. Klenhard! Was läuft hier denn ab?«

Staley schloß rasch die Augen und spielte - beinah im wahrsten Sinn des Wortes - tot. Lulu nahm das Heft in die Hand. »Was meinen Sie denn, Doktor? Das sind Freunde und Verwandte, die gekommen sind, um meinem Mann ihre Aufwartung zu machen -«

»Das sind *Zigeuner! Sie* sind Zigeuner!«

»Auch Zigeuner haben Freunde und Verwandte, Doktor«, sagte sie vernünftig. »Sie haben gehört, daß mein Mann krank ist, und sie sind gekommen, um ihm ihre Aufwartung zu machen -«

»Die machen mein Krankenhaus kaputt, und das lasse ich nicht zu«, sagte Crichton. »Sie müssen sie hier rauswerfen.«

Staley öffnete die Augen. Mit schwacher Stimme sagte er: »Tja, Mann, Doc, wenn Sie die Sache so sehen ...« Seine Stimme zitterte, matt zupften seine Finger an der Bettdecke. »Ich dachte, Sie wären mein Freund ...«

Aber Crichton war nicht umzustimmen.

»Es tut mir leid, aber Sie haben eine Entschädigung von der Versicherung erhalten, und zwar eine stattliche Entschädigung, so daß Sie es sich jetzt leisten können, in einem privaten Pflegeheim unterzukommen, wenn Sie noch nicht voll genesen sind ...«

Vom Korridor war die Stimme einer Schwester zu hören.

»Machen Sie bitte Platz! Wir haben hier einen Patienten! Machen Sie Platz, bitte! Wir müssen hier durch ...«

Es kam Bewegung in die Zigeuner, die den Eingang verstellten, sie strömten auf den Korridor. Eine fahrbare Pritsche wurde durch sie hindurch geschoben. Darauf lag ein mit einem Tuch bedeckter Mann mittleren Alters mit ernstem Gesicht und kantigem Profil. Er war sehr blaß und sah beinahe so krank aus, wie Staley es vorgab zu sein.

»Dieser Mann ist frisch operiert und braucht Ruhe«, sagte Crichton. »Ich muß Ihre Freunde bitten –«

Die Zigeuner übertönten ihn mit zornigen Beschimpfungen, wurden jedoch ihrerseits wiederum von Lulu übertönt.

»*Roma - Männer von Romani.*«

Die formelle Anrede nahm ihre Aufmerksamkeit gefangen: Stille kehrte ein. Die Schwester, die dem allem keine Beachtung schenkte, legte ihren Patienten von der Pritsche ins Bett. Lulu sprach mit leiseren Worten weiter.

»Dieser Mann, er ist krank, und er hat seine Rechte. Wenn ihr bleibt, dann müßt ihr leise sein ...«

Staley öffnete erneut die Augen. Mit seiner schwachen Stimme sagte er: »Heute abend werde ich in unserem Lager meinen Nachfolger wählen ...«

Die Augen fielen ihm wieder zu, nichts weiter sagte er. Die Schwester wurde mit ihrem Patienten fertig, und sie und Crichton traten ab.

Im Lager vor den Toren Steubenvilles war eine Reporterin der Sunday *Minneapolis Tribune*, die sich Gerry Merman nannte, dabei, Zigeuner für einen Dokumentarbericht über das Ritual ihrer Königswahl zu interviewen. Sie war eine hochaufgeschossene Blondine, und die Frauen der *Roma* versorgten sie mit einer Menge gutem Stoff. Nie haben Zigeuner etwas gegen wohlwollende Publicity, und Gerry Merman sog ihre Geschichten und Ansichten nur so in sich auf.

»Schätzchen, wir Zigeuner müssen zusammen leben, weil wir es allein nicht schaffen.«

»Und wie steht's mit Liebeleien zwischen *Roma* und *Gadje*?« fragte die Reporterin eigenartig nervös.

»Klar - so was gibt's schon - aber niemals für länger«, sagte ein junges Mädel, die wie eine schwer zurechtgemachte Disco-Queen aussah. »Einmal hatte ich einen *Gadjo* als Liebhaber, aber ich war zu einsam.«

»Komm zur Gruppe«, sagte Merman.

Alle lachten.

Ein jüngst vermähltes Mädchen, mit dem sie sich allein unterhielt, sagte ihr: »Ich muß so schnell wie möglich schwanger werden. Ich wohne zur Zeit bei den Eltern meines Mannes, und das bringt mich noch um. Für die bin ich nur ein Dienstmädchen.«

Es waren jedoch die alten Frauen, die sich am lautstärksten - und am selbstgefälligsten - zu Wort meldeten. Eine, die sich Tante Bessie nannte, lud Merman in ihren Wohnwagen auf eine Tasse Tee ein. Sie fuchtelte mit einer widerlichen Zigarre herum, während sie erklärte, warum die Zigeuner gesellschaftliche Außenseiter blieben.

»Wenn wir unsere Kinder in Ihre Schule schicken, was passiert denn dann? Sie werden verprügelt. Oder von Schwarzen vergewaltigt! Lieber würde ich mich wie Jesus aus Kreuz schlagen lassen, bevor ich meine Enkelin zur Schule schicken würde.«

In Steno, das sie einst als Schulmädchen während ihres Nachmittagsjobs bei der DKA gelernt hatte, kritzelte Giselle wie wild in ihrem schmalen, dicken Notizblock herum, und sie ertappte sich bei dem Wunsch, wirklich Journalistin zu sein. Ein paar Sachen, die sie hier rausholte, waren wirklich gut.

Tja, sie war nun mal keine Journalistin. Sie war Detektivin.

Und sie war eine Frau. Eine Frau, die das nicht erhaschte, was sie sich so sehnlichst wünschte, einen Blick auf Rudolph Marino.

Oder auch einen Blick auf den pinkfarbenen Cadillac - denn wo immer der auch war, konnte Rudolph nicht weit sein.

45

Der Abend dämmerte, und die Besuchszeit näherte sich ihrem Ende, als der Neffe des Kranken im Nachbarbett zu einem Besuch eintraf. Er war ein großer blonder Mann mit markanten Gesichtszügen. Er schüttelte seinem Onkel die Kissen auf und erzählte ihm von seinem Ausflug nach Nebraska.

»Ich bin durchgefahren, damit ich dich noch heute abend sehen konnte. Meine Partner sind mit der Ware schon nach Kalifornien aufgebrochen.«

»Klasse!« rief der kranke Mann. Seine Stimme war für einen, der am Nachmittag operiert worden war, erstaunlich kräftig.

Inzwischen hatte sich Staley für den Aufbruch ins Camp fertiggemacht. Er streckte seiner Frau eine zittrige Hand entgegen. »Meine Liebe, kannst Du eine Pritsche besorgen, damit . . .«

»DER DA!« brüllte ein Zigeuner, der eben ins Zimmer gekommen war. Alle Augen legten sich auf ihn, doch er zeigte auf den Neffen des Kranken in Staleys Nachbarbett. »DAS IST DER DIEB, DER MIR MEINEN CADILLAC GEKLAUT HAT!«

Tucon Yonkovich kam nicht zum Ausreden. Larry Ballard stürzte zur Tür und brach durch die versammelten Zigeuner wie eine Flutwelle durch den Damm. Ein halbes Hundert Zigeuner setzte ihm nach, kreischend vor Zorn. Sogar Staley vergaß den Mann mit den eisgrauen Haaren und dem eisernen Gesicht im Nachbarbett und rannte auf den Gang, um sich den Spaß mitanzusehen.

»*Staley!*« schrie Lulu warnend.

Er drehte sich um, und schwankte zum Bett zurück, aber es war längst zu spät.

»Eine bemerkenswerte Genesung«, sagte Dan Kearny mit schiefem Grinsen. »Beinahe ein Wunder.«

Staley zuckte schwach mit den Schultern – was konnte er sonst auch tun? Er hatte sich nach all den Wochen in diesem gottverdammten Bett einfach vergessen.

»Bei Ihnen auch«, sagte er.

Kearny nickte. »Wie wollen Sie verhindern, daß die Zigeuner herausfinden, daß Sie sie von Anfang an belogen haben?«

Er stand am Schrank und holte seine Klamotten raus. Staley gab Lulu einen Wink, und sie ging nach draußen und zog die Tür hinter sich zu.

»Ja, wie nur?« fragte Staley zögernd.

Auf dem unteren Stockwerk rannte Larry Ballard um sein Leben, auf dem Gang hinter ihm eine Meute Zigeuner auf wilder Hatz. Er versuchte, sie aufzuhalten, indem er ihnen alles, was irgend greifbar war, in den Weg warf - eine Wartezimmerlampe, eine leere Pritsche, eine gerade nicht gebrauchte Tropfhalterung ohne Plastikflaschen, einen leeren Wäschekorb.

Doch wen immer er auch aus dem Rennen warf, fünfzig andere waren noch dabei. Auf der Suche nach der Nottreppe schlitterte er vor den Augen einer Schwester, die einen alten Herrn in seinem Rollstuhl rollte, um die nächste Ecke. Als er wieder sein volles Tempo hatte, bemerkte er, daß er sich für die falsche Richtung entschieden hatte: Die Treppe lag am anderen Ende des Gangs.

Zimmer zur Linken und zur Rechten, das waren noch schlimmere Fallen als der Gang, ein Wäscheschrank, dito, Aufenthaltsräume, dito, und die grölende Heerschar kam immer näher, und das Ende des Gangs - die Wand, sie war schon zu sehen.

Samt geöffnetem Fenster. Als er noch drei Meter davon entfernt war, fing Ballard zu schreien an, stieß sich wie ein Hürdenläufer vom Boden ab und sprang die Füße voran hinaus, bereit sich auf dem Boden abzurollen. Statt dessen landete er mit einer Wucht, die seine Knochen knacken ließ, auf dem Rücksitz eines offenen Cabriolets, das hinter dem Krankenhaus versteckt gewesen war.

»UFFF!«

Das Auto machte einen Satz nach vorn. Ballard hörte das nachlassende Geschrei der Zigeuner, die sich aus dem Fenster lehnten, während er sich abtastete, um zu sehen, ob etwas gebrochen war. Der Fahrer fuhr herum, um was immer da auch in seinem Auto gelandet war mit großen Augen anzustarren. Der

Fahrer war Rudolph Marino! Und das Auto war der pinkfarbene Caddy! Als sie sich erkannten, rissen sie beide die Augen weit auf.

»Schwein!« kreischte Rudolph.

»Arschloch!« krächzte Ballard.

Keiner der beiden Männer wurde handgreiflich. Marino war viel zu sehr damit beschäftigt, ohne Licht durch den Wald zu kommen, denn er hatte nur einen unbefestigten Weg als Orientierungshilfe. Und Ballard war zu sehr außer Atem. Der Eldorado driftete durch eine Kurve, fand wieder die gerade Spur, SCHEPPERTE über einen Randstein, driftete erneut mit quietschenden Reifen und fuhr dann ganz gemächlich durch eine Seitenstraße in Stupidville.

»Du hast mir mein Geld und mein Auto geklaut!«

»Yanas Auto. Und das Geld des Hotels.«

»Jetzt gehört das Auto wieder mir - ich hab es einfach zurückgeklaut.«

»Bis ich es dir wieder abnehme.«

Im Licht der vorbeiziehenden Straßenlampen sah Marino Ballards Gesicht in seinem Rückspiegel.

»Sie werden dich in Stücke reißen, wenn sie dich finden.«

»Ich schaff das schon.«

»Nein, wirst du nicht. Ich werde dich verkleiden müssen, um deinen nichtsnutzigen Arsch zu retten, *Gadjo*, bis ich König bin und dich beschützen kann.«

Warum eigentlich sollte Rudolph nicht König werden, wenn er die Sache recht bedachte? Yana als Königin wäre unerreichbar, aber wenn Rudolph König wäre . . .

»Vielleicht kann ich dir bei dieser Königssache behilflich sein«, sagte Ballard.

Das Elks Lodge war ein großer, kahler, hallender Raum mit ausgestopften Hirschköpfen an den blanken Holzwänden und einem Boden aus Hartholz, fleckig und zerkratzt von den zahllosen samstäglichen Herrenabenden und den gelegentlichen Ferienveranstaltungen, bei denen die Elche ihre Elchkühe mitbringen konnten, um Polka mit ihnen zu tanzen.

Auf der Bürgerversammlung an diesem Abend tanzte niemand, es trank nicht einmal jemand. Alkohol und Gefühlsausbrüche, das war die Mischung, sagte Mayor Strohbach, der den Vorsitz hatte, die zu Selbstjustiz führen könnte.

»Vielleicht brauchen wir ein bißchen Selbstjustiz«, sagte Himmler, der ehemalige Abwehrspieler.

»Sie verderben unsere Jugend«, behauptete Mary Lonquist.

»Sie stehlen Babys«, sagte Noreen Degenhart, Kindergärtnerin. »Als ich ein Kind war –«

»Wir müssen uns als Christen erweisen«, sagte Reverend Tidmarsh. »Es ist zwar eine Menge gestohlen worden, aber niemand ist zu Schaden gekommen –«

»Schauen Sie sich doch an, was sie heute im Krankenhaus angerichtet haben!« blökte Himmler, dem die Halsadern gefährlich schwollen. »Ich sage, wir sollten sie rauswerfen, bevor sie uns die ganze Stadt zerstören!«

»Das haben sie doch schon getan –«

»Als Christen können wir nicht dulden, daß –«

»Ist mir egal, Hauptsache, mein Kind –«

Mayor Strohbach schlug mit einem behelfsmäßigen Hammer auf den Tisch, aber das hörte schon keiner mehr. Die Bürgerversammlung war ihm entglitten.

So etwas hatte Giselle noch nie gesehen. Mit einem Mal spielten sich im Lager unter den Klippen die Szenen aller Zigeunerfilme, die sie kannte, auf einmal ab. Feuer füllten die Abendluft mit dem satten Duft gebratenen Fleischs und Geflügels. Die Frauen trugen ihre traditionelle Tracht, lange Seidengewänder und bunte Tücher – die großen glitzernden Reifen, die sie im Ohr trugen, schaukelten beim Tanz. Überall waren Kinder und Tiere, rannten herum und sprangen über die Lagerfeuer. Geigen, Tamburine, Balalaikas.

Feuerschein in dunklen Gesichtern, starke Körper. Eine, deren Altstimme herrlich schluchzen konnte, sang ein altes Zigeunerlied, über dessen Bedeutung Giselle nur Mutmaßungen anstellen konnte.

Kay hin m'ro vodji?
Ujes hin cavo,
Ujes sar o kam,
Ujes sar pani . . .

Doch nirgendwo sah sie Rudolph. Es kursierte die Nachricht, der König sei wie durch ein Wunder genesen; wenn er eintraf, tauchte sicher auch Rudolph auf.

An einem Truthahnschenkel nagend, zwängte sie sich durch einige Büsche in einen anderen Abschnitt des Lagers, wo plötzlich – glänzend wie eine gewichste Rakete – das pinkfarbene Eldorado Cabriolet vor ihr stand! Das Verdeck war offen, und die Weißwandreifen leuchteten ins Halbdunkel hinein . . .

Wenn sie den Wagen verschwinden ließe, dann läge die Nachfolge des Königs in ihrer Hand. Ihr schwirrte der Kopf: War sie Autodetektivin oder eine Frau mit einem Liebhaber aus den Reihen der *Roma*? Würde sie –

»SIE!« kreischte eine haßerfüllte Stimme. »DAS IST SIE!« Giselle wirbelte herum und wurde von den Strahlen einer Taschenlampe aufgespießt: Sonia Lovari! Miwok Indianerin, jetzt ganz Zigeunerin. »*Die ist gar keine Zeitungsfrau – das ist die Nutte, die mir in San Francisco mein Auto geklaut hat!*«

»*Spitzelsau! Autonutte!*«

»*Schnappt sie euch!*«

Gewaltlose Zigeuner? Giselle floh durchs Gehölz, ein halbes Hundert Zigeunerinnen hinter ihr her. Sie sprang über ein Lagerfeuer, rannte an einer Reihe von Wohnwagen und Zelten entlang, stürzte sich zwischen sie . . .

Und traf Angesicht-zu-Angesicht auf die schönste Frau, die sie je gesehen hatte. Yana!

»*Du!*« riefen sie beide gleichzeitig.

Es gab einen Moment der Stille und Reglosigkeit; dann geschah etwas zwischen ihnen. Es war etwas Unausgesprochenes, eine Art Wertschätzung, so etwas wie gegenseitiges Verstehen zwischen zwei Frauen, die in einer Männerwelt mit Männerregeln ihren eigenen Weg zu gehen hatten, und die beide überlebten. Und erfolgreich waren.

»Schnell, komm mit, oder sie werden dich in Stücke reißen!«

Yana riß die Tür des nächsten Wohnwagens auf, stieß Giselle hinein und stürzte hinterher. Leise zog sie, als die lautstark hetzende Menge draußen vorbeikam, die Tür zu.

»Ich muß dich verstecken und am Leben halten, bis ich Königin bin.«

Nun, warum eigentlich nicht? dachte Giselle. Ein Rudolph, der König war, wäre völlig unerreichbar. Aber wenn Yana Königin wäre ...

»Ich weiß, wo der pinkfarbene Cadillac ist«, sagte sie.

»Hinter dem Krankenhaus versteckt.«

»Nein.«

Ein fast nicht wahrnehmbares Zögern, dann: »Ich werde dich verkleiden, dann kannst du ihn mir zeigen.«

Staley Zlachi stand auf einem improvisierten Podest in der Mitte des Camps, mitten unter seinen Leuten, und er hatte Tränen in den Augen. Seine loyalen Untertanen! Die immer noch brüllten vor Lachen über den komplizierten Schwindel, mit dem Staley der Versicherung 75 000 Dollar abgeknöpft hatte.

»Ihr Männer und Frauen von Romani, die ihr euch versammelt habt, ihr habt von meiner heutigen Genesung gehört –«

Ein gewaltiges Gebrüll aus fünfhundert Kehlen.

»Doch obwohl ich wieder gesund bin, muß ich mich fragen, ob es nicht vielleicht an der Zeit ist abzudanken, um Platz für Jüngere zu machen. Doch wie soll ich meine Wahl treffen?« Keiner rief jetzt dazwischen – die Menge faßte die Frage zwar nicht als rhetorische auf, aber sie wollten die Antwort wissen. »Nun, was zeichnet uns Zigeuner aus? Wie können die Bewerber zeigen, daß sie die Zigeunertraditionen besser kennen als alle anderen?«

Er blickte über die versammelte Menschenmenge. O er hatte sie in der Hand!

»Seit Christus der Erlöser an diesem schändlichen Kreuze hing, zeichnet es uns aus, die *Gadje* zu bestehlen – die uns über Jahrhunderte hinweg unseren Platz an der Sonne gestohlen haben, unser Leben.«

Ein gewaltiger Ruf erscholl. Ja! *Roma* zu sein, heißt *Gadje* auszunehmen! Und wer das am besten konnte, verdiente es, die *Roma* zu führen!

»WER ERHEBT ANSPRUCH AUF MEINEN THRON?« rief Staley.

Links und rechts von ihm sprangen Yana und Rudolph auf. Beide in feinstem Zigeunergewand. An Staleys beleibtem Körper vorbei tauschten sie triumphierende Blicke aus. Staley nahm sie beide bei der Hand.

»Nun, meine Kinder, wie wollt ihr euren König ehren?«

Beinahe unisono riefen sie aus: »Mit einem pinkfarbenen 58er Cadillac Cabriolet wie dem, in dem du zu deiner Krönung gefahren bist.«

»Wunderbar«, rief Staley und strahlte sie an. »Das Auto, in dem ich beerdigt werden wollte.« Er blickte von einem zum anderen. »*Wer* von euch beiden hat mir diesen Wagen mitgebracht?«

Laut schallend schrien beide: »Ich.«

Und wiederum fast gleichzeitig drehten sich beide um und gaben der Menge Zeichen. Diese teilte sich. Und der wuchtige pinkfarbene Cadillac rollte majestätisch in den jetzt freien Raum vor dem Podest.

Aber hinter dem Steuer saß weder der Günstling der einen noch der des anderen! Staleys Frau, Lulu, steuerte den Wagen!

Mit offensichtlicher Verwunderung sah Staley die beiden an.

»Ihr behauptet beide, daß dieser Wagen euer Geschenk ist, obwohl es meine Frau ist, die ihn fährt?«

Verwirrt sahen Yana und Rudolph einander an; beide waren sie sich sicher gewesen, daß sie den Wagen zur Seite gebracht hatten und daß ihn ihr ganz persönlicher Lakai der DKA auf ihr Zeichen hin vorfahren würde.

Mit königlicher Grazie stieg Lulu aus und ließ alle einen Blick auf die wunderschöne Innenausstattung werfen, bevor sie die Tür wieder schloß.

»*Wer erhebt nun Anspruch auf den Thron?*« donnerte Staley.

Keiner antwortete.

46

In diesem delikaten Augenblick eilte ein großer, schmaler Zigeunerbursche in engen Gamaschen und weitem, seidenen Kasack mit Puffärmeln, ein Seidentuch um den Kopf gebunden, durch die versammelte Menge und schwang sich locker in den Wagen, drückte auf Hupe und Gaspedal und RÖHRTE davon. Er raste durch eine Feuerstelle, ein großer eiserner Suppenkessel flog träge in die Dunkelheit, Zigeuner, Kinder, Hunde, Katzen und Hühner - ja, sogar ein Schwein - stoben in alle Richtungen auseinander.

In ihrer Jungentracht ließ Giselle das Lenkrad wirbeln, driftete über Gras, schlängelte sich durch Autos, Wohnwagen, Pickups, Zelte, Lagerfeuer ...

Autodetektivin.

Als sie Rudolph dort oben unter seinesgleichen gesehen hatte, da hatte sie mit einem Mal gewußt, daß er war, wo er hingehörte, daß er versuchen mußte, sich zur Macht über sein Volk zu schwindeln. Und sie war, wo *sie* hingehörte, und das hieß, sie mußte seine Scheißkarre klauen!

Sie kreischte und latschte auf die Bremsen, als fast unmittelbar vor ihrer Haube eine alte Zigeunertante in zerschlissener Seide, geschmückt mit klirrenden Münzen und Perlen und Reifen und anderem Schmuck, den Kopf in einen bunten Schal gehüllt, auftauchte. Als der Wagen jedoch fast quer stand, schwang sich die Alte locker auf den Beifahrersitz neben Giselle. Der Caddy schoß aus dem Camp auf den Highway hinaus, während sie miteinander um das Steuer rangen.

Hinter ihnen balgte man sich um Autos, Laster und Wohnmobile, alles, was vier Räder hatte, um die Verfolgung aufzunehmen, aber Staleys Stimme bot ihnen jählings Einhalt.

»LASST SIE LAUFEN!« Der Trubel kam zum Erliegen, Köpfe flogen herum, die Gesichter ganz flau vor Verwirrung. »*Laßt sie laufen*, Kinder, ich kann ihn ohnehin nicht annehmen. Mir ist klar geworden, daß *ich* bis zu meinem Tod König der Zigeuner bleiben muß! Ich darf diese heilige Macht nicht aus den Händen geben, denn, wie wir gesehen haben, weiß nur ich, sie richtig auszuüben ...«

Das glorreiche Monster mit den großen Flossen röhrte in die Außenbezirke der Stadt, während die beiden Zigeuner um das Steuer kämpften. Die Hälfte der Zeit war der Wagen führungslos, da sie versuchten, sich gegenseitig wegzuschubsen, sich mit den Ellbogen stießen, einander verfluchten und ...

Die Krallen der Alten rissen Giselle das Halstuch vom Kopf. Ihr glänzendes blondes Haar kullerte heraus und wehte ihr ins Gesicht. Die Alte hörte zu kämpfen auf und starrte sie mit offenem Mund an. Ihren Vorteil witternd, versuchte Giselle, den Kopf der Alten gegen das Armaturenbrett zu knallen. Statt dessen zog sie den Seidenschal von ihren Schultern und von ihrem Gesicht.

Vielmehr – von Ballards Gesicht.

Keine Hand am Steuer, kein Fuß auf dem Gaspedal: Der Cadillac wurde immer langsamer, bis er halb auf, halb neben der Straße zum Stehen kam.

Wie auf ein Zeichen sprangen sie gleichzeitig aus dem Wagen, um wie betrunken auf der Straße zu torkeln, lachten, wischten sich das Make-up vom Gesicht, erzählten sich schnaufend ihre Geschichten ... Urplötzlich war Giselle wieder nüchtern.

»Larry, was ist mit Yana? Wenn du sie liebst –«

»Als ich sie dort oben neben Rudolph gesehen habe, Giselle, da wußte ich auf einmal ... da gehört sie hin ...« Er blickte auf den pinkfarbenen Cadillac. »Und ich gehöre hierhin. Diesen Scheißzigeunern die Karren klauen – das ist es.«

Die letzte Barriere war eingerissen. Sie umarmten einander, froh über ihre wiederentdeckte Freundschaft. Und so sahen sie nicht, wie sich der Kofferraumdeckel vorsichtig um ein paar Zentimeter hob.

»Du hättest dein Gesicht sehen sollen, als ich dich beinahe überfahren hätte ...«

»Und du deins, als ich zu dir gesprungen bin und ans Steuer wollte ...«

Mit einem RÖHREN düste der Cadillac von ihnen davon und ließ sie offenen Mundes mitten auf der Straße zurück. Sie rannten ihm ein paar Schritte hinterher, blieben dann stehen. Hoffnungslos.

Sie sahen einander an, wollten etwas sagen, taten es nicht. In stillschweigendem Übereinkommen trotteten sie lustlos die Straße hinab. In Dan Kearnys Moralkodex war es die schlimmste Sünde, einen Wagen, den man einmal in Händen hatte, wieder zu verlieren. Was zum Teufel sollten sie ihm nur erzählen, wenn sie ihr so weit entferntes Motel erreichten?

Falls sie es erreichten. Die meisten der Stadtbewohner waren nach der Bürgerversammlung, wie es braven Bürgern geziemt, zu Bett gegangen. Eine kleine Gruppe jedoch war, angeführt von *Herrn* Himmler und ausgerüstet mit Laternen und Prügeln aller Art, losgezogen, um auf Haupt- und Nebenstraßen Zigeuner zu jagen. Freilich fanden sie keine, da sie um das Lager einen großen Bogen machten. Schließlich waren da draußen fast ein halbes Tausend Zigeuner, und sie waren nur knappe fünfzig. Was war daran süß und ehrenvoll?

Aber Gott war gut. Gott war gerecht.

Auf der Straße kamen ihnen doch tatsächlich *zwei* Zigeuner entgegen, zu Fuß, allein, eine große Alte, ein großer junger Bursch ...

»*Da sind zwei von den Schweinen!*« schrie Himmler. Er schlug sich seinen Schläger in die Hand und fing an zu rennen.

»*Packt sie!*« kreischte Mary Lonquist und verfiel in einen anmutigen Laufschritt, die kurze Gartenhacke fest im Griff.

Jawoll, sie würden sie mit Bleirohren hätscheln und mit Baseballschlägern bekehren ...

In wilder Hatz kam eine ganze Meute von Bauerntölpeln mit Hacken, Rechen, Baseballschlägern, Bleirohren und Sensen die Fahrbahn auf sie zugestürmt, ihre hin und her schwingenden Laternen beleuchteten die haßverzerrten Gesichter.

»Jesses!« rief Ballard. »Das sind die Dorfbewohner, die uns an den Kragen wollen! Wir sind wohl mitten in so einem beschissenen Frankensteinfilm!«

Sie wirbelten herum und rannten um ihr Leben, aber ein langer Tag und eine lange Nacht lagen hinter ihnen, und mit jedem Schritt kam die Meute ihnen näher.

Ballard preßte aus seinen Lungen: »Lauf weiter. Hol Hilfe. Ich werd sie aufhalten.«

»Nein! Ich bleibe bei dir!«

Doch aus der Dunkelheit kam ein großes, knurrendes, funkelndes, rosa Ungeheuer. »STEIGT EIN! STEIGT EIN!« schrie der Fahrer, der, als sie noch kaum auf den Rücksitz gepurzelt waren, schon wieder auf die Tube drückte.

Als Dan Kearny den Wagen wie einen Pfeil von dem zornig frustrierten Mob davonschießen ließ, sagte Ballard bitter: »Dann warst also *du* im Kofferraum! Du hast uns diese Karre geklaut!«

»Klar. Natürlich.«

»Aber warum . . .« Giselle war völlig verdutzt.

»Warum? Natürlich für den alten Staley.« Kearny gestikulierte mit einer Hand, während er die andere am Steuer behielt. »Er möchte dieses Auto haben, aber, da er nicht im Sterben liegt und sich nicht einmal von seinem Thron verabschieden will, kann er ihn nicht behalten. Nur wenn er ihn von ein paar *Gadje* zurückstehlen könnte, die ihn ihrerseits von ihm gestohlen haben . . .«

»Dann hast du also *damit gerechnet*, daß ihn sich einer von uns im Camp unter die Nägel reißt.«

»Einer von euch oder auch ihr beiden, klaro. Ich habe ihn in diesem Gebüsch versteckt gefunden und habe ihn dann von Lulu fahren lassen, während ich mich im Kofferraum versteckt hielt.«

»Also wirst du ihm den Wagen jetzt einfach zurückgeben? Nachdem –«

»Teufel, nein!« Kearny drehte das Steuer, so daß der lange elegante Wagen sich jetzt auf der Straße befand, die auf die Klippen führte, dorthin, wo O'B letzte Nacht so schändlich zu Schaden gekommen war. »Sollen diese Dorftrottel erst mal nach Hause gehen, bevor wir was anderes unternehmen.«

Er hielt den Wagen an und stellte den Motor ab. Sie konnten aus dem Zigeunercamp wilde Musik hören, Stimmen, Gelächter, Gesang, der in der emporsteigenden Abendluft die Klippen zu ihnen nach oben drang.

Sie spazierten zum Rand des Plateaus und blickten auf hundert Lagerfeuer herab, gegen die sich tobende Gestalten in archaischen Trachten abzeichneten. Kearny sann: »Mit diesem Wagen und dem Geld von der Versicherung und den ganzen Abschiedsgeschenken der *Roma* kommt der alte Staley wahrscheinlich auf ein paar hundert Riesen.«

»Und das macht dir gar nichts aus?« wollte Ballard wütend wissen.

»Warum sollte es denn, Larry? Wenn Trottel reinfallen –«

Beinahe träumerisch sagte Giselle: »Und was ist mit den hundertachtzig Riesen, die die DKA noch mitgenommen hat? Macht dir *das* was aus?«

»Nein. Mit diesem Geld werden wir die Daniel Kearny Associates Stiftung gründen«, sagte Kearny nonchalant.

»Eine Stiftung?« sagte sie schwach. »Wofür?«

»Um Zigeunern zu helfen, die lesen und schreiben lernen wollen.«

Giselle konnte es zwar noch nicht so richtig begreifen, verstand langsam aber wenigstens, worum es ging.

»Und wer wäre besser dafür geeignet, uns zu sagen, wer eine Ausbildung erhalten soll, als –«

»Haargenau – wer wäre dafür besser geeignet als Staley Zlachi.«

Ballard, der kaum einen Ton hervorbrachte, sagte: »Der König der Zigeuner? Bist du plemplem? Weich in der Birne? Wenn der das Geld in seine Hände kriegt –«

»Wird er nicht. Wir werden die Gebühren direkt an die Schule zahlen – er berät uns nur.« Kearny zuckte mit den Schultern. »Teufel, vielleicht werde ich einfach alt.«

Sie verfielen in Schweigen, den Blick noch immer auf das Camp am Fuß der Klippen gerichtet. Die Entfernung verwandelte alles in den Sommertraum eines Kindes, in die Erinnerung an etwas, was sie nie gekannt hatten, was aber dennoch ihn ihnen war. In diesem Augenblick der Unschuld war es ein Märchen, das wahr geworden war. Dan Kearny seufzte.

»Tja, wir holen jetzt besser O'B im Motel ab. Wir müssen immerhin noch zehn Wagen der Cal-Cit auftreiben.«

Sie marschierten zu dem pinkfarbenen Cadillac zurück, hielten inne, die Türen geöffnet.

»Okay, ist schon klar«, sagte Ballard. »Der alte Zlachi berät uns bei dieser Stiftung, aber wer berät uns dabei, die anderen Cadillacs zu finden?«

»Das hat Zlachi bereits getan. Er bekommt *diesen* Wagen erst, *nachdem* wir die anderen haben.«

»Du meinst, er verkauft seine eigenen Leute.«

»Das war die eigentliche Idee. Ihn unter Druck zu setzen, um–«

Giselle fragte: »Dan, wann hast du beschlossen, ihn –«

»Noch in San Francisco, als du mir gesagt hast, er wolle einen pinkfarbenen Cadillac, um darin beerdigt zu werden. Ich dachte mir, das *muß* einfach ein Schwindel auf Kosten seiner eigenen Leute sein. Und von diesem Moment an hab ich gewußt, daß ich mit dem alten Gauner ins Geschäft kommen könnte.«

Als sie in den Wagen stieg, entsann sich Giselle, wie sehr Staley nach einem netten alten Herrn ausgesehen hatte, und dabei war er schlüpfrig wie eine Schlange.

»Wer mit dem Teufel seine Suppe ißt, Dan'l, braucht einen langen Löffel.«

»Dann hoffe ich, Zlachis Löffel ist lang genug«, sagte Dan Kearny.

Er ließ den Motor des pinkfarbenen Cadillacs an. Hilflos lachend sanken Larry Ballard und Giselle Marc einander in die Arme.